大学生健康体适能理论与实践

◎主　编　　杨金凤　浦义俊
◎副主编　　李小芳　方光新　李　玮
　　　　　　尹彦丽　姜　娜　骆亚峰

西南财经大学出版社
Southwestern University of Finance & Economics Press

图书在版编目(CIP)数据

大学生健康体适能理论与实践/杨金凤,浦义俊主编;李小芳等
副主编.一成都:西南财经大学出版社,2024.5
ISBN 978-7-5504-6193-2

Ⅰ.①大… Ⅱ.①杨…②浦…③李… Ⅲ.①大学生—健康教育
Ⅳ.①G647.9

中国国家版本馆 CIP 数据核字(2024)第 099983 号

大学生健康体适能理论与实践
DAXUESHENG JIANKANG TISHINENG LILUN YU SHIJIAN

主 编 杨金凤 浦义俊
副主编 李小芳 方光新 李 玮 尹彦丽 姜 娜 骆亚峰

策划编辑:李邓超
责任编辑:王青杰
责任校对:王甜甜
封面设计:唐丽琼
责任印制:朱曼丽

出版发行	西南财经大学出版社(四川省成都市光华村街55号)
网　　址	http://cbs.swufe.edu.cn
电子邮件	bookcj@swufe.edu.cn
邮政编码	610074
电　　话	028-87353785
照　　排	四川胜翔数码印务设计有限公司
印　　刷	成都市火炬印务有限公司
成品尺寸	170 mm×240 mm
印　　张	17.25
字　　数	331 千字
版　　次	2024 年 5 月第 1 版
印　　次	2024 年 5 月第 1 次印刷
书　　号	ISBN 978-7-5504-6193-2
定　　价	78.00 元

前　　言

随着《国家学生体质健康标准》的颁布实施，各高校为促进大学生体质健康发展、激励学生积极进行身体锻炼进行了积极的探索和尝试。正确认识、衡量和评价生命质量状态，有助于人类合理规划和支配生命资源，促进身心健康和延长预期寿命。大学生体适能健康教育本身就是一种通过系统的体育教育教学与训练实践工作相结合，来提高大学生身心健康水平与良好的外界适应能力的教育。健康体适能的主要目标是健康的身体、优质的生活。关注与提高大学生的体适能健康水平，不仅是高校体育教育工作中的关键环节，同时也是大学生健康成长、学好知识与发展个人潜能的重要支撑。为此，要秉持"健康第一"的指导思想，关注大学生的运动基础与体育诉求，通过革新教学模式与采用分层教学法来激发他们的参与动机，采用构建课内外一体化的学练模式来调动大学生全员参与的积极主动性，提升大学生自我体适能健康意识，养成自主锻炼的习惯。在今后的教育过程中，高校应更关注大学生的健康体质水平，在日常的行为规范中就应该加大引导力度，引导养成良好的生活方式，这样高校学子才会有更强健的体魄，更好地完成学业，为社会服务。

杨金凤

2023 年 11 月

目　　录

第一章　体适能与健康绪论

第一节　体适能概述

体育运动以其独特的对人体良好的生物效用和心理健全功能成为维护人类健康的有效手段，但是在日常生活中，人们对体育理论知识、技能的掌握和运用都比较欠缺，对其概念的理解也含混不清，对技术的应用更是相背而驰，这妨碍了人们对体育理论的深入了解，以及自我健康技能的运用。

一、体适能的历史发展

"体适能"的概念起源于欧美发达国家，其中又以美国的发展最早、最为典型。1879年哈佛大学的萨尔金特博士为使人类能够达到最完美的身体状态，专门针对人类的身体结构与功能，设计出一套个人适用的运动处方身体训练课程。他对"适能"所下的定义是："身体能适应于工作、游戏，以及任何人类可能做得到的事。" 1954年克劳斯·韦伯实施的体能测验结果显示，美国青少年体能状况落后于欧洲各国。这一统计结果令美国全国上下极为震惊，因而也使得美国政府对青少年的运动及适能问题十分关切。1955年美国总统艾森豪威尔特别为青少年身体活动及适能问题召开会议，并促使成立青少年体适能总统委员会。1957年美国健康、体育、休闲与舞蹈协会开发青少年适能测验，并应用于美国体育课程。

肯尼迪总统为了表示对青少年身体活动及适能议题的重视，把会议名称改为"体适能总统会议"，这也是第一次正式使用"体适能"这一名称取代过去的"适能"。20世纪80年代初，中国台湾和香港地区的运动生理学界率先将这一名词翻译为"体适能"，中国大陆（内地）学术界近年来才开始对这一名词进行讨论。体适能从英文"physical fitness"翻译而来，也有的译成"体能"。"体适能"这一概念虽然只是在原有"体能"两个字中间加了一个"适"字，但它的意义和对体育锻炼及运动训练领域的影响是绝对不可低估的。"体能"偏重运动训练用语，而"体适能"可以说是身体适应外界环境能力的简称，更侧重于表达身体对某种事物的适应能力，如"fitness for competition and win"和"fitness for life activity"等。

现今，"体质""健康""体适能"等词汇频繁出现在各种体育和健康相关的知识和应用中。因此，界定它们的概念以及弄清各自的内涵和特点，对于加强体育理论掌握和体育锻炼十分必要。体质是指人体的质量，是生命活动和劳动工作能力的物质基础，是在先天遗传和后天环境的影响下，在生长、发育和衰老的过程中逐渐形成的身、心两方面相对稳定的特质。健康不仅是没有疾病和衰弱状态，也是一种身体上、精神上和社会上的完好状态。体适能是机体在不过度疲劳状态下，能以旺盛的精力从事日常工作和休闲活动，能从容地应对不可预测的紧急情况的能力。体质、健康和体适能三者的关系是紧密相连、不可分割的。体质是人体维持良好状态的基础，健康是体质的外在表现形式，是一种动态平衡。体质是一种"质量"，健康是一种"状态"，体质与健康的关系是"质量"与"状态"的关系，"质量"决定"状态"。比如说，某两人都表现为健康状态，但他们两者的体质可能不完全相同，一个可能有良好的力量和速度素质，另一个可能有良好的耐力素质。体质与体适能既有相同之处，又有不同点。相同的是两者都反映身体适应生活、运动和环境等因素的一种应变能力；不同的是体质的概念除反映人体的形态结构、生理功能和运动能力外，还包括心理因素和机体免疫力，体适能则强调了身体适应生活、运动和环境等因素的一种应变能力。体质是身体的质量，是静态的，就好比是制造物品的"材料"或"材质"；体适能是身体的适应力，是动态的，就如物品的"用途"或"功能"，在一定程度上"材料"决定了"功能"。体适能研究内容包括健康体适能、技能体适能和代谢体适能，健康则包括身体健康、情绪健康、智力健康、精神健康和社会健康五个方面。健康是一种"状态"，体适能是一种"能力"，健康和体适能的关系就是"状态"与"能力"的关系，"状态"决定"能力"。也就是说，身体处于健康状态时，体适能就好，身体处于非健康状态时，体适能就差。

二、体适能的概念及组成

（一）体适能的概念

明确体适能的定义可以使人们在追求体育锻炼和运动训练效果的过程中站在更加科学、客观的角度去理解和处理问题。"体适能"是由西方运动生理学界首先提出的一个概念，是衡量人体体质健康水平的一个指标，也是运动训练新思想的一个指导性的概念。"体适能"的英文为"physical fitness"，德国人称之为"工作能力"，法国人称之为"身体适性"，日本人称之为"体力"，而我国香港地区称之为"体适能"，我国内地习惯称之为"体质"。

在体适能的研究内容方面，由于种族、文化、国度等方面的差异，各国（地区）的学者对体适能的理解和定义也不尽相同，因此研究和测试内容也存在一些区别。尽管理解和文字表述有所不同，定义也不尽一致，但其核心思想大同小异。体适能是"physical fitness"的中文翻译，从广义上讲，它是指人体适应外界环境的能力，是健康概念的一种延伸；从狭义上讲，它是指人体所具备的有充沛的精力从事日常工作（学习）而不感到疲劳，同时有余力享受康乐休闲活动的乐趣，能够适应突发状况的能力。

体适能与工作、学习、娱乐和应急处理等紧密联系，我们可以把体适能概括为身体适应生活、运动和环境等因素的一种应变能力。体适能的提高有赖于科学的、持之以恒的体育锻炼。美国一项经过五年追踪探讨体适能水平与死亡率的研究结果显示：抛弃久坐的生活方式，并拥有"普通"体适能水平的人，可以明显降低 44% 的死亡率。其中死亡率最低的是一开始就拥有良好的体适能，并持续维持良好体适能的人；而死亡率最高的为一开始就没有良好的体适能，而且也一直没有改善体适能的人。

（二）体适能的组成

美国运动医学学会认为，体适能包括健康体适能、运动技能体适能和代谢体适能。欧美国家的健康体适能活动已经成为人们的一种习惯，同时深入各个层次的学校教学，并在向与运动相关的体适能和与代谢相关的体适能方面逐渐拓展。

一个健康的人需要这三方面的体适能参数至少达到适当水准，使身体能拥有一定的健康体适能、运动技能体适能，以及代谢性体适能成分。

1. 健康体适能

随着体适能研究和社会的发展，体适能与健康越来越紧密地结合在一起，健康体适能与个体日常生活和从事工作的能力直接相关，受规律性身体活动的影响，是促进健康、预防疾病并提高工作效率的身体要素。健康体适能是指关乎身体方面的健康状态，包括心肺耐力、柔韧性、肌肉力量、肌肉耐力、身体成分五项要素。

（1）心肺耐力

心肺耐力指一个人持续进行身体活动的能力。心肺和血管的功能对于氧和营养物的分配、清除体内垃圾具有重要的作用，尤其是在进行有一定强度的活动时，良好的心肺功能会显得更加重要。心肺功能越强，走、跑、学习和工作就会越轻松，进行各种活动保持的时间也会越长。

（2）柔韧性

柔韧性是指身体各个关节的活动幅度以及跨过关节的肌肉、肌腱、韧带、皮肤和其他组织的弹性和伸展能力，可以通过经常性的身体练习得到提高。柔韧性是绝大多数的锻炼项目所必需的体能成分之一，对于提高身体活动水平、预防肌肉紧张以及保持良好的体态等具有重要作用。

（3）肌肉力量

肌肉力量是一块肌肉或肌肉群一次竭尽全力从事抵抗阻力的活动能力，所有的身体活动均需要使用力量。肌肉强壮有助于预防关节的扭伤、肌肉的疼痛和身体的疲劳。需注意的是，不应在强调某一肌肉群发展的同时而忽视另一肌肉群的发展，否则会影响身体的结构和形态。

（4）肌肉耐力

肌肉耐力指一块肌肉或肌肉群在一段时间内重复进行肌肉收缩的能力，与肌肉力量密切相关。一个肌肉强壮和耐力好的人更易抵御疲劳的产生，因为这样的人只需花很少的力气就可以重复收缩肌肉。

（5）身体成分

身体成分包括肌肉、骨骼、脂肪等。体适能与体内脂肪比例之间的关系最为密切，脂肪过多者是不健康的，其在活动时比其他人需要消耗更多的能量，心肺功能的负担也更重，心脏病和高血压发生的可能性更大。体育锻炼是控制脂肪增加的重要手段，要维持适宜的体内脂肪，就必须注意能量吸收和能量消耗之间的平衡。

2. 运动技能体适能

运动技能体适能是指能成功地执行各种运动竞技的身体要素，包含敏捷、平衡、协调、力量和速度等。运动技能体适能所包括的这些素质不是每个健康人都具有的，它们受遗传因素的影响较大，但也与后天的习得有很大关系，因为拥有这些素质是一个动作学习的过程。拥有这些技能会使人更容易完成高水准的技术动作，在体育运动中体验到更多乐趣。

（1）速度

速度指快速移动的能力，即在最短的时间内移动一定距离的能力。在许多竞技运动项目中，速度对于个人取得优异成绩至关重要。在平时的生活和工作中，速度表现为变速的能力，如迅速改变体位、躲避危险等。

（2）力量

力量指短时间内克服阻力的能力。许多竞技运动项目，如举重、投铅球、掷标枪等均能显示一个人的力量大小。其在日常生活和工作中力量也是必不可少的，因为人的站立、行走等一切活动都是在肌肉力量的支配下进行的。

（3）灵敏性

灵敏性指在活动过程中，既快速又准确地变化身体移动方向的能力。灵敏性在很大程度上依赖于神经肌肉的协调性和反应时间，可以通过提高这两方面的能力来改善人的灵敏性。神经肌肉协调性主要指反映一个人的视觉、听觉和平衡觉与熟练的动作技能相结合的能力。

（4）平衡

平衡指当运动或静止站立时保持身体稳定性的能力。滑冰、滑雪、体操、舞蹈等项目对于提高平衡能力来说是很好的运动，此外，闭目单足站立练习也有相当好的效果。

3.代谢性体适能

代谢性体适能是近年来新提出的体适能参数，主要包括血糖、血脂、血胰岛素、骨密度等。它与许多慢性疾病的发生或发展直接相关，与运动锻炼的效果直接相关，但并不必然与健康体适能相联系。它反映的是一种机能状态，通过运动锻炼降低血脂水平、控制血糖、提高骨密度等都能增强机体代谢性体适能，减少各种运动不足性疾病的发生，并影响机体整体体适能水平。

三、体适能层次划分

体适能可以是知识、技术上的传授，也可以是借竞赛、游戏而达到身体适应生活的效果，是欢悦地、自愿地、建设性地善用闲暇时间。因此，体适能拥有体育、运动及休闲活动三者的共同属性。在"体适能"的三大类别中，与健康有关的体适能是指一般人为了促进身心健康、预防各种疾病、增进工作效率、提升生活质量等目的所需的能力，是一般运动体适能和专项运动体适能的基础，对于任何人都是极其重要的基本能力，而对体育竞技和运动竞赛活动的适应是体适能的高级状态。体适能与以上三者各有异同，充分了解体适能，做到知行合一，才能达到身心健康的境界。

不同的人群或个体的体适能可以代表不同的意义，对于普通大学生或一般人来说，更多的是关注健康体适能。每一个人在不同的年龄阶段、不同的环境、不同的条件下都会有不同的健康的需求，这时的运动应该适合其健康的需要。例如，一个人在儿童、少年时期，特别需要体育锻炼来促进身体各器官系统的全面生长发育；在青年时期，需要体育锻炼促进肌肉形态和力量的增长，并保持体形；在中年时期，需要运动来保持旺盛的精力，预防疾患，以更好地承担工作与生活的责任；在老年时期，则需要通过体育锻炼减缓衰老、保持健康，达到延年益寿的效果。一个拥有良好健康体适能者并不一定具有优秀的技能体适能，技能体适能还涉及一个学习过程，但要拥有优秀技能体适能的前提是要有良好的健康体适能做基础。因此，按照不同人群的需求，体适能可划分为以下层次：对基本生存的适应，对日常生活和基本活动的适应，对生产劳动和娱乐活动的适应，对运动竞技的适应。以上四个方面的排列顺序反映了体适能构成要素中运动技能、代谢体适能和健康体适能之间的匹配水平。

四、大学生体适能需求

普通高校的学生年龄一般在 18~24 岁，正值生长发育的第二高峰期，这一时期是系统学习健身知识和多种运动技能、养成健身习惯的最佳时期。对于学校体育环境而言，体适能可以分为这样两类：与学生健康有关的"健康体适能"和与学生运动能力有关的"运动技能体适能"。学校的体育教育应该在确保健康体适能的基础上，尽量拓展运动技能体适能的教育，两者有机结合才能促进体适能全面有效地发展。

学校阶段的健康体适能，主要是指学生既能够适应学习，又可应付日常生活活动，并且形成良好的生活习惯；运动技能体适能，主要是指学生在课外活动时能够从事各项活动所需要的一般运动能力，包括速度、爆发力、敏捷性、协调性、平衡、反应时间、准确性等要素，并有身体能力、反应能力处理突发紧急情况。运动技能体适能又可分为与一般基本运动能力有关的一般运动技能体适能，以及与特定运动项目有关的专项技术技能体适能。

健康体适能与运动技能体适能两者虽然形象殊异，但其强化体适能这一运行主线却是同根同源的。健康体适能体育之路的真正起点，必须得到初级强化，运动技能体适能则是强化体适能的高级阶段。

五、体适能对青少年的影响

人类科学地认识并极大地改造了自然，却没能充分地认识和改造自身，以使自己在远离自然的同时也能回归自然。随着社会生产力的巨大发展，人类的体力劳动急剧减少，造成了人类的文化进化与自身自然存在减弱的严重冲突，这是产生现代文明病的根本原因所在。肥胖症、心脑血管疾病、神经官能征、人体免疫细胞数量减少症、全身骨骼和关节代谢障碍及腰痛症等文明病，严重影响着人类的健康，并且呈现出年轻化的趋势，这已经成为人类生存、发展的重要障碍。

（一）良好的体适能使青少年有充沛的精力适应日常生活和学习

学生学习、上课的精神专注程度和效率都与体适能有关，尤其是有氧能力。脑需氧量最多，儿童大脑的需氧量占整个人体需氧量的 50%，成人大脑耗氧量占整个人体需氧量的 20%。体能锻炼要消耗大量的能量，为了满足运动的需要，人体新陈代谢加速、血液循环增强，从外界获取氧的能力增强，从而使大脑获得更多的氧气和营养物质。一般而言，有氧能力较强的学生脑部获取氧的能力较强，看书的持久性和注意力也会很强。

（二）发展体适能可促进青少年发育，增强对疾病的抵抗力

青少年时期是人一生中身体发育的重要时期。调查表明，经常参加运动的青少年与其他同龄人相比，平均身高高出 4 厘米以上，肺活量多出 200 毫升以上。拥有良好体适能的青少年，身体运动能力亦会较好，健康状况较佳，生病的概率相对较小。锻炼与不锻炼对健康的影响大不相同，经常进行体适能锻炼，尤其是在冬季，能更有效地改善心脏、血管系统的功能，提高身体对寒冷刺激的适应能力，提高青少年儿童适应环境和抵御疾病的能力。

（三）体适能锻炼有助于青少年身心等方面均衡、全面发展

随着青少年身体、心理、道德品质、社会交往等方面的不断成熟，其养成了一定的饮食、生活作息和处理环境压力的方式，并逐渐开始形成自己的认知、经验和态度。青少年应该保证足够的时间去参加体育活动，在运动和活动中积累互助合作、公平竞争及团队精神等宝贵的经验，改善心理品质，形成热情、积极向上的精神风貌，享受欢乐、活泼、有生机的生活方式，为个体树立正确的人生观、价值观、道德观打下良好的生理、心理基础。

六、体适能发展趋势

（一）体适能与健康的有机结合

随着社会的发展及人们的生活、工作压力的不断增加，体育的健康功能越来越受到人们的关注。在现代的"生物—心理—社会"模式下，健康概念包含身体的、心理的和社会的三方面。

体适能是与健康紧密相连的，个体的运动能力是衡量健康水平的一种标志，

对不同运动负荷的适应能力是人体机能状态和体质状况的一种反应。因此，体适能研究也必然带来健康观念的变化。从欧美国家对体适能与健康的研究方向来看，研究重点已经基本转向与健康相关的体适能，尤其强调心肺机能、身体成分、肌肉适能、柔韧适能对健康的影响。良好的心肺机能可以预防心血管疾病；适宜的身体成分组成可以避免肥胖导致的高血压、高血脂等疾病；良好的肌肉适能是完成日常生活活动的基础；柔韧适能可以预防活动中的损伤和疲劳，防止运动器官的老化。个体只有具备以上的良好身体机能，才可能从容、安全地工作和生活，预防运动不足引起的疾病，始终保持健康的状态。

（二）学校体育教育与体适能的结合

随着国家社会经济水平的稳步增长，国民生活水平不断提高，人们对体质、健康越来越重视，终身体育意识也应逐渐加强。教育家陶行知先生说："我们深信健康是生活的出发点，也是教育的出发点。"青少年健康是社会关注的重点，同时教育青少年加强体育锻炼，形成终身体育锻炼习惯是现阶段学校教育的重点和出发点。

在学校教育阶段，学生的体适能可以包括健康体适能和运动技能体适能。学校体育应该在确保学生掌握健康体适能锻炼方法的基础上，尽量拓展运动技能体适能的教育，两者有机结合才能促进学生的体适能获得全面有效发展。因此要突破传统体育的价值观，从更加丰富的层面看待学校体育与人的发展以及社会发展之间的关系，把"促进身体健康"的传统体育价值观同"学会生存的必要知识和技能"这一新的价值观有机地结合起来，建立一种符合时代要求和现代社会发展形势的全新的学校体育价值观。在此基础上，青少年能够采用多种方式积极参加体育锻炼，能够自发、主动、积极地去获取健康知识和运动技能，既能尽情地享受运动带来的乐趣，又能培养勇敢顽强的性格、超越自我的品质、迎接挑战的意志、承担风险的能力，以及竞争意识、协作精神和公平的观念，更好地适应现实生活环境。

（三）体适能与日常生活的结合

在人类进化过程中，人们的生活习惯、生活方式、劳动方式发生了重大变化，生物性的缺憾在高强度的脑力劳作和体力活动减少的现代社会加速凸显。随着社会文明程度的提高，社会闲暇时间也越来越多，人们花费于生活必需的时间逐渐减少，休闲时间增多，体育以其独特的优势逐渐融入人们的日常生活，体育与休闲结合将成为健康娱乐生活方式的组成部分。人体之所以能够通过训练改善其体适能，是因为人体具有很强的适应外界环境的能力。良好的运动技能体适能不仅可以提高人们学习运动技巧的效率，而且可以减少运动产生的伤害及意外事件的发生。采用体育运动的形式进行"休闲"，作为一种文明、健康、科学的余暇生活方式，具有可选择性、娱乐性、创造性、新奇性与冒险性等特点，人们将以这种休闲方式主动地、愉快地从事某种身体活动，以实现自我价值，提高生活质量。

第二节　健康概述

当前，健康体适能正在渗透到人们日常生活中的各个层面，其对学生、上班族、家庭主妇、老年人，都有增进心理、生理双重健康的意义。拥有健康体适能的人，在从事体力性活动时游刃有余、精力充沛；在工作成绩的冲刺上，意气风发、精神饱满；闲暇之余，还能充分享受休闲生活，不容易产生疲劳或力不从心的感觉。

一、健康

健康是一种"完美状态"，通过锻炼身体获得的是一种保持健康的"能力"，有了"能力"才有可能达到健康"状态"。

（一）中国古代健康观

"健""康"二字，分别见于殷商时期。"健"字偏重指精神和意志的坚强，《易经》里"天行健，君子以自强不息"这句话，说的就是这个意思。"康"字初见于《尚书·洪范》里一段谈"五福六极"的话："五福：一曰寿，二曰富，三曰康宁，四曰攸好德，五曰考终命。六极：一曰凶、短、折，二曰疾，三曰忧，四曰贫，五曰恶，六曰弱。"寿、康与疾、弱对举，可见"康"字的意思偏重指身体的健康无疾，非常接近今天"健康"一词的含义。

中国古代传统观点认为人是天地的产物，保持与天地之间的和谐一致，是保持人体健康的一个基本前提。古人认为"气"是生命的本质、身体的基础，也是健康的本质和基础。这二者统一于"气"，它们之间的联系也是通过"气"的运行流动变化来实现的。阴阳二气在人体内不停地流动运行，人体内阴阳二气的平衡与和谐，就是健康状态的基本表现形式，也是健康长寿的基本要求。从本质上看，这种和谐统一的状态也就是阴阳的和谐平衡，是生命常态即健康的本质和标准。总而言之，按照中国传统的观点，人、社会、自然是一个统一的和谐整体，它们之间存在着普遍的复杂联系。

（二）欧美健康观

"健康"的英文"health"源于公元 1000 年英国盎格鲁 - 撒克逊人，主要含义是安全、完美和结实。在远古时代，人们意识到身体没有疾病和创伤是非常安全和无痛苦的，这种本能的意识就是最初对健康的朦胧认识，但没有上升到理论高度。健康的概念是随着人类对自身和对客观世界的认识而不断深化的。美国健康、体育、休闲与舞蹈协会（AAH-PERD）对健康提出了整体性的概念，提出健康由五种成分的安适状态构成：①身体适能，了解身体发育、身体照顾，发展正向的身体活动态度与能力；②情绪适能，思考清晰、情绪稳定、成功地调适压力，保持自律与自制；③社会适能，关心配偶、家人、邻居、同事和朋友，积极地与他人互动和发展友谊；④精神适能，寻找个人生命的意义，设定人生的目标；⑤文化适能，对小区生活改善有贡献，注意文化和社会事件，能承担公共事务的责任。

这五种成分虽各自独立，却彼此相关从而影响了生活形态的质量，也呈现出了"人自己的生长发育""人与人、社会、文化的互动""人与自然、面对事物时如何做决定"三个层面的健康。

（三）新世纪健康观的形成

健康不仅仅是没有疾病，健康概念是一个动态特征，它受一定历史阶段的生产力、生产关系、科技水平和哲学思想的影响。世界卫生组织（WHO）给健康下了定义，并制定了标准，但是由于各国文化背景、环境、社会道德和政治经济情况不同，其健康理念也是有差异的。我国的健康观注重身心与自然的统一，欧美的健康观注重人的社会、心理、生物等方面的影响；我国更加注重宏观的整体性，欧美更加注重微观的指标。健康观念的发展可以分为以下几个阶段：

第一阶段：远古时代至工业革命前。由于受本体疾病观的影响，人们认为健康由鬼神主宰，人类无力抗争。这种观念忽视了人的自然属性和社会属性。

第二阶段：工业革命至 19 世纪中叶。进入近代社会，解剖学、生理学等学科开始形成，但人们对疾病的原因却无法解释。认为人是机械的，健康就是肉体的正常运转，无病就是健康。这种观念忽视了人的社会属性和生物的复杂性。

第三阶段：19 世纪中叶至 19 世纪末。自然科学疾病观形成雏形，人类逐步发现疾病由病原微生物引起，这个时代认为健康就是保持病原微生物、人体和环境三者之间的平衡关系。这种观点只涵盖了自然属性，忽视了疾病的多元病因。

第四阶段：20 世纪初至今。随着医学的进一步发展，以及心理学的日趋成熟和社会生态学观点的提出，人们了解到疾病病因的复杂性，特别是认识到社会环境对健康的影响，这使健康涉及社会因素、心理因素和个人行为，形成了综合的健康观念。

过去，人们将健康单纯理解为"无病、无伤和无残"，并将"没有疾病"作为衡量健康的唯一标准，不能反映健康的全部。没有疾病只是最起码、最低标准的健康，这又被称为健康的消极面。人们应具有对疾病的抵抗能力，它是每个人面对生活中各种挑战从容应对的能力，是帮助个人潜能充分发挥的一种资源。

现今广被接受的健康概念是世界卫生组织给出的定义，即健康不仅是没有疾病和衰弱状态，也是一种身体上、精神上和社会上的完好状态。这种健康观突破了传统的健康模式和医学范畴，认为健康目标的实现需要人类知识的融合。健康本身不是生活的目标，而是每个人日常生活所需要的一种资源，是一种积极的表现，是个人对完美生活的潜在社会需求。

二、影响健康的因素

世界卫生组织的研究显示，有四大因素影响个人健康和寿命：生物学因素（占15%）、环境因素（占 17%）、卫生服务因素（占 8%）、健康相关行为因素（占

60%）。影响健康的四个因素中，环境因素较难改变；生物学因素（遗传因素）虽影响较小，但一旦出现遗传病，则不可逆转。这四个因素之间又有相互依存关系。

（一）生物学因素

生物学因素是指遗传和心理。人是由细胞、组织、器官和系统构成的，遗传是人的体质发展变化的先天条件，与一个人体质强弱有重要关系，如体型、相貌、性格、机能、疾病及寿命等许多方面都与遗传有关。但遗传对体质的影响还受后天的环境、营养、体育锻炼和卫生保健条件等因素影响。遗传是不可改的因素，但心理因素可以修改，保持积极的心理状态是保持和增进健康的必要条件。

（二）环境因素

环境因素包括自然环境与社会环境，所有人类健康问题都与环境有关。自然环境是社会环境的基础，而社会环境又是自然环境的发展。自然环境是环绕在人们周围的各种自然因素的总和，如大气、水、植物、动物、土壤、岩石矿物、太阳辐射等。社会环境涉及政治制度、经济水平、文化教育、人口状况、科技发展等诸多因素。人类是自然的产物，而人类的活动又影响着自然环境。因此要保持自然环境与人类的和谐，强调人体与自然环境和社会环境的统一，强调健康、环境与人类发展问题不可分割，若破坏了人与自然的和谐，人类社会就会遭到大自然的报复。污染、人口和贫困，是当今世界面临的严重威胁人类健康的三大社会问题。

（三）卫生服务因素

卫生服务是指卫生系统借助一定的卫生资源，向居民提供的医疗、预防、保健、康复等各种活动的总称。卫生服务因素指社会卫生医疗设施和制度完善的状况，是针对个人和人群进行的有益于健康的医学行为的全方位的人性化的管理和看护。卫生服务的范围、内容与质量直接关系到人的生、老、病、死及由此产生的一系列健康问题。

（四）健康相关行为因素

健康相关行为是指个体或团体的与健康和疾病有关的行为，受文化、民族、经济、社会、风俗、家庭和同辈等因素影响。它一般可分为两大类：促进健康的行为和危害健康的行为。目前全世界一年约有 5 000 万人死去，而超过 1/3 的人得病的原因可归结于不良生活方式。不良生活方式和有害健康的行为已成为当今危害人们健康、导致疾病及死亡的主因。美国有关调查显示，只要有效地控制行为危险因素，就能减少 40%~70% 的早死、1/3 的急性残疾及 2/3 的慢性残疾。文明健康的生活方式可归纳为四点：合理膳食、适量运动、戒烟戒酒、心理平衡。

三、健康的相关概念

由于健康体适能与人的生活质量密切相关，因此在发达国家受到大众的重视与广泛参与，成为体育、健康教育、营养学和医学等多个学科的重要研究内容，并被民众广泛接受。因此，针对健康的相关概念也不断扩展，需要我们全方位地理解和掌握。

（一）世界卫生组织确定健康的 10 项标准

（1）有充沛精力，能从容不迫地从事日常繁重的工作；

（2）处事乐观：态度积极，乐于承担责任，事无巨细不挑剔；

（3）精神饱满：情绪稳定，善于休息，睡眠良好；

（4）应变能力强，能适应环境的各种变化；

（5）能抵抗一般性感冒和传染病；

（6）体重适中，体形匀称，站立时头、肩、臂位置协调；

（7）眼睛明亮，反应敏捷，眼和眼睑不发炎；

（8）牙齿清洁，无龋齿，不疼痛，牙龈颜色正常，无出血现象；

（9）头发有光泽，无头屑；

（10）肌肉丰满，皮肤有弹性。

（二）"五快"与"三良"标准

世界卫生组织提出了身体健康和心理健康的衡量标准，即用"五快"来衡量机体的健康状况，用"三良"来衡量心理的健康状况。

所谓"五快"，包括食得快、说得快、走得快、睡得快、便得快。

食得快：进食时有良好的胃口，不挑剔食物，能快速吃完一餐饭。这说明内脏功能正常。

说得快：语言表达正确，说话流利。说明头脑敏捷，心肺功能正常。

走得快：行走自如，活动灵敏。说明精力充沛，身体状态良好。

睡得快：一旦有睡意，上床后就能很快入睡，且睡得香，醒后精神饱满，头脑清醒。说明中枢神经系统兴奋、抑制功能协调，且内脏无病理干扰信息。

便得快：一有便意，能很快排泄完大、小便，且感觉良好。这说明胃、肠、肾功能良好。

所谓"三良"，包括良好的个性、良好的处世能力、良好的人际关系。

良好的个性：情绪稳定，性格温和，意志坚强，感情丰富，胸怀坦荡，豁达乐观。

良好的处世能力：观察问题客观现实，具有良好的自控能力，能应对复杂环境，对事物的变迁保持良好的情绪，有知足感。

良好的人际关系：待人宽厚，珍视友情，助人为乐，与人为善，与他人的关系良好。不吹毛求疵，不过分计较。

（三）理想健康

理想健康是指个体致力于维持健康状态，并充分发挥自己的最大潜力，以达到"身心合一"的整体完美状态。理想健康的提出，目的就是强调人们要想实现健康的终极目标，除了要摆脱疾病的威胁以外，还要积极地改善自身的社会、心理、教育和营养状态，使自身真正获得生理、心理和社会的多元化健康，并享有完美的生活。

（四）运动处方

运动处方，是指由医生或体育工作者（如康复医生、康复治疗师、体育教师、私人教练）根据患者或者体育健身者的年龄、性别、健康状况、身体素质以及心血管、运动器官的功能状况，结合主客观条件，用处方的形式制定对患者或体育健身者适合的运动内容、运动强度、运动时间及频率，并指出运动中的注意事项，以达到科学、有计划地进行康复治疗或预防健身的目的。运动处方在康复、健身和预防疾病方面有显著作用。同时，康复治疗处方的制定有利于提高体育竞技者的竞技水平或者运动成绩。

（五）健康生活方式

21世纪以来，一些发达国家所倡导的健康生活方式，已逐渐成为迅速发展的世界潮流，健康生活方式作为改善人们健康状况的重要手段具有越来越重要的意义。健康生活方式是人们根据自己的生活中可供挑选的方案而选择的健康相关行为的一些集合模式。健康生活方式包括：如何选择膳食，采取什么样的锻炼和娱乐形式，怎样保持个人卫生，如何应对意外风险，如何对待紧张、吸烟、酗酒和药物滥用问题，以及是否进行身体检查等。

（六）健商

健商是指一个人的健康智慧及其对健康的态度，包括一个人应具备的健康意识、健康知识和健康能力，这三个方面缺一不可。健商认为身心之间的关系是完善的保健的基本组成部分。健商包括五大要素：

自我保健：不把自己的健康都交给医生，而是通过健康的生活方式、乐观的生活态度控制健康。

健康知识：个人对健康知识掌握得越多，就越能对自己的健康做出明智的选择。

生活方式：作息、饮食、价值观等生活习惯和方式，它们对健康的作用举足轻重。

精神健康：克服焦虑、愤怒和压抑，这在健商概念中至关重要，因为精神上感到满足的人，往往能健康长寿。

生活技能：通过重新评估环境（包括工作和人际关系）来改善生活，掌握健康的秘诀和方法。

（七）健康管理

健康管理是一种对个人或人群的健康危险因素进行全面监管的动态过程，是基于个人健康档案基础上的个性化健康事务性管理服务，在此基础上运用这些信息来改变个体的行为，以达到保持和促进健康的作用。它建立在现代生物医学和信息数字化管理技术模式基础上，并从生物学、心理学、社会学的角度出发，实现对每个人进行全面的健康保障服务。健康管理包括三方面的内容：基本知识和理念、健康生活方式与行为、基本技能。

第三节　亚健康概述

随着科学技术和社会经济的发展，人们的生活方式有了很大变化，而与此相对应的则是人类疾病谱的重大变化。以前威胁人类健康的重大疾病如传染病、寄生虫病等已经显著减少，但不良饮食习惯、不平衡膳食、精神紧张、吸烟、饮酒、缺乏运动等不良生活方式引起的慢性疾病成了影响人类健康的主要原因。找不到病原体的非感染性疾病，尤其是与心身疾病有关的高血压、冠心病、糖尿病、哮喘、溃疡病、肿瘤、心律不齐等疾病，已成为威胁人类健康的"杀手"。

青少年由于生理上的优势，处于亚健康状态的人所占比例不高。但近些年来，电子产品成为诱发青少年亚健康的罪魁祸首，长时间玩网络游戏等，不仅导致眼睛和消化系统受到损害，而且容易造成心理孤僻和对世界的不正确理解，从而诱发一系列严重的心理疾病。

一、亚健康概念

健康并不总是伴随人的一生。世界卫生组织将机体无器质性病变，但已有潜在发病倾向的信息（具体指无临床症状和体征，或者有病症感觉而无临床检查证据）这一类处于一种机体结构退化和生理功能减退的低质与心理失衡状态称为"第三状态""游移状态""灰色状态"，我国称为"亚健康状态"，实际上就是人们常说的"慢性疲劳综合征"。

亚健康是一种临界状态，处于亚健康状态的人，虽然没有明确的疾病，但是会出现精神活力和适应能力的下降。如果这种状态不能得到及时的纠正，非常容易引起身心疾病。在古代，"疾"与"病"含义不同。"疾"是指不易觉察的小病（疾），如果不采取有效的措施，就会发展到可见的程度，便称为"病"。这种患疾的状态，在现代科学称"亚健康"或"第三状态"，在中医学中称"未病"。

"未病"不是无病，也不是可见的大病，按中医观点而论是身体已经出现了阴阳、气血、脏腑营卫的不平衡状态。中医理论讲究"未病先防，既病防变"的基本原则。《黄帝内经》[1]有曰："是故圣人不治已病治未病，不治已乱治未乱，此之谓也。夫病已成而后药之，乱已成而后治之，譬犹渴而穿井，斗而铸锥，不亦晚乎？"由此可看出，"治未病"就是预防为主、未病先防，就是说人们不要等有了病才去治病，要在没有患病的时候积极预防疾病的发生，就是防病于未然。"治未病"是以防病养生、调节阴阳平衡、身心放松、改善亚健康，是从健康到亚健康的预防，也是从亚健康到疾病的预防。

二、人类面临的生存考验

（一）身体虚弱，身体素质下降，适应能力越来越差

现代社会生活条件、医疗条件的改善，使人类面临自然选择的压力已经大大减轻，而锻炼机会也越来越少，人类不可能再像原始人那样靠自然选择和适者生存的过程淘汰有害基因。同时，作为对人权的尊重，那些携带有害突变基因、体质虚弱的人也可以生存和繁衍后代，这使人类整个种族群体的有害基因不可能自然淘汰，相关人群的体质难以增强。

（二）过分讲卫生，抵抗力下降

外界环境中各种病原体是人体免疫系统产生相应抗体的刺激源，正是因为需要对付生存环境中各种致病微生物的袭击，身体中的免疫系统才进化到今天如此精细、复杂的程度。如果我们让自己生活在一个过于清洁、一尘不染、细菌病毒几乎不存在的"优越环境"中，的确可以减少短期患病的可能。但从另一个角度看，机体免疫抗病系统却会因为缺乏相当刺激而出现"用进废退"的情况，在这种状态下一旦进入另外一个条件稍稍恶劣、病原微生物较多的环境中，便会动辄患病，弱不禁风。

（三）环境污染、生态失衡已经威胁到人类的生存和繁衍

受人类过度采矿、砍伐、工业污染等的影响，大自然已变得十分脆弱，生态

[1] 《黄帝内经》是中国现存最早、影响最大的一部医书，被后世尊为"医家之宗"。其内容十分广博，不仅在黄老道家理论上建立了中医学上的"阴阳五行学说""脉象学说""藏象学说""经络学说""病因学说""病机学说""病症""诊法""论治"及"养生学""运气学"等学说，从整体观上来论述医学，呈现了自然、生物、心理、社会"整体医学模式"。另外还记载了古代哲学、天文学、气象学、物候学、生物学、地理学、数学、社会学、心理学、音律学等，并将这些知识和成果渗透到医学中，遂使该书成为以医学为主体、涉及多学科的著作。

平衡被严重破坏，生物多样性不断减少，生物基因库遭到重创。通过食物链不断积累最终进入人体的各种毒素，毫不留情地毁坏了人体卫护神——酶，阻碍躯体借以获得能量的氧化过程，妨碍各部分器官正常功能的发挥，导致生理过程的致命恶变，如癌症发病率的激升和人类精子数量的锐减、畸形比例增加精子活力明显衰弱等。

三、亚健康分类

随着人们的生活节奏日趋加快，生活水平不断提高，人们的物质生活和工作环境都有极大的改善，但面对的压力也越来越大，这在不同的年龄层次都有体现。正是由于这些因素人们的心理就容易出现偏差，行为就容易出现异常，从而引起情绪不佳、心理不安、喜怒无常。亚健康包括以下四个类别：

（一）躯体亚健康

躯体亚健康主要表现为不明原因或排除疾病原因的体力疲劳、虚弱、周身不适、性功能下降和月经周期紊乱等。

（二）心理亚健康

心理亚健康主要表现为不明原因的脑力疲劳、情感障碍、思维紊乱、恐慌、焦虑、自卑以及神经质、冷漠、孤独、轻率，甚至产生自杀念头等。

（三）社会适应性亚健康

社会适应性亚健康突出表现为对工作、生活、学习等环境难以适应，对人际关系难以协调，尤其是角色错位和不适应是社会适应性亚健康的集中表现。

（四）道德亚健康

道德亚健康主要表现为世界观、人生观和价值观上存在着明显的偏差。

四、亚健康典型症状

（一）心病不安，惊悸少眠

心慌气短，胸闷憋气，心烦意乱，惶惶无措，夜寐不安。

（二）汗出津津，经常感冒

经常自汗、盗汗、出虚汗，自己稍不注意就感冒，怕冷。

（三）舌赤苔垢，口苦便燥

舌尖发红，舌苔厚腻，口苦、咽干，大便干燥、小便短赤等。

（四）面色有滞，目围灰暗

面色无华，憔悴；双目周围，特别是眼下灰暗发青。

（五）四肢发胀，目下卧蚕

有些中老年妇女，晨起或劳累后足踝及小腿肿胀、下眼皮肿胀、下垂。

（六）指甲成像，变化异常

中医认为，人体躯干四肢、脏腑经络、气血体能信息层叠融会在指甲成像上称为甲方。如指甲出现卷如葱管、月痕不齐、峰凸凹残、甲面白点等，均为甲方异常，病位或在脏腑，或累及经络、营卫阻滞。

（七）潮前胸胀，乳生结疗

女性在月经到来前两三天，四肢发胀、胸部胀满、胸胁串痛，妇科检查时乳房常有硬结。

（八）口吐黏物，呃逆胀满

常有胸腹胀满、大便黏滞不畅、肛门湿热之感，食生冷干硬食物常感胃部不适，口中黏滞不爽，吐之为快。严重时，晨起非吐不可，进行性加重。

（九）体温异常，倦怠无力

下午体温常常37℃~38℃，手心热、口干、全身倦怠无力，应到医院检查是否有结核等。

（十）视力模糊，头胀头疼

平时视力正常，突感视力下降，且伴有目胀、头疼，此时千万不可大意，应及时到医院检查是否有颅内占位性病变。

五、亚健康的预防

随着医学的发展，预防医学和康复医学的成熟，自我保健医学应运而生。自我保健医学包括诸多方面的内容：学会识别疲劳，如何全面均衡营养，怎样适量地运动，自觉地养成良好的卫生习惯，重视已患的慢性疾病的防治及自得其乐的种种方法等。

（一）均衡营养

没有任何一种食物能全面包含人体所需的营养。因此，既要吃山珍海味、鸡鸭鱼肉，更要吃粗粮、杂粮、蔬菜、水果，这样才是科学合理的均衡营养观念。

（二）保障睡眠

睡眠与每个人的身体健康密切相关，应占人类生活时间的1/3左右。而当今因工作或娱乐造成的睡眠不足已成为影响健康最普遍且严重的问题，如何调整作息时间是现代社会的一个普遍问题。

（三）善待压力

人在社会上生存，难免有很多烦恼和曲折，情绪低落使人的身体处于紧张状态，感到疲劳。必须学会应对各种挑战，通过心理调节维护心理平衡，让自我从紧张疲劳中解脱出来。

（四）坚持户外活动

走出室内，迎接阳光和新鲜空气，参加体育活动可以修身养性、陶冶情操，使生活更加充实、生机勃勃，而且能够辅助治疗一些心理疾病，防止亚健康的转化。

六、亚健康的测试

对照下面的这些症状，测一测自己是不是处于亚健康状态。

（1）是否经常吃油炸食品、高热量食物、腌制食品？

（2）是否经常抽烟、喝酒、熬夜、作息时间不规律？

（3）是否经常便秘，大便味臭、冲不净，脸上长斑、长痘、皮肤灰暗？

（4）是否有脑供血不足，表现为头痛、头晕、失眠多梦、记忆力下降、反应迟钝、注意力不集中，肢体麻、胀、痛，步态不稳等？

（5）是否有心慌、胸闷、胸口痛，有时是左上肢及背部痛，进一步会出现上楼或劳动出气困难，严重时可能会有绞痛感等。

（6）精神压力大、烦躁、焦虑易激怒、情绪低落、悲观、厌世，不愿与外界接触。

（7）免疫力差，浑身乏力、易疲倦，经常性感冒、口腔溃疡等。

（8）工作或学习情绪始终无法高涨。最令人不解的是无名的火气很大，但又没有精力发作。

（9）"将军肚"早现。25~50岁的人大腹便便容易患有高血脂、脂肪肝、高血压、冠心病等疾病。

（10）脱发、斑秃、早秃，每次洗发都有一大堆头发脱落。

具有上述两项或两项以下者，目前尚无须担心；具有上述三至五项者，说明已经具备亚健康的征兆；六项以上者可定为亚健康，应该好好地反思你的生活状态，加强锻炼和营养搭配等，调整自己的心理状态。

第四节　健康体适能与干预概述

健康体适能（health related physical fitness）是体适能的两大分支之一，由五个方面组成：心肺耐力、肌肉耐力、肌肉力量、柔韧性、身体成分。

健康体适能是与健康有密切关系的体适能，是心血管、肺和肌肉发挥最理想效率的能力。它不仅是机体维护自身健康的基础，而且是机体保证以最大活力完成日常工作、降低慢性疾病危险因素出现的条件。

健康体适能干预计划起源于美国。在20世纪90年代，美国体育界提出终身性、个体化、健康体适能干预教育计划，有着深刻的社会背景。

首先，美国青少年身体活动水平急剧下降，每天参加体育活动的青少年人数从1991年的42%下降到1995年的25%；不能有规律地参加剧烈体育活动的青少年学生约占该群体的一半。

其次，一方面，体育课每周时间不到1.7小时，体育课常常由对体育不感兴趣（或不合格）的学科教师任教，在许多州体育必修课在不断减少。另一方面，社会变迁给整个美国人的健康带来了前所未有的威胁，工业化、信息化社会使得人们深感日常生活和工作充满了竞争，人们不断承受着强烈的心理紧张感和压抑感，现代化的工作和生活方式使得人们的运动机会越来越少，产生了今天人们所熟知的"运动不足"或"肌肉饥饿"症。而以肥胖症、心血管系统疾病和糖尿病等为代表的现代文明病变成了美国人健康的主要敌人，到20世纪80年代，有三分之一的美国人患有不同程度的肥胖症。

因此，国民医疗保健费用大幅增加，国民经济背上了沉重的负担。1982年美国国民医疗保健费用是2 866亿美元，占当年国民生产总值的9.8%；1996年达1万亿美元，占当年国民生产总值的14.8%。面对现代文明病的威胁，美国民众健康观念在发生着深刻的变化，由传统的有病求医，转向了积极预防。健康体适能干预计划正是在这样的社会背景下出台的。

第五节　开展大学生健康体适能干预的意义

健康体适能干预主要是针对健康人群、亚健康人群、疾病人群的健康危险因素进行全面监测、分析、评估、预测、干预和维护的全过程。实施健康体适能干预是变被动的疾病治疗为主动的管理健康，达到节约医疗费用支出、维护健康和促进健康的目的。

目前，我国大学生的整体体质情况并不乐观，大学体育教育面临着各方面的压力，而学生健康既是学校体育工作中的重要环节，也是学校教育评价体系中的重要组成部分。正确、合理地对学生进行健康体适能评价，对于促进学校体育和教育工作有着重要的意义。

此外，学校通过健康体适能干预的各种检测使学生对自身健康状况进行评价，可促进学生对健康概念的重新认识，建立符合现代社会发展趋势的健康的新理念；帮助学生认识到身体成分、身体形态、心肺耐力、肌肉力量与耐力、柔韧素质是影响人体健康水平的主要因素；有利于明确地帮助和督促学生实现健康目标，科学、综合地自我评价自身体质的健康状况；而且对大学生的体质健康状况进行监控和及时反馈，可激发他们自觉地参加体育锻炼，培养终身追求健康生活方式的行为和习惯。

大学生这一群体，其躯体大多处于良好的状态，但从整体健康的角度去评价的话，大学生当中仍然存在着某些健康问题，值得引起我们的重视。作为大学生，究竟怎样才算健康呢？

一般认为，大学生健康的基本标准应是：身体发育良好，生理器官和系统完整，机能正常，心理状态积极向上，有较好的心理自控、平衡能力，学习和工作效率高，对生活充满信心和希望，对自然界和社会的变化有较强的适应能力。

此外，要正确理解健康的内涵，大学生还应该明白两个道理：一是一个人的健康状况不是永远不变的，而是处于动态变化之中的。它像世界上其他事物一样，经过一定"量"的积累必然发生"质"的变化，既可以由弱变强，也可以由强变弱。传统健康观认为非生病即健康，或非健康即生病，二者必居其一。其实，在健康与疾病之间不存在明显的界限，一个人的机体可能潜伏着病理性缺陷或功能不全，而表面上仍是"健康"，只有在出现自觉症状或体征时才被认为"生病"，事实上，有些疾病一旦出现已是病入膏肓，如肝癌、肺癌等。二是一个人的健康状况虽受遗传变异、营养条件、学习生活环境和生活规律性等诸多因素影响，但其中最有效的因素，则是科学地、经常地进行身体锻炼。尤其是青少年时期，经常参加体育锻炼，同时注意合理的营养和生活卫生，能为终身的健康打下基础。

一、影响大学生身体健康的因素

（一）行为和生活方式

大学生不吃早餐、吸烟、饮酒、熬夜、不当的膳食和缺少体育活动等不良生活方式仍是引发疾病的主要因素。

（二）外在环境

健康不仅立足于个人身体和精神的健康，而且应强调人体与自然环境和社会环境的统一，强调健康、环境与人类发展不可分割。

1. 自然环境

自然环境是人类赖以生存的物质基础，人类的生活活动和生产活动使自然环境的构成或状态发生变化，破坏了生态平衡，对人的健康产生直接、间接的影响。当前属于全球性环境问题的有：二氧化碳过量排放造成的温室效应，汞、硫、氮氧化物过量排放造成的酸雨，氟利昂造成的臭氧层空洞和放射性污染问题等，这些污染物严重地破坏地球的生态系统，直接威胁着人类的生存和发展。

2. 社会环境

社会环境又称文化—社会环境，包括社会制度、法律、经济、文化、教育、民族及职业等。社会制度确定了与健康相关的政策和资源保障，法律、法规确定了对人健康权利的维护，经济决定着与健康密切相关的衣、食、住、行，文化决定着人的健康观及与健康相关的风俗、道德、习惯，人口拥挤会给健康带来负面的影响，民族影响着人们的饮食结构和生活方式，职业决定着人们的劳动强度、方式等。

（三）生物学因素

1. 遗传

遗传是先天性因素，种族的差别、父母的健康状况和生存环境等因素都会对下一代的健康产生较大的影响。

2. 生物学特征

个人的生物学特征包括年龄、性别、形态和健康状况等，不同生物学特征的人处在同样的危险因素下，对健康的影响大不相同。例如：儿童、少年和成年人，男性和女性，体质强壮和体质虚弱的人等。

健康是人类社会的宝贵财富，是人类生存和发展的重要保障。以往人们普遍认为"健康就是没有疾病"。然而，随着科学技术与人类社会的发展和时代的变迁，现代的科学健康观念告诉我们，健康不仅是四肢健全、没有疾病和不虚弱，健康是一种在身体、精神、行为和道德意识上适应人类日常生活、工作、学习、娱乐和休闲的"身心合一"的完美状态。其中，具有良好的体适能是身体健康的最重要标志之一，是人类享受生活、提高工作效率和增强对紧急突发事件应变能力的重要物质基础。

随着经济、社会的发展和人民生活水平的提高，体力活动、体适能与健康日益受到公众和科学研究者的重视。科学研究表明，体力活动不足或久坐的生活方式已成为公认的影响人类身心健康的公共卫生和社会问题，它们被确认为冠心病等多种身心疾病的独立危险因子，并与个体的健康满意感和生活满意感等主观健康感受密切相关。

第六节　开展健康体适能干预的注意事项

体育运动充斥着各种不可预见的风险，特别是在学校对学生进行健康体适能干预时，因为面对的学生比较多，每个学生在体质上存在较大差异，所以在开展健康体适能干预时，要充分注意干预方案的安全性问题。

一般来说，具有正常心血管系统的学生进行健康体适能干预时不会产生心血管问题。一个健康个体进行中等强度活动引起心脏骤停或心肌梗死的风险是很低的，然而，无论是否诊断为心血管疾病，较大程度的体力活动可快速而短暂地增加心脏问题发生的风险，因此，健康体适能干预的风险取决于人群中心脏病的流行状况。

事实上，在我们身边因不科学健身或多种原因而受伤的人也不在少数，而且逐渐呈现出上升的趋势。有研究认为，这些人受伤很有可能是不科学健身或长时间过度疲劳等造成的，不能不引起我们的警惕，要注意避免猝死之类的发生。当然，避免运动中猝死等悲剧的发生不等于就要停止运动、健身。相反，停止或减少有益的健身活动，还可能会使心脏功能下降，增加心脏发生问题的概率。所以，人们应该以科学知识作为指导，并注意加强医务监督，视自身情况量力而为，更合理地进行运动健身，才能达到强身健体、抵御疾病的目的。

专家认为，运动健身一定要与自身的体力相适应，尤其是长时间久坐和体力较差者要根据自身身体状况决定运动量，降低激烈程度。如果在运动中出现胸闷、气促、心慌、头痛、恶心等情况，要逐渐减慢运动，然后充分休息，不能盲目坚持，这样就可以减少或避免恶性事件的发生。

另外，在冬天寒冷的气候环境下，如果运动方式过于激烈，很容易引发心脑血管病，可选择中午到下午 2 点之间进行锻炼，这段时间人们的情绪比较稳定，比较安全。如果运动过程中发生心脑血管事件在 4~6 分钟内没有获得及时有效的救治，大脑就会发生不可逆转的损害，超过 8 分钟人就会死亡。所以如果发现有人在运动中突然意识丧失而倒地时，发现的人应立即将其平卧，拍击其面颊并呼叫，同时用手触摸其颈动脉部位以确定有无搏动，若无反应且没有动脉搏动，就应立刻进行心肺复苏救治。在抢救时首先应使患者头部后仰以畅通气道，然后进行有效的胸外按压，同时进行口对口人工呼吸，这些基本的救治措施应持续到专业急救人员到场。

国外运动医学专家认为，为避免运动中猝死事件的发生，可采取以下三级预防措施。

一级预防：一级预防指在没有既往心脏疾病的人群中进行预防，因为有 25% 的猝死者来源于这一群体。对运动员来讲，就是要保证有关医学方面的身体检查和随访，从而有助于更好地鉴别运动性心脏病和病理性心脏病，以及发现潜在的致命性的先天性心脏病。初级预防更多的是要加强对病人的宣传教育，如推荐中小强度运动，强调适宜的准备活动和放松运动，修改游戏规则以减少对抗，以及根据环境进行运动等。

二级预防：二级预防是在患有冠心病或其他心脏异常的人群中进行的预防，因为猝死者绝大多数有冠心病史。对运动员和普通人来说，关键是减少危险因素和及时发现前期症状，平时加强注意、积极预防，是完全有可能避免不幸发生的。

三级预防：三级预防指的是治疗急性心搏骤停以防止发展为心脏猝死。主要是提供现场医务监督和建立急救体制，使其及时逆转，挽救生命。

第七节　提高我国大学生健康体适能的研究

"体适能"是一种能够较为准确评价人体健康的标准。近年来，越来越多的高校都将"体适能"这一概念融入体育教学中，以便更好地帮助学生增强身体素质提高心理健康水平。但是在科技较为发达的今天，也有越来越多的大学生疏于锻炼，多数学生身体综合素质偏低，如何提高学生们的体适能无疑成为许多高校苦恼的问题。因此，对提高我国大学生健康体适能的有效路径进行研究，具有非常深刻的意义。

一、提高大学生体适能健康水平的重要性

（一）促进大学生人格品质完善

体适能健康教育不仅可以培养学生体育锻炼的意识，而且可以通过实践工作和完善的教学体系来促进大学生身心健康水平的提高，进而增强学生对环境的适应力。高校在提高学生体适能的教学计划中，必然要融入一定的育人目标。这样，在学生身体素质得到提高的同时，自信心也能得到增强，学生们会拥有更加丰富的情感体验，并且高校还能培养学生吃苦耐劳的优良品质，为学生提供与人交流的机会。许多实验结果表明，体适能教学体系能够大幅提升学生的身体素质，促进学生良好人格品质的形成，特别是在较为系统的高校体育学训工作过程中，可以明显地发现大学生在参加体适能教学后，人格品质产生了较大转变。

（二）促进高校实现内涵式发展

内涵式发展是高校进行教育改革的重要内容。随着社会需求的不断变化，高校必须跟随时代潮流，以社会需求为基础，以各学科发展现状为依据，不断提高学生的综合素质，才能使各大学生成为符合社会需求的人才。健康的身体是革命的本钱，如果大学生的身体素质不过关，其就相当于失去了施展自己才华的基础，那么，高校想要培养高素质人才只能是空谈。因此，高校在人才培养计划中，应当提高对大学生体适能健康的重视度，激励学生多多参加体育活动，调动学生参加体适能健康教育的积极性，提高学生的体适能健康水平，才能更好地帮助学生更好增强自身的综合素质，帮助学生成为社会所需要的人才。

（三）促进高校体育教育改革

健康指的不仅是身体健康，而且包括精神健康。体适能健康教育的推进，能够更好地促进学生的身体与精神共同发展，促进高校的体育教育改革。高校的体育教育改革，应当以高校的自身特点为基础，优化评价体系，为教师树立"健康第一"的教学理念，提倡教师运用灵活的教学模式进行，考虑学生学习过程中的实际情况，对体育教学中涉及的体育运动进行合理的筛选和改进，尽可能地调动学生参加体育运动的积极性，为学生提供增加感情经验的机会，从身体和精神两个层面同时培养学生，保证学生在拥有健康的身体的同时，还能够拥有健全的精

神世界。

二、提高大学生体适能健康水平路径探析

（一）树立健康体适能教育理念

高校体育课程教学，应当以学生为本、健康第一、实现大学生的全面发展为目标。在高校体育教学工作的实践中，应当不断深化这一教学理念，以培养学生的身体素质和心理素质为基础，选择更加新颖的教学模式，并结合学生实际情况选择教学内容，帮助学生培养终身体育的意识，以达到提高学生环境适应力的目标。高校还应当完善体育教学课程的评价体系，应以健康第一为指导思想，综合评价学生的身体、心理、道德等层面的素质水平，保证学生能够以强健的体魄、健康的心理、良好的品质来适应社会市场经济的种种需求。此外，高校还应当注重对学生个性化的培养，为学生提供发挥的空间，保证学生能够在课内课外充分展现自己的特点，使学生拥有终身体育锻炼的意识，帮助学生养成健康的生活习惯，才能将体适能健康教育的实效真正地发挥出来。

（二）革新教学模式

传统的体育教学过程中，教师为了较为清楚地表达运动过程中的要点，往往会采用"讲解—示范—练习"的传统教学模式来教导学生，但是在这种教导模式下，学生往往只能学习到体育项目的基本知识，学生的心理健康和社会适应能力依然没有得到改善，教师对学生的体适能教育只做到了一部分。因此，为了充分发挥体适能教育的实效，促进学生身体、心理、道德等层面共同提高，高校应该改变教学模式，以学生为主体，推行"三自主"的教学模式，为学生提供更多的选择，让学生以自己的兴趣爱好为基础来选择要参加的体育活动。同时，高校还要规范教育过程，保证学生能将自己爱好的体育项目学精，使学生选择的体育项目能成为学生的一项技能。高校应当开展更加丰富的体育运动活动，丰富运动形式，不断地调动学生参加活动的积极性。例如，春天，高校可以组织运动会，并设立一定的奖项，引导学生与自然亲密接触，增加学生的运动量，促进学生的身心健康发展；夏天，可以开展室内乒乓球课程、羽毛球课程，在室内有限的空间内，充分锻炼学生的反应能力、弹跳能力、团队合作能力等；秋天，高校可以选

择较为安全、环境较好的地方，组织学生进行户外体育活动，增加一些趣味性的运动，比如，三人两足、摸石头过河等活动；冬天，高校可以组织环校马拉松比赛，在寒冷的冬天，唤醒学生的身体，培养学生坚强的意志。

（三）采用分层教学方法

由于不同学段、不同年龄、不同性别的学生对体育运动的需求各有不同，高校应当注重对学生的分层教育，即以学生的体育基础为划分依据、以学生的需求为分层教学的前提，尽可能地满足不同层次的学生对体育教学的需求。分层教学能够使学生在"三自主"的教学模式下，更好地把握自己的运动强度、练习密度，使学生获得更好的运动成效。例如，在篮球课程中，教师可以通过一场简单的篮球赛来确定学生的运动实力，将水平较高的学生划分为一组，利用比赛教学的方式，教导学生实战技巧；对于中等水平的学生，可以教导他们稍微高要求的篮球技巧，以便提高他们的篮球水平；水平较差的学生，可以组织他们进行投篮和运球的练习，培养他们的合作意识。这样不但兼顾了每个同学的需求，还使得每个同学都能在学习过程中，提高自身的身体素质和心理素质。

（四）构建课内外一体化学练模式

体育运动不是一项只在课上练习的课程，课下的练习也能够帮助学生提高自身的身体素质。教师在课堂上的教学终归是有限的，因此，提高学生的健康体适能，不能仅仅依靠教师的教导，高校应当在"健康第一，终身体育"指导思想的引领下，灵活地将课内外结合起来，将学生的课余时间利用起来，建设学生课内外一体化的学练模式，促使学生加强锻炼，进而达到丰富学生文化生活、提高学生体适能的目标。同时，教师要做好课程规划，合理布置课下任务，保证学生在课上所学习的体育知识能够运用到课下的日常生活中，利用社团活动、校内比赛等多种活动形式，切实帮助学生提高运动技能，提高学生的体适能水平。

（五）提升大学生自我体适能健康意识

提升学生的体适能水平不能仅仅依靠高校和教师的督促，更重要的是要让学生意识到体育运动的好处，帮助学生养成终身运动的意识。有部分学生参加体育运动时，仅仅是为了通过体育考试，这样的理念使得在没有体育考试的压力情况下的学生，产生排斥体育运动的心理，学生也会恢复到没有参加体育运动前的状态，这无疑是不能达到提高学生健康体适能的目标的。因此，为了真正提高学生的健康体适能，高校应当有意识地培养大学生的自我体适能健康意识，在日常生活中不断地引导学生，帮助学生从内心深处认同体育运动的好处，使学生逐渐养成参加体育锻炼的习惯，并由学生不断地带动周边的人参与到运动中，使得健康体适能教育的作用得到真正的发挥。

总之，关注学生的体适能健康水平，是高校培养高素质人才的重要工作内容。目前，许多高校在实施体适能健康教育的过程中还是遇到了许多的问题，因此，对提高我国大学生健康体适能水平进行研究仍然不能放松。高校只有通过使体育教师树立健康体适能的教育理念、不断优化教学模式、实施分层教学方法、构建课内外一体化学练模式、培养学生自我体适能健康意识等措施，才能使学生的健康体适能水平得到提高，才能将学生培养成身体、心理、道德等综合水平都符合社会需求的高素质人才。

第二章 大学生健康体适能理论

第一节 心理健康

一、心理健康概述

（一）心理健康的含义

心理健康是一个较为复杂的概念，国内外学者对心理健康的解释有多种。美国英格里士认为："心理健康是指一种持续的心理状况，当事者在这种状况下能得到良好的适应，具有生命的活力，而且能充分发挥身心的潜能，这乃是一种积极的丰富状况，不仅是免于心理疾病而已。"日本学者松田岩易认为："所谓心理健康，是指这样一种心理状态，即人对内部环境具有安全感，对外部环境能以社会上认可的形式适应。也就是说，遇到任何障碍和困难问题，心理都不会失调，都能以社会上认可的行为加以克服，凡是有这种耐性的状态，就可以说是心理的健康状态。"1946 年召开的第三届国际心理卫生大会把心理健康定义为："所谓心理健康是指在身体、智能以及情感上，在与他人的心理健康不相矛盾的范围内，将个人心境发展成最佳的状态。"本次大会还提出了心理健康的四大标志：第一，身体、智力、情绪十分协调；第二，适应环境，人际关系中彼此能谦让；第三，有幸福感；第四，在职业工作中，能充分发挥自己的能力，过着有效率的生活。

国内研究者一般认为，人的心理健康包括以下七个方面：智力正常、情绪健康、意志健全、行为协调、人际关系良好、反应适度、心理特点符合年龄特征。

（二）心理健康的标准

人的生理健康是有标准的，同样心理健康也有标准，只是人的心理健康标准不及人的生理健康标准那么具体、客观。国内外学者对心理健康的标准做了大量表述。

1.美国心理学家提出的心理健康的标准

著名的美国心理学家马斯洛和米特尔曼认为，心理健康的标准有以下十个方面：

（1）有足够的安全感和充分的适应能力；

（2）能充分了解自己，并能对自己的能力做出恰当的评价；

（3）生活目标、理想切合实际；

（4）不脱离周围现实环境；

（5）能保持人格的完整与和谐；

（6）善于从经验中学习；

（7）能保持良好的人际关系；

（8）能适度地发泄和控制情绪；

（9）在符合集体要求的前提下，能有限度地发展个性；

（10）在不违背道德规范的情况下，能恰当地满足个人需要。

2.世界卫生组织提出的心理健康标准

（1）具有健康心理的人，人格是完善的，自我感觉是良好的，情绪是稳定的，积极情绪多于消极情绪，有较好的自控能力，能保持心理平衡，有自尊、自爱、自信，有自知之明；

（2）一个人在自己所处的环境中，有充分的安全感，且能保持正常的人际关系，能受到他人的欢迎和信任；

（3）心理健康的人，对未来有明确的生活目标，并能切合实际地不断进取，有理想和事业上的追求。

尽管学者们所定的心理健康标准不一，但我们认为心理健康的人应智力正常、思维敏捷、观察敏锐、态度积极、兴趣广泛、心胸宽广，有充沛的精力和稳定的情绪，对自己能做出恰当的评价，并能保持良好的人际关系，同时还能经得起失败和挫折带来的心理压力。

3.心理健康应具备的特征

（1）乐于工作

心理健康的人，能够在工作中展露才华，发挥能力，善于从失败中总结经验，重视学习知识，经常从工作中获得满足感，并愿意工作，同时努力避免生活的无聊和工作的懒散。

（2）社会交往能力强

心理健康的人乐于与人交往，且能与他人建立和谐的关系，在与人相处时能乐观地善待他人，对人的态度是积极的、富有建设性的。他们信赖人、尊敬人，在群体中受到欢迎和好评。同时，不会为自己的需要而苛求他人，对人少敌视、怀疑、畏惧和憎恶。

（3）对自己有正确的评价

心理健康的人应对自我有清醒的认识，对自己的能力有正确的估计，生活目标与理想切合实际，并有悦纳自己的态度，愿意发挥自己的最大潜能；对自己无法补救的缺陷也能安然接受，如相貌的丑陋、身材矮小等，不怨天尤人，不盲目悲观，而能正确对待自己的不足并用自己的勤奋补偿自己的不足；能做自我批评，但不过分苛求自己，也不过分夸耀自己。

（4）具有较强的适应能力

心理健康的人对现实环境保持良好的心态，对环境能进行正确的、客观的观察与分析，能依据内外环境的变化调整自己的心态和行为，谋求对环境的适应。对生活中的各种问题，能用积极有效的方法解决，而不是逃避退缩。

（5）乐于进取，意志坚强

一个心理健康的人，任何时候都对生活持乐观进取的态度，不仅在顺境中对生活充满热情，而且在逆境中对人生也不丧失希望。面对各种挫折和困难，常常能选择积极的适应机制，甚至把不断克服困难和摆脱困境当作生活的乐趣，并能在行动中控制自己的情绪和言行、体现出顽强的意志品质，而不是自暴自弃、消极悲观。

（6）对社会抱有积极的期待

心理健康的人能客观地看待社会、工作和家庭中的问题，乐于了解社会现实问题，不会经常地误解周围的人和事。

（7）能保持人格的完整与和谐

心理健康的人，人格结构要素无明显的欠缺和偏差，具有自信、自尊及正确的价值观和人生观，在处事与待人接物中，心理和行为能达到和谐统一，能正确地支配自己的行为，有独到的见解，不会无原则地顺从他人的意见，也不会过分地寻求赞许。他们热爱生活，从学习和工作中能体验到乐趣。

（8）有较强的心理康复能力

在人的一生中谁都不可避免地会遭受精神创伤，但心理健康或心理康复能力强的人既能对自己的情绪做适当的控制，又能不过分压抑自己的情绪，理智看待精神打击和刺激，并逐渐从痛苦中走出来，而且不留什么严重的痕迹。

判断一个人心理是否健康，更重要的是从人的整体进行分析，并以经常性的行为为依据。有的人在某些个别方面不符合心理健康标准，但他能维持相当完整的社会生活，应判断其大致上心理健康。

了解和掌握心理健康的含义与标准，人们可以此为依据对照自己进行心理健康的自我诊断，预防心理疾病的发生，保持最佳的身心状态。

（三）影响心理健康的因素

1.需要对心理健康的影响

需要是人的生活和发展所必备的客观条件在头脑中的反映。人的欲望无止境，这是一种很自然的现象。例如，为了避免孤独，他交了朋友；为了体现个人价值，他积极投入理想的事业之中。因此，在人的生活中，需要是连续不断地产生的，不但已经满足了的需要还会重复出现，而且在需要得到满足的过程中，会产生满意、愉快等积极的情绪体验，从而产生新的需要。人的需要是复杂多样的，它们之间是相互联系的，构成是有层次的。美国心理学家马斯洛曾把人的多种需要按其重要性和发生的先后次序排列成由低到高的五个层次：生理需要、安全需要、归属需要、尊重和被人承认的需要、自我实现的需要。生理需要是最基本的需要，而自我实现的需要是人们最高级的需要。人的各级需要之间的关系是递次上升的，当低级的需要得到满足后，就会产生高级的需要。需要使人生丰富多彩、充实而有意义，人的一生就是在不断追求自我实现、满足永无止境的需要中度过的，需要是焕发人生潜能的最大动力。

人的心理健康与人的需要密切相关，许多心理问题的出现，往往是由于需要没有实现而产生的。如一些人常说，当初我要是如何，现在则会如何。这些心中有许多遗憾的人们，常常生活在不满和追悔之中。如果他们当初接受挑战，不畏困难和失败，他们也许就不会有遗憾。或者他们接受这个事实，并能在此基础上努力工作和学习，生活也会很美好。因此，每个人在生活中确立自己合适的目标，合理地满足自己的需要，才能获得健康的心理，从而创造美好的人生。同时要做到知足常乐，所谓知足常乐就是要仔细品味生活的美好与甘甜，多看生活积极、可爱的一面，多一份感动，少一点冷漠，不要有太多的抱怨，不要对失败与生活中的阴暗面耿耿于怀。

2. 现代生活对心理健康的影响

现代生活给人们带来了太多的满足，然而在我们享受这一切的时候，现代生活也给我们带来了太多的困惑和心理压力。适度的压力可以成为生活的动力，使生活更积极、更有效率。但过度的压力会对人的生理及心理造成消极的影响，使人在生理方面出现失眠、头痛、心慌、食欲不振等症状，心理方面出现精神不集中、情绪不稳定、心不在焉等状况，严重的还会导致心理失调，引发精神疾病。具体来讲，现代社会给人们心理造成的困惑与压力主要有：

（1）生活节奏加快，使人普遍感到精神高度紧张，从而导致人们心烦意乱、头痛失眠，甚至引起心理变态。

（2）竞争的日趋激烈，就业困难。竞争虽然有助于开发人的潜力，推动社会发展，但同时也会导致工作、学习和生活压力过重，造成人们的心理状态严重失衡。

（3）道德标准的矛盾。社会的开放与发展，造成了文化的矛盾和道德的碰撞，这些碰撞虽然开阔了人们的眼界，但也引起了许多阵痛，造成了许多心理困惑和社会矛盾。

（4）人际交往的困惑。一方面，人们由于忙于工作、学习，缺乏人际交往；另一方面，人们普遍感到孤独，常因人际关系的不协调而产生心理上的烦恼，这就给人际交往带来了太多的困惑。然而，人际交往的需要是人的基本需要，如果不能满足，就会给人造成心理障碍。

（5）贫富悬殊与社会不公平的困惑。改革开放使人民生活水平得到空前的提高。然而在人民生活水平普遍提高的同时，贫富差距加大，社会不公平的现象也随之出现，面对这些困惑，大众易出现心理失衡。

3. 人的主观因素对心理健康的影响

（1）性格类型

不同性格类型的人对环境的反应能力不同，它会直接影响其心理健康水平。医学专家研究发现，一些疾病患者有着某些共同的不良个性。美国心脏专家在冠心病的研究中发现，争强好胜、好与人竞争的 A 型性格的人比与世无争、安然自在的 B 型性格的人更容易患冠心病。英国心理学家根据行为模式，认为人的性格还有一种 C 型，其最突出的特点是倾向于克制或压抑自己的情绪。C 型性格的人往往为了使别人高兴而不惜牺牲自己的需要和愿望，对自己遭受到的挫折和无理采取忍受态度，而且做出避让，以免自己的朋友、家人或他人不愉快。这种强烈遏制内心情感的人患癌症的可能性很大。因此，C 型性格被称为"癌症性格"。

一个人性格的形成，既制约于其先天遗传素质，也会受到后天环境的影响。为适应环境，性格在人生中仍然有改变的可能。只要我们在生活中重视修身养性，遇事冷静，不计较点滴得失，注意随时消除不良情绪，克服性格的负面影响，就能够改变不良的性格模式，学会自我情绪调节。

（2）思维方式

思维方式灵活的人，具有较强的分析、综合、归纳和判断的能力，能够从不同角度看待问题，善于倾听别人的建议及批评，及时调整思路，遇事想得开，适应环境能力强，耐挫折能力强，且比较自信。

（3）自我意识

良好的自我意识表现为自知、自爱、自尊、自信、自强。自我意识好，能客观地认识自我，并能愉快地接纳自我，使自己成为生活和事业的强者，对自己的学习、生活有一定的满足感，能驾驭自己的感情，保持积极的心态。而自我意识不好，心理容易出现健康问题。比如自卑感，表现为缺乏自信心，遇事退缩，怀疑自己的能力。又比如对自己形象不满意，总担心别人不喜欢自己，在人际交往中往往缺乏自信心。

4.家庭环境对心理健康的影响

首先，一般来说，父母关系亲密，子女的心理一般比较健康，他们的行为友善，人际关系好；相反，父母关系紧张或父母离异的家庭，子女的心理健康水平较低，敌意强。其次，是家庭教育方式，在民主教育方式下成长的孩子，适应新环境的能力就强，比较自信，情绪稳定；而在专制教育方式或放任教育方式下成长的孩子，适应环境能力就差，而且比较自卑，情绪容易冲动。当前，独生子女家庭的孩子，一方面寄托着父母的全部希望，使他们承受了更多的压力；另一方面因为得到了太多的关爱和照顾，较容易形成自私、任性等个性特征，不能忍受一点委屈。所以，当受到挫折或欲望得不到满足时，这些孩子就会怨天尤人，甚至产生心理问题。

5.学校教育环境对心理健康的影响

学校师生关系对学生心理健康的影响是全面而深刻的，师生关系密切，师生间交往关系正常，学生的心理健康水平就高，反之则相反。此外，师生关系作为一种特殊的人际关系，必然也会影响学生对其他人际关系的认知与体验。积极向上的校风和班风，会激发学生的上进心，形成感召力和凝聚力，使学生的生活充实、心情愉快，心理健康。不良的校风和班风，会涣散学生的精力，使他们觉得生活乏味、缺乏上进心，心理就容易出现问题。

6.学习压力对心理健康的影响

现在一些学校、家长、学生以重点学校、升学率为指挥棒，他们置学生身心健康于不顾，不分昼夜地延长学习时间，给学生造成了沉重的心理负担。由于身心长期处于紧张的学习之中，学生容易心理紧张和焦虑。一旦学习效果不理想，就会出现压力增大，情绪低落，造成精神紊乱或心理疾病。调查表明，在大学生中因精神疾病而休学与退学的人数约占休学和退学学生总数的 30%。

7. 传播媒介对心理健康的影响

传播媒介是当今影响学生心理健康的重要因素，一些媒体中的暴力、色情、享乐等内容，对学生心理健康产生了不良的影响，一些学生还因为迷恋上网而不能自拔，甚至走极端。

（四）促进心理健康的途径

1. 自我调节

（1）把握好自己的心态

心态是一种心理状态，表现在人或人群对外界事物做出何种反应的倾向性，抱有不同心态的人对同一事物会有不同的认识和行为。持有消极心态的人会以消极的态度对待人和事，容易自生烦恼、自卑自怜、自暴自弃、自毁前程；抱有积极心态的人倾向于积极对待任何事物，乐观、快乐、不畏挫折，常能在失败中积累经验，把握自己的命运。心态常常具有不稳定性，会经常变化。生活中，大多数人不会一味地抱有消极或积极的心态，关键是能控制消极心态发生的频率和时间，使自己尽快恢复积极心态。为此，我们应做到：了解自我、相信自我，进行自我鼓励；用积极的心态评价自己、他人和世界，避免消极的心态；不要为不可挽回的事情而烦恼，而应吸取教训，过去的事情就让它过去，应着眼于今天，着眼于未来；保持自己的最佳形象，注意修饰、讲究衣着、行为优雅；注意营养，坚持锻炼，维持最佳的健康状况；学习、工作有张有弛，不要过于疲劳；当自己的心态消极时，不妨转移一下注意力；多结交那些心态积极的朋友，做一个生活的强者，把握自己的命运。

（2）树立良好的自我意识

自我意识是个体对自己的认识和评价及态度，良好的自我意识体现为自知、自爱、自尊、自信和自强。良好的自我意识是心理健康的关键。获得良好的自我意识应做到以下几点：开放自己，尽力扩大生活领域，积累生活经验；认真总结自己的功过得失，面对现实积极塑造自己；理智地看待自己的优点和缺点，对自己的优点和长处感到欣慰，同时对自己的弱点、缺点也不要回避，也不必感到不可容忍或自暴自弃；调整"现实我"与"理想我"的差距，树立一个适宜的奋斗目标。

（3）建立良好的人际关系

人类的精神活动得以产生和维持，诚实友爱的人际关系是其重要的支持。良好的人际关系可以满足人们归属的需要，消除孤独感、获得安全感，形成良好的社会支持系统，为人们生活和工作提供良好的心理环境。与人相处时，应坚持平等、互利、诚信、相容、赞扬等原则，避免怀疑、嫉妒、憎恶等情绪出现，这也是获得良好人际关系的要素。

（4）培养较强的挫折承受力

挫折是指人们在某种动机的推动下，在实现目标的活动中，遇到了无法克服或自认为是无法克服的障碍和干扰，使需要和动机不能得到满足时，所产生的紧张状态和情绪反应。挫折对人的心理健康有着明显的消极作用，个人遇到挫折、需要不能满足、目标不能实现，就会产生明显的压力感，精神紧张、心理压抑、内心痛苦，降低学习和工作效率，甚至使人失去心理平衡，引发心理疾病。

首先，对于挫折，只要人们正确认识挫折的实质，了解挫折产生、发展的规律，就能有效地驾驭它、把握它、战胜它。同时要有进取心，将挫折看成挑战和成功的催化剂，面对挫折不退缩，并以理智的方法和正确的态度战胜挫折，使自身的挫折承受力得到锻炼和提高。其次，要有正确的人生观。人生观是一个人形成优秀心理素质的保证，只有树立了正确的人生观，才能坚定信念，激励自己不断进取。

2. 体育锻炼

研究和实践证明，体育具有健身、教育、启智、情感发展、群育、美育、娱乐等功能，对人们的健康特别是心理健康水平的提高具有重要作用。随着社会的发展，体育的作用越来越突出。国内的研究者一般认为，体育对心理健康的促进包括以下八个方面：

（1）振奋精神

心境很差、精神不振的人常常从体育锻炼中获益，这是因为人在体育活动中，各种感觉信息输入机体而引起唤醒水平的提高，继而精神振奋。一般来说，在一个舒适愉快的情境中散步，只能产生放松效果，不能提高唤醒水平，只有当体育锻炼达到一定的运动量时才能引起唤醒水平的提高。因此，在学习和生活中，当我们碰到困难和挫折而产生烦恼和压抑情绪时，通过体育锻炼可以摆脱烦恼，振奋精神。

（2）降低焦虑反应

体育锻炼可以降低焦虑反应，这是因为体育锻炼可以降低肾上腺素受体的数目或敏感性。此外，经常从事体育锻炼可以降低心率和血压，从而减轻特定的应激源对生理的影响。科巴沙（美国）也指出，体育锻炼具有减轻焦虑反应的作用，因为体育锻炼可以锻炼人的意志，增强人的心理坚韧性。大学生常因名目繁多的考试以及对未来就业的担忧而产生持续的焦虑反应，因此，经常参加体育锻炼可使焦虑反应降低。

（3）提高智力功能

经常参加体育锻炼，不仅能使锻炼者的注意力、记忆力、反应速度、思维和想象等能力得到提高，而且还能使人的情绪稳定、性格开朗、疲劳感下降等，这些非智力成分对人的智力功能具有一定的促进作用。

（4）建立良好的自我概念

所谓自我概念，是指一个人对自己的身体、思想和感情等的整体评价，它是由许许多多的自我认识所组成的，包括我是什么人、我主张什么、我喜欢什么、我不喜欢什么等。由于坚持体育锻炼可使体格强健、精力充沛，因此体育锻炼对改善人的身体的自我概念是毋庸置疑的，特别是对改善人的身体表象和身体自尊至关重要。身体的自尊和身体表象与整体自我概念有关，无论男、女学生对身体表象不满意都会使个体自尊变低（自尊是自我概念的积极程度），并产生不安全感和抑郁症。身体自尊主要包括一个人对自己体育能力的评价，对自己身体外貌（吸引力）的评价，对自己身体抵抗力和健康状况的评价。研究表明，经常参加体育锻炼的学生比不经常参加体育锻炼的学生对自己的评价更为积极。另外，还有研究证明，肌肉力量与身体自尊、情绪稳定和自信心呈正相关。

建立一个良好的身体自我概念，将有助于提高身体的自我价值和自尊心。良好的身体自我概念与整个自我概念密切相关。

（5）培养坚强的意志品质

意志品质指一个人的果断性、坚忍性、自制力以及勇敢顽强和主动独立等精神。意志品质既是在克服困难的过程中表现出来的，又是在克服困难的过程中培养起来的。体育锻炼中要不断克服客观困难（如气候条件的变化、动作的难度或意外的障碍等）和主观困难（如胆怯和畏惧心理、疲劳和运动损伤等），锻炼者越能努力克服主、客观方面的困难，也就越能培养良好的意志品质，这种坚强的意志品质能够迁移到日常的学习、生活和工作中去。

（6）消除疲劳

疲劳是一种综合性症状，与人的生理和心理因素有关。当一个人的情绪消极，或任务超出个人的能力时，生理上和心理上都会很快地产生疲劳感。大学生持续紧张的学习极易造成身心的疲劳和神经衰弱。保持良好的情绪状态和中等强度运动量的体育锻炼可以使他们的身心得到放松，减轻或消除疲劳。

（7）提高社会健康水平

体育锻炼对提高大学生社会健康水平有重要的促进作用。随着社会的发展以及生活节奏的加快，人与人之间的社会联系越来越少。体育锻炼是一种增加人与人之间相互接触的良好形式，通过与他人接触，可以忘却烦恼和痛苦，消除孤独感，并逐渐养成与人交往的意识和习惯，使个性逐步得到改变，增加群体认同感，与他人形成亲密的关系。

现代社会竞争日趋激烈，努力培养竞争意识和能力有助于大学生走向社会后更好地适应社会。竞争是体育运动的主要特性之一，在体育运动中，既有对自己运动能力的挑战，也有与他人争胜、人与人之间及团体与团体之间的竞争。同时，在运动中竞争时，要有良好的道德，要遵守竞赛的规则，要靠自己的能力和团队合作来争取胜利，从而培养积极进取、顽强拼搏的竞争精神。

现代社会需要合作精神，一个人要想在社会中取得成功和成就，就需要与他人合作，同时也需要得到他人的帮助。合作能力既是体育参与者必备的素质，也是通过体育活动需要发展的一种能力。经常参加体育活动，特别是参与集体性的体育活动，有助于加强合作意识，培养团队精神。

（8）治疗心理疾病

研究显示，体育锻炼已经成为治疗心理疾病的一种方法。心理医生们也普遍认为，体育锻炼可以消除焦虑，治疗抑郁症。在大学生中间，因学习和其他方面的挫折而引起焦虑症和抑郁症的人并不少，体育锻炼可以减缓或消除这些心理疾病。

3. 心理咨询

心理咨询是运用心理学的理论、知识和方法，通过语言、文字或其他信息传播媒介，给咨询对象以帮助、启发和教育的工作过程。心理咨询，可以使咨询对象的认知、情感和态度有所变化，在助人自立的基础上，协助咨询对象认识自己，充分发挥个人的潜能，解决其在学习、工作、生活、疾病、康复等方面出现的心理问题，使其改变原有的认知结构、行为模式和生活方式，从而更好地适应内外环境，保持身心健康，实现自我完善。一方面，心理测试不是心理健康的唯一标准，心理测试细节应由专家再分析；另一方面，当事人在完成心理测试的时候是一种心态，测试以后可能又是另一种心态，还有心理测试题是否恰当，是否有暗示性，当事人对心理测试的态度，测试答案怎么分析都是影响心理测试的因素。

二、情绪与心理健康

（一）情绪概述

情绪是指人们对客观事物是否合乎自己需要的态度和体验，是人对客观世界的一种特殊反映形式，也是人们在生活中处理各种事物的心理反应。而这种心理反应源于人们对客观事物的态度，例如顺利完成工作任务会使人轻松愉快。情绪按照其活动强度、紧张水平和持续时间可分为激情、心境和应激三种状态。激情通常是由个人生活中的重大事件、对立意识的冲突、过度的抑制或兴奋所引起的，这是一种强烈、短暂、迅猛、爆发性的情绪状态，具有激动性和冲动性的特点，如狂喜、暴怒、惊恐、绝望等均是激情的表现。心境是一种微弱而持久的情绪状态，具有弥散性和渲染性的特点，我们平时所说的心情舒畅、郁郁寡欢、恬静、烦闷等就是心境的表现。应激是由出乎意料的紧迫情况所引起的急速而高度紧张的情绪状况，它有两种表现，其一是积极的，表现为机智果断地迅速化险为夷；其二是消极的，表现为惊慌失措、束手无策。

现代心身医学一般将情绪分为良性（正性）和不良（负性）情绪两种，前者是指乐观、愉快、和悦、明朗的情绪状态，后者指悲观、抑郁、烦恼的情绪状态。愉快的情绪有利于工作和学习效率的提高及人际交往，有利于体内组织与器官功能的正常发挥，对人体健康状况起到一种维持和促进作用，而不良情绪则抑制人的活动能力，有损身体健康。

（二）不良情绪对身体健康的影响

1. 对消化系统的影响

俗话说"食欲是情绪的寒暑表"，消化系统是最能反映人情绪变化的器官之一，如情绪紧张，可使人吃不下饭，由于悲痛勉强吃下去也难以消化，甚至呕吐、嗳气胀满、痛苦难忍等。这是因为在紧张、忧虑情绪长期反复刺激下，大脑皮质功能发生紊乱，不能很好地控制和调节植物神经系统，使迷走神经兴奋性增高，攻击因素（胃酸和胃蛋白酶）增加；刺激还可以通过下丘脑—垂体—肾上腺轴的通路使交感神经兴奋性增高，引起防御因素（胃黏膜的抵抗力和局部血流）减弱，从而导致胃壁"自身消化"，形成消化性溃疡。此外不良情绪还可引起肠易激综合征，主要表现是腹痛、腹泻、便秘、恶心、消化不良、腹胀、心口部烧灼感以及失眠、头痛、多梦、记忆力减退、精神萎靡等神经精神症状。肠易激综合征是一种常见的胃肠道功能性疾病，是由不正常的情绪刺激，干扰神经系统的正常活动，引起兴奋和抑制过程紊乱，而导致的胃肠功能障碍。

2. 对心血管系统的影响

现代心身医学研究表明，一个人如果长期处于愤怒、紧张、恐惧等状态，特别是受到严重的惊吓，容易导致神经、内分泌系统调节紊乱，使血管紧缩性神经冲动占优势，全身小动脉张力增加，细小动脉痉挛，外周阻力增大，血压迅速上升。如果这种状态得不到改变，便会使已经升高的血压固定下来，久之则会患高血压病。还有实验研究证实，在焦虑和恐惧情况下，血中肾上腺素的浓度增高，心率加快，心输出量增加，造成收缩压上升；而在愤怒和敌意时，血液中的去甲肾上腺素浓度增大，末梢血管的抵抗力增强，导致舒张压上升。

焦虑、紧张、愤怒、烦恼等不良情绪，会引起血液中某些激素大量增加，出现呼吸急促、心跳加快、血压升高、肌肉紧张、血管收缩等一系列生理反应。当大脑供血不足时，就会头晕甚至昏厥；当心脏供血不足时，就会出现心绞痛、心肌梗死，甚至猝死。研究发现，有 1/3~2/3 的心肌梗死病例有发作诱因可寻，其中，最常见的是情绪激动、精神紧张。心脏是"焦虑的专门器官"，高度焦虑者心绞痛的发生率为低焦虑者的两倍。一般人都知道，胆固醇增高可导致冠心病，但导致胆固醇增高的因素除了饮食外，还有情绪。情绪波动和过度紧张还直接影响血液中脂肪酸的含量，使之升高，并可导致血液凝固性增强，促使血栓形成，从而引发冠心病。因此，稳定和改善情绪至关重要。

3. 对人容颜的影响

当一个人精神过度急躁、焦虑时，这些不良刺激会直接影响中枢神经系统的功能，造成血管痉挛，引起血液循环缓慢。如毛发得不到足够的血液供应，黑色素的制造遇到障碍，头发就会变白。所以俗话说"笑一笑，十年少；愁一愁，白了头"，就是这个道理。

皮肤的色泽，取决于表皮黑色素的含量、分布位置，以及皮下血管收缩扩张程度，而这些因素无不受控于"神经—体液—内分泌"的调节，其中情绪起着重要作用。当心情愉悦时，大脑内神经调节物质乙酰胆碱分泌增多，血流通畅，皮下血管扩张，就会使人面色绯红、容光焕发、精神抖擞、神采奕奕。当情绪低落或过度紧张，体内儿茶酚胺物质释放过多，肾上腺素分泌增加，使动脉小血管收缩，供给皮肤的血液骤减，导致面色苍白无华，面容黯淡，精神萎靡；如若情绪失调持久，则神经内分泌功能失调，使上皮细胞合成过多的黑色素堆积于皮肤细胞中，皮肤变黑、变暗。

皮肤就好像一面镜子，它能把许多心理活动反映出来，不良情绪不但会影响皮肤的色泽，还可导致各种皮肤疾患，如牛皮癣、痤疮、酒糟鼻、脂溢性皮炎、湿疹、慢性荨麻疹等。

4. 对免疫系统的影响

现代医学研究表明，情绪烦乱可以引起人体大脑内分泌系统以及免疫系统机制的紊乱，可使体内原来潜伏的恶性细胞激发增生，形成恶性肿瘤。也有学者认为，当人体处于长期不良情绪的恶性刺激下，可直接促使正常细胞发生异常变化，变成癌细胞。

临床上大量事实证明，癌症病人发病前，大都有长期不正常的心理状态，特别是有严重的精神创伤、过度紧张和忧郁的历史。国外有学者研究了 405 例癌症患者，发现其中 72% 的人有过早年的情绪危机。

紧张、悲哀、压抑等不良情绪可导致免疫功能低下，甚至引发癌症；相反平衡的心理状态有助于调动神经、内分泌，以及免疫系统的功能，促使免疫细胞、各种免疫因子活化，可对癌细胞进行"围剿"，并将其一举歼灭。

（三）不良情绪的调适

情绪人人有，但未必人人都能调节。在日常生活中，因情绪失控造成失误甚至是悲剧比比皆是，再加上各种生活压力产生的催化剂，好情绪、好心情确实很难寻觅，但情绪关系到生命的长度和质量，因此，人们必须关注自己的情绪，学会调控情绪是至关重要的。

情绪是心态的反应，反应不是取决于被反映对象，而是取决于自己的内心，即取决于自己对问题的看法。心理学家米切尔·霍德斯说："一些人往往将自己的消极情绪和思想等同于现实本身，其实，我们周边的环境从本质上说是中性的，是我们给它们加上了或积极或消极的价值。问题的关键是你倾向选择哪一种。"因此情绪调控的根本在于自身，情绪的调控是心理调适的重要内容之一。在生活中不要长期被烦恼、悲伤等消极情绪左右，同时保持情绪的稳定和适度，快乐时不得意忘形、目空一切，愤怒时不鲁莽冲动、意气用事，恐惧时不畏首畏尾、张皇失措，悲哀时不垂头丧气、意志消沉。

1. 理智控制，自我冷却

用理智来控制和缓解剧烈的情绪，特别是在愤怒的激情下，要避免盲目冲动，做到三思而后行，不要因一时冲动而蛮干。待人处世要胸怀宽广，轻小辱、弃小利，克己让人，以大局为重，做到以理育情、以智制情，认真分析判断情绪、情感的性质及其客观效果，自觉地发展积极的情感，抑制消极的情感，把感情引向正确健康的方向，成为情感的主人。在工作和生活中，要用顽强的意志力来调节和控制自己的感情，并注意提高自身的修养，培养乐观、开朗的性格。

当情绪趋于紧张、激动的时刻，也可以有意识地做出努力，把注意力转向与当前情绪无关的事情和情境上，降低情绪的紧张度，以避免不良情绪的爆发。如通过从事其他的活动，转移情境或环境等方式，使当前紧张的情绪得以转移。

2. 学会比较，淡化烦恼

现实生活中每个人都避免不了烦恼，但是人们对待烦恼的态度不同，烦恼对人的影响也不同。对于烦恼善于淡化、善于化解，是人生至高意识境界的体现。人生也会在淡化、化解烦恼的过程中，催生出欢乐和愉快。

正确比较是消除不良情绪的思维方法，消极情绪很多是从纵向、横向的比较中产生的，不正确地做比较，就会产生今不如昔、己不如人的悲伤与消沉情绪，并进而以消极的眼光看待自己周围的一切。有意识选择合理、恰当的比较对象，往往能在烦恼形成初期起到较快的淡化、化解作用。在现实生活中，我们要善于发现自己和他人的长处和短处，善于分析事情的不足。什么境遇都不是十全十美的，他人盛名之下也有空虚和烦恼；自己窘困之中也有惬意、悠闲和那一份实在。学会比较，就会感到满足和快乐。

3. 学会遗忘，摆脱烦恼

善忘则无忧，无忧则心平气和，从而使人体的血脉畅通、脏腑协调。人往往是有失才有得，只有忘掉一些旧的思维观念才能使我们不断进步。善于忘记自身的困厄，才能从苦难中超越和解脱，进而才能专注于内心的那一份宁静与快乐。平静地面对一切，并不是一种消极的放弃，而是一种积极、勇敢的表现。

4. 走出懊悔,笑对未来

人生的道路不会总是笔直、宽广、平坦的,无论是求学、就业、择偶还是组织家庭,人们都可能遇到各种意想不到的艰难曲折,遇到程度不一的挫折。现实生活中,有些人做了错事,事后醒悟过来时,常常自我埋怨、自我谴责,心情十分痛苦、内疚和懊恼,这种情绪活动就是人们通常所说的懊悔。其实,在漫长的人生道路上,人们都会因这样或那样的过失,产生某种懊悔的情绪,对于大多数人来说,这种不良情绪很快就会消失,不至于影响身心健康,但也有人会陷入懊悔的泥潭中不能自拔,甚至失去了走向未来生活的信心,这种不良情绪必然会使人体免疫机能减退,导致各种疾病发生。因此,要学会控制这种不良情绪,不能让它妨碍我们的身心健康及对美好明天的追求。

5. 学会宽容,减少烦恼

生活中有些人总爱生闷气,自己的怨恨、恼怒、懊悔、愁苦事从不告诉别人,而是闷在心里,越想越气,损伤了自己的身心健康。

首先,学会宽容。宽容是一种大度,因此可以使人不会斤斤计较,可以容人之长,不去妒忌;容人之短,用其所长;容人之过,不计前嫌。宽容是一种乐观,可以使人笑口常开、知足常乐,驱散生活中的痛苦,洗涤不幸和眼泪。宽容使人不会一味地苛求别人,在生活中少一些私心杂念就可以多些快乐,多与人为善、不谋私利,不患得患失,就不容易生气了。

其次,悦纳自我。哲人说:"一个人如果能够战胜自己内心的黑暗,就永远站立在灿烂的阳光中。"悦纳自我就是相信自己,有人说世界上没有两片完全相同的叶子,你就是独一无二的,所以你有足够的理由自尊自爱,即使是遭受挫折、经历坎坷,如果你有足够的自信,通过自己的拼搏和努力,就会活得无怨无悔。悦纳自我就是原谅自己,生活有太多的不如意,假如你总是无休止地埋怨自己、惩罚自己,你将陷入一种自卑和自暴自弃的恶性循环之中。有效的方法就是忘记过去,笑对未来。悦纳自我还要完善自我,这不仅表现在学识修养上,而且要培养纯正的人格。心胸开阔的人总是把目光盯在未来的希望上,因此能够在人生的战场上轻装上阵,战胜一个又一个的挫折。

6. 具体的方法

（1）环境调节法

情绪压抑时，到外边走一走或者看一看喜剧电影，打一打游戏，能起到调节作用。

（2）自我鼓励法

用某些哲理或某些至理名言安慰自己，鼓励自己同痛苦、逆境做斗争。自娱自乐、自得其乐，会使你的情绪好转。

（3）语言调节法

当你悲伤时，大声朗诵幽默故事、笑话等，就会不知不觉地愉快起来。有的人在墙上挂着"制怒"的条幅；有的人在床头上写着"忍""冷静"之类的警句等，就是用无声的语言进行自我命令、自我提醒、自我暗示，来调节自己的情绪。

（4）注意力转移法

把自己的注意力从消极方面转到积极有意义的方面来。例如，当你遇到苦恼的事，可将其抛到脑后或多看光明的一面，则会消除苦恼。

（5）能量发泄法

如果消极情绪不能适当地疏泄，容易影响身心健康。该哭时应大哭一场；心烦时找朋友倾诉；不满时适当地发发牢骚；愤怒时可以适当地出出气；情绪低落时可以参加游艺活动；心理矛盾不可调解时，可向心理医生寻求帮助。

三、应激与心理健康

现代社会，人们由于生活压力较大，心身经常处于紧张状态。若不能很好地应对而使过分紧张状态持续存在的话，就可扰乱人体正常的生理机能，从而诱发各种身心疾病。应激研究的先驱者塞利教授曾经指出："现代人要么学会控制应激，要么走向事业的失败、疾病和死亡。"由此说来，应激与身心健康有着极为密切的关系。那么，了解有关应激的基本知识，掌握有效应对各种应激事件的方法，对维护我们的身心健康大有裨益。

（一）应激的定义

应激是指个体对应激源或刺激所做出的反应，也是个体对环境威胁和挑战的一种适应和应对过程，其结果可以是适应或不适应。应激源可以是生物的、心理的、社会的、文化的，例如工作问题、家庭问题、经济问题、个人健康问题、喜庆事件、人际关系问题等生活事件。

目前，关于应激的含义，不同的研究者有不同的看法，一般认为它是指有机体在某种环境刺激作用下由于客观要求和应对能力不平衡所产生的一种适应环境的紧张反应状态。按通俗的话说，也就是一种压力或紧张状态，所以也有人干脆就把应激称为"心理压力"或"紧张状态"，把应激源称为"生活事件"。

（二）应激反应

应激反应是指个体因为应激源所致的各种生物、心理、社会、行为方面的变化。应激反应在健康和疾病中具有重要的意义，首先，应激反应是个体对变化着的内外环境所做出的一种适应，促使个体及时调整与环境的契合关系，而这种调整有利于健康。提高自身应激能力，能为将来适应变化的内外环境提供支持。其次，应激反应虽然有积极作用，但对各种应激缺乏控制与应对的个体来说，易引起心身障碍或心身疾病。

（三）应激的征兆

处于消极应激状态下的人会显示某些征兆，但不同个体的征兆有所不同。我国学者通常认为，有下列几种比较典型的应激征兆。

1. 生理征兆

应激的生理征兆（如心跳加快、呕吐等）会引起一定的身体器官系统的变化。例如，心跳加快反映了心肌的变化，呕吐反映了消化系统的变化，呼吸困难反映了呼吸系统的变化，经常性的头痛、疲劳、手颤抖反映了肌肉的紧张性变化等。

2. 焦虑与抑郁

在应激的心理征兆中，最通常的两种表现形式是焦虑与抑郁。焦虑是一种伴随着某种不祥之事而产生模糊的、令人不快的情绪，其中包含紧张、不安、惧怕、愤怒、忧虑、烦躁和压抑等情绪体验。焦虑的产生通常没有显而易见的原因，它对于未来的不愉快的关注更甚于对当前情景的担忧。例如，当某人来到一个新环境，对将会遇到的事情以及由此而产生烦恼的原因可能并不清楚，然而，正是这些不可名状的原因，使人处于不安情绪的控制之下，被焦虑所困扰。抑郁是指一种持久的心境低落状态，其特点是：对一般的活动失去兴趣、悲哀、缺乏活力、注意力不能集中等，这些情绪活动是由个体对事物的消极评价所引起的。

3. 睡眠障碍

失眠是应激的一种普遍征兆，会使个体的精力衰退。失眠产生的原因可能是对将要发生的事情感到焦虑或过于激动。例如，对将要逼近的考试过于关注和忧虑会产生失眠。虽然对某些人来说，一两个晚上睡不着觉是常有的事，但是对大多数人来说，这可能是一种应激表现。

4. 性障碍

性障碍也可能是一种应激征兆，由忧虑引起的性障碍会进一步加重应激反应。国外有的心理学家认为性释放是减少紧张的一种方法，没有正常的性活动可能会导致一系列心理问题的产生。另外，怕怀孕、怕通过性途径传染上疾病也会导致应激。

5. 低自尊

在日常生活中，个体看待事物的方式常常会导致应激的产生。低自尊的人倾向于以消极的方式看待外部环境，在遇到困难时，更容易打退堂鼓，由于不能找到解决问题的有效方法，他们更容易形成抑郁的情绪。正确地看待自己与他人将有助于降低应激水平。

（四）应激与心身疾病

随着社会的发展，我们不难发现如今患心血管疾病、高血压的人越来越多。为什么这些疾病在今天会如此普遍？有研究认为，这可能与心理应激因素有关。随着工业现代化和竞争日趋激烈，人际关系更为复杂，人们接受的应激刺激太多，而且应激程度不断增强，大量不良应激可通过各种复杂的生理机制影响到人的身体，从而导致这些疾病的产生。由于这类疾病产生不仅仅与生物因素有关，而且与心理因素（也可以说是应激）密切相关，所以医学界又把它们称为"心身疾病"或"应激病"。

当然，应激所引发的心身疾病还有很多，如消化性溃疡、偏头痛、神经衰弱等。也许有人会问，同样是应激影响，为什么得的病却不一样呢？这是因为应激状态只是一种非特异性致病因素，由于每个人的身体素质、个性差异和对疾病的易感性不相同，所以同是应激刺激，所得身心疾病也会有所不同了。知道了应激与身心疾病的关系，我们就应尽量避免过度应激反应，以减少疾病发生的可能性，维护身心健康。

（五）应激控制与调适

1. 塑造良好个性有助于应激能力的提高

随着研究的深入，心理学家越来越认识到个人认知评价、应对方式、社会支持系统在应激中的意义和作用。而一个人的个性可以影响个体对生活事件的感知、评价及应对方式，同样的生活事件（应激）在不同个性的人身上可以出现完全不同的反应。一般说来，生性活泼、开朗、乐观的人，在遇到各种打击时，会以客观、自信、积极、乐观的态度，善于发掘事物中积极的一面，主动地寻找平衡，消除由此而产生的不良情绪，即我们常说的"想得开"。这样一来，在积极的心态激励下，人生的挫折对其所造成的心理伤害就会减轻到最低限度，从而安然渡过各种人生危机。生性内向、自卑、孤僻的人，在看待问题时多持一种悲观、偏激的态度，总是注意事物中消极的那一面，甚至过分夸大，从而产生焦虑、无助、失望等不良情绪。当他们遇到一些重大生活事件时，因性格上的缺陷不能采取正确有效的应对方式，最终导致不良后果。所以，努力塑造乐观、开朗、自信的良好个性将有助于我们应对能力的提高，从而使我们度过一个幸福快乐的人生。

2. 社会支持系统是缓解应激状态的主要途径

许多研究证明，社会支持与应激引起的身心反应呈负相关，可以降低心身疾病的发生，对健康有保护性作用。"一个篱笆三个桩，一个好汉三个帮。"当你身处逆境、压力重重之时，来自家人、朋友、同学及社会等的问候、关心和帮助，包括有形的经济上的援助及无形的心理上的安慰，好比一个缓冲器，降低了应激事件对你所造成的身心损害。反之，当你面临困境却孤立无援、无人关心、无人过问时，你就可能陷入深深的应激状态无法自拔，而孤独无助感本身就可作为心理应激源加剧你的不良反应。研究表明，社会上孤独者的心身疾病发生概率要比高社会支持者大得多，原因就在于此。

既然社会支持对缓解心理压力有着如此重要的意义，那么建立自己的社会支持系统是十分必要的。一般来说，一个人的社会支持系统是由多级构成的。首先，是来自家庭的支持，包括父母、夫妻、兄弟、姐妹、子女等多种亲情之爱，它是一个人最为重要的社会支持源泉。常言说得好，家庭是避风的港湾，和睦的家庭、温暖的亲情足以消除你心灵上的压力及疲惫感。其次，是来自朋友的支持，每个人都应该交上几个知心的朋友，当你有什么不顺心的事时，可向他们进行倾诉和交流，感情宣泄本身就是缓解压力的好方法，而且你的朋友也会尽其所能为你献策献力。

3. 体育锻炼能有效地控制个体应激水平

虽然长时间或高强度的锻炼会带来身心的紧张，但是研究也显示，坚持参加中小强度的有氧锻炼（如跑步、游泳或骑自行车等）是减少应激的最有效的方法。为什么有规律的锻炼能减少应激？不少理论对之进行了解释。第一种理论认为，锻炼会使大脑释放自然合成的一种镇静剂——内啡肽，它在发挥作用时，会阻碍大脑中与应激有关的化学物的作用；第二种理论指出，锻炼是一种娱乐活动，能使人的头脑从担忧以及其他紧张性思维活动中解放出来；第三种理论认为，有规律的锻炼将导致身体适应与积极的自我表象，而这两者将提高人对应激的抵抗力；第四种理论认为，锻炼对应激控制的作用将涉及上述所有原因。

4. 休息和睡眠

减少应激与紧张的一种有效方法是充分的休息与睡眠。休息好是抗击应激与疲劳的最好方法，最好是每晚睡 7~9 个小时，并且根据身体自然荷尔蒙节律，建议每晚在接近相同的时间上床休息。除了晚上很好地睡眠外，白天午休 15~30 分钟也是减少应激的一种有效疗法；如果没有条件上床休息，靠着桌子伸伸腿、闭闭眼也可以。

总之，有多种方式能成功地控制应激，关键是要找到最适合自己的方式并加以坚持。

四、挫折与心理健康

（一）挫折的含义

所谓挫折，是指人们在某种动机的推动下，在实现目标的活动中，遇到了无法克服或自认为无法克服的障碍和干扰，使需要或动机不能获得满足时所产生的紧张状态和情绪反应。通俗地讲，挫折就是我们所说的"碰钉子"，这是生活中的一种常见现象，每个人在其一生中或多或少都会碰上这样或那样的挫折。高考落榜、就业困难、情场失意、朋友背叛、家庭变故、事业失败、病魔缠身等，都属于我们所说的挫折范畴。

（二）挫折与心理健康的关系

挫折与心理健康有什么关系呢？我们可以从两个方面来看待这个问题，首先，挫折对人的心理健康有着明显的消极作用，个人遇到挫折、需要不能满足、目标不能实现、行为受到阻碍，就会产生明显的压力感，精神紧张、心情压抑、内心痛苦，严重地挫伤前进的积极性，降低学习和工作的效率，甚至使人失去心理平衡，引发心身疾病。其次，挫折造成的长期高度的情绪紧张和心理压力对人体是有害的。但这并不是说，凡是挫折都是有害的，换个角度来看，在一定的条件下，适度的紧张和压力也是必要的和有益的。现代心理学研究表明，中等强度的紧张状态最有利于人们发挥个人潜能，顺利实现既定目标。这是因为，挫折能够使人们更加警觉、小心、谨慎，提高个体对环境变化的应对和调整能力。

（三）挫折的身心反应

人一旦遭受挫折，便会做出各种各样的反应。当然人们对待挫折的反应是千差万别的。同样的挫折，有的人一蹶不振，有的人不以为然；有的人惩罚自己或是与人争斗以发泄不满，有的人则压抑自我躲避现实；有的人情绪反应强烈，有的人则漠然视之；有的人以变相的行为表现出来，有的人则以积极的方式加以对待。总之，人们在遇到挫折后，或强或弱、或多或少、或明或暗、或隐或现，都会做出一定的反应。具体而言，常见的反应方式有消极、积极两种。

1. 消极反应

常见的消极反应有以下五种：

（1）攻击

有些受到挫折的人，为了将愤怒的情绪发泄出来，往往采取报复的过激行为。如对构成挫折的人或物进行攻击。当然在有些情况下，由于特定条件的限制，人们无法对构成挫折的人或物进行攻击，这时他就会采用变相的攻击方式，即转向攻击，例如有的人受到领导批评，不敢反抗，回家后把闷气发泄在妻子或儿女身上。

（2）冷漠

如果在受到挫折之后，个体的每一次攻击都以失败而告终，或者导致更大的挫折，久而久之，就只能以冷漠的态度待之。这种态度表面上漠不关心，内心深处往往隐藏着更大的痛苦。

（3）退化

在适当的时间、适当的场合做出适当的反应是个体成熟的表现。但有些人受到挫折后，失去控制，以简单幼稚的方式对待挫折，以求博得别人的同情和帮助。如有些老年妇女在钱包被偷之后，号啕大哭、捶胸顿足，甚至躺在地上打滚就属于这种情况。

（4）幻想

为了暂时摆脱现实，使情绪在受挫折后得到缓冲，有时人们以自己想象的虚幻情境来应对挫折。如有的男青年失恋后幻想多个女子向自己求爱。

（5）躲避

如有的青年失恋后不愿再见昔日恋人，主动调离原工作单位。

2. 积极反应

常见的积极反应有以下三种：

（1）坚持目标，继续努力

马克思在撰写《资本论》期间，饱尝长期流亡和贫困生活的痛苦，经受各种疾病的折磨，始终没有丝毫的动摇。他说："我一直徘徊在坟墓的边缘。因此，我必须把我能够工作的每一分钟来完成我为之牺牲了健康、人生幸福和家庭的著作。"

（2）降低目标，改变行为

这就是我们常说的"退而求其次"的方法。如在学习过程中，原计划一周看一本书，后来由于太忙，迟迟不能完成任务，于是改为每半个月看一本书。

（3）改移目标，取而代之

俗话说"条条大道通罗马"。人不可能一条道走到黑。因此在一看到原定目标无法实现时，可以立即改换目标，使需要得到满足或通过另一种活动来弥补心理的创伤，驱散由于失败而造成的内心忧愁和痛苦，增强前进的勇气和信心。

（四）提高挫折的承受能力

一般来说，挫折承受力强的人，能够承受重大挫折，并以理智的方法和正确的态度待之，在挫折面前，保持正常的行为能力。挫折承受力差的人，遇到轻微挫折就不知所措，常以非理智的态度和不正确的方法来应对，甚至可能发生人格分裂而导致行为失常或心身疾病。不仅每个人的挫折承受力有所不同，而且对具体的人而言，对待不同种类的挫折其承受力也不尽相同。如有的人能够容忍来自工作的严重失败，却难以应对日常生活中的磨难；有的人能够容忍人际交往上的孤独，却不能忍受自尊心受到伤害。由于挫折的出现具有其必然性，因此提高挫折承受能力就显得非常重要。

1. 提高对挫折的认识水平

充分认识挫折的客观性和不可避免性。对于挫折，人们熟悉它，可又不一定能真正认识它、了解它，人们经常同挫折打交道，可又未必深入地思考过它、研究过它。其实，挫折同其他任何事物一样，都是有规律可循的。只要人们能够正确认识挫折的实质，了解挫折产生、发展的规律，就能有效地驾驭它、把握它、战胜它，使自己成为生活和事业的强者。

2. 为自己设定可行的目标

人们常说"希望越大，失望越大"，果真如此吗？当然不是。人们在行动之前，对于目标达到与否总有一个预期的标准。目标实现，人们就会感到满足；超目标完成，就会产生自豪感和优越感；目标不能实现，人们就感受到挫折。为了

避免出现"希望越大,失望越大"的情况,人们应当为自己设定切实可行的目标。一般说来,可以从以下两方面着手:

（1）智力衡量

对自己的各项能力如观察力、想象力、记忆力等进行普遍考查,根据各项能力的高低、参考各项具体工作的特点以及对各项能力不同程度的要求,恰当地选择主攻方向,确定成就目标。如音乐水平低下的人,幻想成为一名歌唱家,其结果自然是"希望越大,失望越大"了。

（2）知识考查

根据自己的智力水平,对各个目标所需要的知识量,面临问题的难易程度加以考察,衡量一下自己的知识厚度是否能够胜任所选择的主攻目标,达到预期的成就水平。如文科出身的想在物理学方面一鸣惊人,恐怕难度非常大。

3.将挫折视为挑战

一次挫折就是一次挑战,你能否接受这次挑战,是强者与弱者的分界线。暂时的挫折只能说明你的方法不当、努力不够,并不能说明其他任何问题。你有没有能力改变方法,有没有更加努力是你能否最终战胜挫折的关键。战胜挫折之后,人们的挫折承受力就得到了一次锻炼和提高,抵御挫折的能力也就随之增强。这就是为什么饱经风霜、阅历丰富、有过失败等生活经验的人对挫折的承受力比涉世不深、从小娇生惯养、生活道路平坦的人要强的原因。在很多时候,挫折意味着你离成功又近了一步。罗曼·罗兰说过:"累累创伤就是生命给你的最好东西,因为在每个创伤上面都标志着前进的一步。"

4.建立社会支持系统

社会支持系统对于正确对待挫折具有重要作用,也就是说,当一个人遇到挫折时,别人是同情、理解、关心和支持,还是幸灾乐祸,甚至落井下石,将直接影响到个体对挫折的适应。社会支持对个体承受力的影响在于个体有没有良好的人际关系。因此良好的人际关系对于抚慰受挫的心灵,增强战胜挫折的信心,更好地适应环境,有着十分重要的意义。

5. 建立挫折防御机制

人们在遭受挫折之后，一方面会产生种种不愉快的情绪反应，另一方面也在有意无意地寻求一定的方式或方法进行自我保护、自我调节，以尽快恢复心理的平衡，这就是挫折防御机制。如人在遭受挫折后，把敌对、悲愤等消极情绪化为积极努力，做出更有意义的成就。

6. 加强自我修养，造就良好的心理素质

有些人在准备去做某件事之前，往往会设想出许多可能遇到的困难和障碍，并被这些困难和障碍吓倒，从而感到忧虑和恐惧，似乎失败正在向自己招手，于是总想回避和躲开，这种由于个人心理活动所导致的失败感在心理学上被称为"自我挫败"。自我挫败现象在生活中比比皆是：参加考试，听说试题较难，主动放弃；与人交往，担心被拒绝而封闭自己；每逢开会，自认口才不行，而沉默寡言。其实实际情况多半不像自己想象的那么糟糕，原因就在于个人主观上把困难夸大了。我们说，一个人被别人打败了是件平常事，怕就怕自己把自己打败了。我们认为，走出自我挫败的关键在于保持心理上的健康和平衡。为此应做到：

（1）正确评价自己

人贵有自知之明，对自我应当有一个正确、全面的认识和分析。对自己的优缺点要做到心中有数，既不夸大也不缩小，实事求是。

（2）接受自我

一个人正确认识自己固然不易，而接受自我往往更难。譬如一个人想了解自己的长相如何，从镜子中可以看到，从别人的眼神和言语中可以感受到，但要接受自己的长相却不容易。特别是对一些有缺陷的人而言，就更为困难了。

（3）自我要求适当

如果一个人能够做到正确认识自我，并从心理上接受自我，就应当依据自身的实际情况来安排各种工作和活动。自知能力一般，就不要去奢望在干部选拔中脱颖而出；口才平平，就不要去幻想语惊四座。

第二节　运动与健康

一、体育锻炼对健康的积极影响

（一）体育锻炼对新陈代谢的影响

体育锻炼可以提高脂质代谢过程，使血液中胆固醇的含量降低，有利于预防动脉硬化症的发生。体重超重、脂肪超量是心脏疾病、高血压、糖尿病和某些癌症的隐患。节食可以减少脂肪，但这样做有很多弊端，节食破坏了肌肉组织，而肌肉是机体唯一有能力消耗大量脂肪的组织。锻炼能消耗脂肪并避免失去肌肉组织，还能使机体形成更多肌肉，并帮助保持理想的体重和脂肪百分比，有利于保持更健美、更健康的体态。

血脂包括胆固醇和甘油三酯等，它们都和心脏疾病有关，血液中胆固醇的水平是判断心脏疾病的一个重要参照。胆固醇是类固醇的一种，存在于动物组织中。它不是机体所必需的营养素，因为在肝脏内可以由脂肪酸、碳水化合物和蛋白质的分解产物合成。全胆固醇有两种主要形式：低密度脂蛋白胆固醇（LDL）和高密度脂蛋白胆固醇（HDL）。LDL 是导致冠状动脉阻塞的最危险的胆固醇形式；HDL 是一种有益的胆固醇，它可以从动脉中收集胆固醇并把它送到肝脏，然后从身体中排出。体育锻炼能降低 LDL，使 HDL 上升，从而可延缓动脉粥样硬化的发生与发展。

甘油三酯构成了运送和储存脂肪的形式，高水平的甘油三酯会引起心脏病、糖尿病和高血压。体育锻炼是降低甘油三酯水平的有效方法，在锻炼后几小时内体内甘油三酯水平就会降低，很明显，定期、适度的锻炼会使机体甘油三酯水平明显下降。

定期活动和训练已经被证明能提高胰岛素敏感度和葡萄糖耐受性。这种锻炼效果对肥胖者和成人突发糖尿病（又叫 2 型糖尿病或非胰岛素依赖性糖尿病）尤其重要。循环系统中高水平的脂肪含量可抑制胰岛素，因而限制了胰岛素帮助运送葡萄糖到肌肉的功能。体育锻炼可增强输送葡萄糖的能力，这种作用是通过减少体重和脂肪水平，增加胰岛素敏感度和葡萄糖的输送而实现的，所有这些都能降低患糖尿病的危险。

（二）体育锻炼对运动系统的影响

骨密度是与健康素质有关的指标之一，健康的骨骼密实而坚韧。当骨骼缺钙时，骨密度会下降，孔隙增多，容易出现骨折。体育锻炼时，骨的血液供给得到改善，骨的形态结构和性能都发生良好的变化，骨密质增厚使骨变粗，骨小梁的排列更加整齐而有规律，骨骼表面肌肉附着的突起更加明显，这些变化使骨变得更加粗壮和坚固，从而提高骨的抗折、抗弯、抗压缩和抗扭转等方面的能力。

体育锻炼既可增强关节的稳固性，又可提高关节的灵活性。关节稳固性的增强，主要是增强了关节周围肌肉力量的结果，同时与关节和韧带的增厚也有密切的关系。关节灵活性的提高，主要是关节囊韧带和关节周围肌肉伸展性加大的结果。人体的柔韧性提高了，肌肉活动的协调性加强了，就有助于适应各种复杂劳动动作的要求。

体育锻炼可使肌纤维变粗、肌肉体积增大，因而肌肉显得发达、结实、健壮、匀称而有力。正常人的肌肉占体重的 35%~40%，而经常从事体力劳动和体育锻炼的人，肌肉可占体重的 45%~55%。

体育锻炼可使肌肉组织的化学成分发生变化，如肌肉中的肌糖原、肌球蛋白、肌动蛋白和肌红蛋白等含量都有所增加。肌球蛋白、肌动蛋白是肌肉收缩的基本物质，这些物质增多不仅能提高肌肉收缩的能力，而且还使三磷酸腺苷（ATP）酶的活性增强，供给肌肉的能量增多。肌红蛋白具有与氧结合的作用，肌红蛋白含量增加，则肌肉内的氧储备量也增加，有利于肌肉在氧供应不足的情况下继续工作。体育锻炼有助于增强肌肉的耐力。因为体育锻炼可使肌纤维内线粒体的大小和数量成倍增加，同时在锻炼时还使肌肉中的毛细血管大量开放（安静时肌肉每平方毫米内开放的毛细血管不过 80 条左右，剧烈运动时开放数可增加到 2 000~3 000 条），从而产生更多的能量。因此，长期坚持锻炼，可使肌肉的毛细血管形态结构发生变化，出现囊泡状，从而增加肌肉的血液供应量。

体育锻炼能保持肌肉张力，减缓肌萎缩和肌肉退行性变化，保持韧带的弹性和关节的灵活性，使脊柱的外形保持正常，从而能够减少和防止骨骼、肌肉、韧带、关节等器官的损伤和退化。

（三）体育锻炼对心血管系统的影响

在世界范围内，心血管疾病已经成为危害人类健康的杀手。研究表明，适宜的体育锻炼对心血管的形态结构和机能都会产生不同程度的积极影响，对预防和治疗心血管疾病有重要作用。

心脏的效率：体育锻炼改善了心脏肌肉的收缩能力，心脏每次跳动泵出的血液增多，使心脏能以较低心率来满足锻炼的需要。如血液循环身体一周，一般人需 21 秒，常运动的人只需 10~15 秒，剧烈运动时只需 6~8 秒。体育锻炼还可以使安静时脉搏徐缓和血压降低。通常人安静时脉搏每分钟 70~80 次，经过长期体育锻炼后，可使安静时脉搏减慢到 50~60 次。耐力运动员甚至可达到 40 次 / 分钟。脉搏频率的减少能使心脏收缩后有较长的休息时间，为心脏功能提供储备力量，这样当人体进行剧烈运动时，心脏就能承受大运动量的负荷。在剧烈运动时，经常锻炼的人每分钟脉搏可达 200 次以上而无明显不适，而一般人在 180 次就会出现面色苍白、恶心、不适等症状。在进行运动时，经常锻炼的人每分钟脉搏次数增加较少，而且恢复较快；不常进行体育锻炼的人脉搏次数增加较多，恢复也慢。

心脏大小：长期进行体育锻炼可使心肌纤维增粗，心壁增厚，心脏增大，并以左心室增大为多见，而且训练水平越高，这种变化越显著。如 19~20 岁常运动和不常运动的人，心脏重量和纵横径是不同的：常运动的人心脏重 0.5 千克，横径 13.5 厘米，纵径 15.3 厘米；不常运动的人心脏重 0.3 千克，横径 12.2 厘米，纵径 14.46 厘米。常运动的人不但使心脏具有更大的收缩力，而且还能增加心脏的容量，从而使心脏的每次搏动输出量和每分钟输出量增加。如不常运动的人每搏输出量为 50~70 毫升，经常参加体育锻炼的人每搏输出量可达 80~100 毫升。

对血管结构的影响：体育锻炼影响血管的结构，改变血管在器官内的分布。动物试验证明，体育锻炼可使动脉血管壁的中膜增厚，平滑肌细胞和弹力纤维增加。动物试验还证明，体育锻炼能使骨骼肌的毛细血管分布数量增加，分支吻合、丰富。这些变化都有利于改善器官供血，增强物质与能量的交换。研究还证明，体育锻炼能够反射性地引起冠状动脉扩张，使冠状动脉口径增粗，改善冠状动脉循环，心肌的毛细血管数量增加，心肌中肌红蛋白含量也增高，可以增强心脏在缺氧条件下的工作能力，对预防冠心病有着重要的意义，也是延缓冠心病发展的重要因素。体育锻炼可以促使身体大量储备着的毛细血管开放（这些毛细血管安静时常处于关闭状态）。这对于增强人体组织细胞的物质代谢过程，特别是脂质代谢，都起着良好的作用。

凝血：当血液中可溶性纤维蛋白被转为不溶解的纤维蛋白时，就会形成凝块。从事体育锻炼可增强血液中抗凝血系统的功能，降低血中尿酸含量，预防血小板的聚集，以免发生血管栓塞。

血液成分：正常成人，男子每立方毫米血液中含有红细胞450万~550万个，女子含有380万~460万个，红细胞内含大量的血红蛋白，它具有运输氧和二氧化碳的重要作用。正常成人男子每100毫升血液中含有血红蛋白14克左右，女子含有12.5克左右。在体育锻炼的影响下，血液的成分及生化方面都可发生改变。适量的体育锻炼，首先使血红蛋白和红细胞数量增加，这就增加了血液的溶氧量。有学者研究证实，长期锻炼可使机体碱储备增加，因而也增加了血液的缓冲性，在进行强烈的肌肉活动时，虽有大量代谢的酸性产物进入血液，血液也能在比较长时间内保持正常反应，而不致造成酸性产物对各器官组织的刺激。

经过长期的体育锻炼，在完成定量工作时，心血管机能变化呈现以下特点：

（1）动员快。完成一定工作劳动时，能迅速动员心血管的机能活动，以适应机体承受负荷的需要。

（2）潜力大。在极度紧张的劳作中，心血管系统可发挥最大的机能潜力，充分调动人体的储血力量。

（3）恢复快。在体力活动之后，虽然心血管机能变化很大，但能很快恢复到安静状态的水平。

（四）体育锻炼对呼吸系统的影响

运动时要消耗能量，体力活动愈剧烈，氧的消耗就愈多，于是呼吸活动就会通过各种调节方式明显得到加强。运动对呼吸机能的作用是复杂的，除能最大限度地改善人体的吸氧能力，降低呼吸中枢对乳酸与二氧化碳的兴奋性，并增强人体对缺氧的耐受力外，还能促使呼吸机能出现"节省化"。实验证明，由于运动员呼吸机能的高度发展，呼吸和动作配合的协调完善，在进行定时活动时，呼吸系统的各项指标的变化都比一般人要小。

体育锻炼对提高呼吸机能的作用，主要表现为有效地增加毛细血管的数量和密度，改善生理无效腔，使呼吸肌发达，收缩力增强，最大通气量和肺活量增大，呼吸差加大。如一般人呼吸差为 6~8 厘米，经常锻炼的人为 9~16 厘米；安静时，一般人呼吸频率浅而快，每分钟男子为 16~20 次（女子要比男子快 1~2 次），而经常锻炼者呼吸深而缓，每分钟 8~12 次；一般成人肺活量为 2 500~4 000 毫升，而经常锻炼的人可达 4 500~6 500 毫升；一般人最大通气量为每分钟 80 升左右，最大吸氧量为 2.5~3.5 升，只比安静时大 10 倍，而经常锻炼的人每分钟通气量可达 100~120 升，最大吸氧量可达 4.5~5.5 升，比安静时大 20 倍。

此外，由于长期坚持锻炼，负氧债量大、对缺氧耐受力强，氧的吸收利用率也较高，调节呼吸的节奏和形式的能力也较强。

（五）体育锻炼对消化系统的影响

体育锻炼会增强体内营养物质的消耗，这就需要更多能量来补充，长此以往使整个机体的代谢增强。另外，体育锻炼对消化器官的机能有良好的作用，它能使胃肠的蠕动加强，消化液的分泌增多，改善肝脏、胰腺的功能，因而使消化和吸收的能力提高，为人的健康和长寿提供良好的物质保证。在进行体育锻炼时，不要在进食后立即进行比较剧烈的运动，更不要在比较剧烈的运动后立即进食。因为在剧烈运动时，大脑皮层运动中枢兴奋占优势，以致减弱和抑制了其他部位的活动，使消化中枢处于抑制状态，因而减弱了胃肠的蠕动，并减少了消化液的分泌，这样对消化系统有不良影响。

（六）体育锻炼对人体中枢神经系统的影响

运动是在神经系统控制下进行的，人在进行运动时，在中枢神经系统的统一支配下，必须动员人的其他系统和有关器官的参与，如大脑皮层调节心脏及血管系统，加快全身的血液循环，及时供给能量和氧气，及时排出汗液和二氧化碳。与此同时，长期体育锻炼可以改善和提高中枢神经系统的工作能力，使中枢神经及大脑皮层的兴奋性增强、抑制加深，使得兴奋和抑制更加集中，从而改善神经系统的均衡性和灵活性，提高大脑分析和综合的能力，增强机体适应变化能力和工作能力。如经常从事体育锻炼的人和运动员灵活性高、反应速度快、反应时间短、耳聪目明、精力充沛，这正是神经系统功能提高的表现。另外，科学研究还证明，有氧代谢运动对促进心理健康有一定作用，锻炼时体内分泌的一种激素——内啡肽具有强烈的镇痛作用，因此经常参加跑步锻炼，可以提高神经系统的兴奋性，抑制低落情绪，减少痛苦感，使人在运动之后精神状态良好，周身轻松、精力充沛。有学者指出："有氧运动是天然的镇静剂。"

（七）体育锻炼对提高人体免疫能力的作用

从预防医学的角度出发，可把体育锻炼看作一种增强人体非特异性免疫的手段。免疫系统对运动的应答反应受多种因素的影响，一般认为，适宜负荷的运动会增强免疫功能。有研究发现，运动训练4~8周的小鼠抗体反应增强，感染细菌后存活率高于对照组，对接种的肿瘤生长的抑制作用有所增强。人体研究发现，中度肥胖的妇女进行6周的步行运动锻炼后，呼吸道感染的发病率明显下降。

免疫系统是人体的一套防御体系，其组成包括免疫器官，如胸腺、脾、淋巴结等；免疫细胞，如淋巴细胞（T细胞、B细胞、K细胞、NK细胞等）；免疫分子包括免疫球蛋白和细胞因子等。适度运动能对机体免疫功能产生良好的作用，这是由于运动直接刺激机体的免疫系统，免疫系统通过其复杂的识别系统感受运动时机体内环境的变化，从而激发一系列免疫反应，包括产生特异的抗体、增强NK细胞的活性、白细胞和致敏的淋巴细胞增多、免疫调节因子（IL-1、IL-2、IL-6）、肿瘤坏死因子（TNF）等细胞因子释放，维持机体内环境新的稳定。长期反复适宜的运动负荷刺激，可使机体的免疫状态始终维持在一个较高的水平。研究发现，一次适宜的有氧运动后，体内的白细胞数量有显著性增加，免疫球蛋白（LGG、A、M）水平也都有显著性提高，这可能与体育锻炼增加机体的抗病能力有关。一般来讲，一次运动对免疫系统机能的影响作用是暂时的，只有经常参加体育活动才能对免疫系统产生持久的作用，从而增强机体免疫功能，预防疾病的发生。

（八）体育锻炼可延缓衰老、延年益寿

延年益寿是人类自古以来的愿望，为了解决衰老问题，专家们对于衰老发生的机理曾经提出许多假说，但迄今为止种种学说没有一个能独立、圆满地阐明衰老发生的根本原因。近年来，一个引人注目的领域——"衰老与免疫"正在出现，在研究过程中发现，除了经典的免疫防御作用外，机体免疫系统还具有监视和杀伤体内出现的癌变细胞及清除体内衰老死亡细胞的功能，即所谓免疫监视和免疫自稳作用。已有的研究结果表明，胸腺是人的"寿命之钟"，假如把只有 3~4 月龄的小鼠胸腺切除，小鼠马上就会变得老态龙钟，寿命从原来的 3 年缩短到 6 个月。由此可见，胸腺与寿命是密切相关的，衰老是免疫能力降低所致。

我们知道，胸腺是具有免疫功能的组织之一，被认为是中枢免疫器官，它是被称作免疫活性细胞之一的 T 细胞的培训站，这种 T 细胞越多，免疫功能就越好，人就不易生病和衰老。

体内免疫细胞大家族中的其他一些细胞的变动，也可使机体失去平衡，比如有一类专门杀伤癌细胞的 NK 细胞，在机体衰老时也往往出现功能的下降和数量的改变。60 岁以上的老人发生肿瘤的机会显著增多，往往就是因为 NK 细胞变化造成的。近年来还发现免疫细胞具有感觉功能，其能感知机体感觉系统所无法感知的诸如病原体的侵入和肿瘤的发生等一些危及生命的有害刺激。免疫细胞的减少势必影响机体对这些有害刺激的感知，而加速衰老的发生和发展。因此有些学者提出了免疫衰老假说，即免疫功能的逐渐下降，比如胸腺的萎缩、T 细胞和 NK 细胞的损耗，促进了正常机体老化。

经研究观察表明，运动能够推迟机体免疫系统的衰老。有人做过这样的实验，一组年龄为 65~75 岁的老年人以 50% 最大摄氧量的运动强度（大约运动时最高心率为 130 次／分）持续跑步 45 分钟，即可明显提高外周血中 T 细胞、NK 细胞以及由 B 细胞分泌产生的抗体水平，并持续到运动后 6 小时左右。如果能长期坚持这种强度的运动锻炼，锻炼持续到 6 周左右，安静状态下外周血 NK 细胞和 T 细胞分别较锻炼前增加 33% 和 57%；锻炼持续到 15 周左右，血清抗体水平也发生了改变，可较锻炼前提高约 20%。对动物也进行过类似的观察，让大鼠从

18 月龄开始进行运动训练，一组是让大鼠做每日一次的温和的低强度跑台训练，另一组是让大鼠做每日二次的大强度疲劳性训练。经过为期三个月训练后，前者 T 细胞、NK 细胞、血清抗体水平以及 T 细胞、NK 细胞的功能与同龄对照组相比均有明显改善。然而后者的各种免疫指标不但未见改善反而出现相反的变化。仔细分析两个实验，我们可以总结出，适宜的运动强度与时间，并能持之以恒，可以促进机体免疫系统功能的提高，推迟免疫器官的老化，而过大强度运动量会抑制免疫系统的机能。因此，在运动健身时，如果要想达到延缓衰老、延长寿命的目的，那就要把握住适宜的运动强度和时间，把运动看作一种娱乐活动，而不能把它当作一种负担。唯有如此，才有可能对人的健康和长寿产生潜在效果。

二、体育锻炼的基本原则

体育锻炼的原则是身体锻炼基本规律的反映，也是锻炼者安排锻炼计划、选择锻炼内容、运用锻炼方法所要遵循的原则。

（一）体育锻炼的 FHT 监控原则

FITT 是频率（frequency）、强度（intensity）、时间（time）和运动形式（type）4 个英文单词的缩写。要想取得良好的锻炼效果，必须在体育锻炼中科学地安排好锻炼的频率、强度、持续的时间和运动形式。

1. 频率

频率表示每周进行体育锻炼的次数，要想获得良好的体育锻炼效果，每周应进行 3~5 次体育锻炼。

2. 强度

锻炼强度常用心率间接地表示，目前推荐的锻炼强度范围为自己最大心率的 60%~80%。最大心率可采用下列公式来估算，即最大心率 = 220 − 年龄。体育锻炼必须达到一定的强度，只有超过一定强度的锻炼才能有效地引起机体的适应，同时在适应一定运动强度后，逐渐加大锻炼的强度，才能使身体健康水平逐步得到提高。

3. 持续的时间

持续的时间是指每次运动的持续时间。有效的一次锻炼时间是 20~60 分钟，对于一个适应水平较低的大学生而言，至少应持续 20~30 分钟的锻炼，而适应水平较高的大学生可能要持续锻炼 40~60 分钟。另外，时间和强度是决定运动负荷的主要因素，运动时间短，运动强度要大；运动时间延长，运动强度可适当降低，如以最大心率的 80% 强度进行锻炼，仅需 20~30 分钟即可，而以最大心率的 60% 强度进行锻炼，则需要 40~60 分钟。

4.运动形式

运动形式是指不同的运动类型，可分为有氧运动和无氧运动。有氧运动项目包括步行、远足、慢跑、跳绳、游泳、跳操、骑自行车和划船等。进行有氧运动需持续 3 分钟或以上，可使大组肌肉及有氧能量系统进行韵律性运动。无氧运动的项目包括举重、短跑、投掷，主要功能是训练肌力与肌耐力。进行无氧运动是使无氧能量系统进行短暂的（3 分钟以下）爆发性运动。

FITT 原则，旨在引导大众科学地进行体育锻炼，并通过原则中的四个要素相互影响、相互制约，达到体育锻炼的最佳效果。

（二）超负荷原则

超负荷原则是指在进行体育锻炼时，身体或特定的肌肉所受到的刺激负荷应强于已适应的刺激强度。在进行体育锻炼时只有遵循超负荷原则，身体健康素质才能在现有的基础上逐步得到提高。为了提高有氧耐力的水平，可以通过增加每周的练习次数、每次练习的持续时间和练习的强度来达到增强有氧耐力的目的。为了提高肌肉力量，可以通过增加器械重量和增加练习的次数、组数及缩短每组练习的间歇时间，来达到增强力量的目的。为了增加关节运动的幅度和肌肉的柔韧性，可以通过增加肌肉的拉伸长度、拉伸持续的时间和加大关节活动的幅度来实现。

运用超负荷原则指导体育锻炼最重要的因素就是要从自己体能水平和身体承担负荷能力的实际出发，恰当地确定锻炼负荷。负荷通常包括负荷量与负荷强度。负荷量一般以练习的次数、时间、距离、重量来表示；负荷强度以练习的速度、负重量、密度来表示。负荷量与负荷强度两者相互影响，相互制约，在强度最大时，负荷量最小；负荷强度是次最大强度，负荷量应达到中等；负荷量最大时，负荷强度应是最小强度。

尽管超负荷锻炼有利于提高健康和体能水平，但并不是每次锻炼都要练到筋疲力尽。事实上，即使不进行超负荷练习，以适宜的运动量进行锻炼，对健康也有促进作用。

（三）循序渐进原则

体育锻炼对增强体质，促进健康的作用是循序渐进、逐步提高的，不可能一蹴而就。循序渐进原则是指在进行体育锻炼或发展某种身体健康素质时应逐渐加大运动负荷。要想获得理想的锻炼效果，增加运动负荷不宜太慢或太快。运动负荷增加太慢会限制身体健康素质的进一步提高，增加太快可能造成过度疲劳或引发运动损伤。

循序渐进原则的应用，可采用"百分之十规则"。这个规则的含义是：每周的运动强度或持续运动时间的增加不得超过前一周的10%。例如，你每天跑步持续30分钟，下一周可将跑步时间增加到33分钟。

当锻炼者达到他所希望的体能时，就无须再增加运动强度和持续时间。以某种固定的负荷进行有规律的锻炼，就能保持这种体能水平。但值得注意的是，如果停止锻炼，体能水平将会随时间的推移而回复到锻炼前的水平。

（四）安全性原则

安全性原则是指在体育锻炼的过程中始终注意保护自己，做到安全第一。其主要内容包括：不要盲目参加超过能力的活动；每次练习前必须做好充分的准备活动；饭后、饥饿或疲劳时应暂缓锻炼，生病刚愈不宜进行较大强度的锻炼；每次锻炼后，要注意做好整理、放松活动；在制订或实施自己的锻炼计划前，如果患有某种疾病或有家族遗传病史，需要找大夫咨询，一定要经过体检和医生的认可，在有医务监督的情况下按照体育教师和医生的建议进行锻炼。

（五）专门性原则

专门性原则是指锻炼时针对身体的某一部位或某一机能进行反复的练习，只有这样才能达到健身效果。如果锻炼的主要目的是提高有氧能力，就应该选择慢跑、步行、自行车、有氧操、游泳等运动项目进行锻炼。为此，进行身体锻炼时，应根据自己确定的锻炼目标来选择适当的锻炼内容与方法，这样才能更好地帮助自己实现锻炼目标。

（六）恢复性原则

人体机能的提高是通过锻炼、疲劳、恢复、再锻炼这样一个循环往复的过程而实现的。由于锻炼会使身体产生疲劳，因此，要想从锻炼中获得最大的益处，在下一次锻炼之前必须注意休息，保证体力得以恢复。

（七）锻炼效果的可逆性原则

可逆性原则是指通过锻炼获得的锻炼效果，由于停止锻炼而引起体能水平的下降。虽然每次锻炼后需要一定休息时间进行恢复，但休息时间过长则会降低体能水平，所以，保持体能水平需要有规律的锻炼。研究表明，停止力量练习8周后，肌肉力量下降10%，停止耐力练习8周后，耐力水平下降30%~40%。

（八）大小运动量相结合原则

交叉采用大小运动量进行身体锻炼，不仅能够改善效果，而且能防止伤害事故的发生。因此，应做到不要连续几天进行大强度运动或大运动量锻炼；大强度或大运动量锻炼一周最多只能进行三次；每周可以安排一次超大强度运动；掌握自己身体状况，如果疲劳没有很好恢复或出现过度疲劳症状，应停止锻炼或减少运动量。

三、体育锻炼的自我监控

（一）知晓自己的体能和健康状况

在开始体育锻炼前，锻炼者有必要了解自己的体能水平，这有助于锻炼者通过一定的方法和手段来改善体能方面的不足之处，有助于体现锻炼所带来的益处，从而树立自己坚持锻炼的信心。

体育锻炼需要身体承受一定负荷，但是对人来说，承担一定负荷的运动有可能存在安全隐患。因此，在准备参与体育锻炼前也很有必要了解自己的健康状况。如果你身患疾病（高血压、心脏病、糖尿病等），则需要咨询医生或体育保健专家，这样才能科学地进行锻炼，否则体育锻炼不仅无益于健康，而且可能造成生命危险。健康状况自评量表能使你清楚地了解自己的健康状况；疾病史自评量表会使锻炼者清楚地了解自己的疾病史；适合健康状况运动量的自评量表则可以帮助你选择最适合自己运动量的运动形式。

如果锻炼者对自己的健康状况有疑问，在参与体育锻炼之前就应去医院接受体检。如果锻炼者对以下任何一个问题做出了肯定的回答，那么在开始一项锻炼计划之前就应进行全面的体检（见表2-1）。

表2-1　健康状况自评量表

1. 在运动时或运动后，你是否有胸部疼痛或受压的感觉？
2. 在爬楼梯、迎冷风行走或从事任何体育活动时你是否有胸部不适感？
3. 你的心脏是否曾经不规则地跳动或悸动或早搏？
4. 在无明显原因的情况下，你是否曾经有过心律突然加快或减慢的经历？
5. 你是否有规律地服用过药物？
6. 医生是否曾经告诉过你，你的心脏有问题？
7. 你是否有诸如哮喘这样的呼吸疾病，或在从事轻微的体力活动时是否呼吸短促？
8. 你是否有关节或背部的疾患，从而使你在运动时感到疼痛？
9. 你是否存在下列心脏病的隐患： （1）高血压； （2）血液中胆固醇含量过高； （3）超过标准体重的30%； （4）长期吸烟； （5）近亲如母亲、兄弟姐妹等在55岁以前曾经有心脏病史。

锻炼者在正式决定参与体育锻炼前，很有必要了解自己的健康状况，这样可以避免体育锻炼给你带来副作用。不管哪一个问题，只要回答"是"，就应该在正式参与体育锻炼前咨询一下医生。

如果锻炼者打算在以后的体育锻炼中增加运动量，请首先回答以下七个问题。如果锻炼者的年龄在15~69岁，该量表的最后结果会告诉锻炼者是否应咨询一下医生。仔细阅读以下每一个问题，并在符合自身情况的小方格中打"√"（见表2-2）。

表 2-2　适合健康状况运动量的自评量表

问题	是	否
1.医生曾说过，你的心脏有问题，但你仍从事医生并未推荐的体育活动吗？	☐	☐
2.当你进行体育锻炼时，你感到胸痛吗？	☐	☐
3.在上一个月中，你不从事体育活动时胸痛吗？	☐	☐
4.你因眩晕而昏倒过吗？	☐	☐
5.在体育锻炼时，你的骨头或关节有问题吗？	☐	☐
6.医生为你的血压或心脏问题开过药方吗？	☐	☐
7.你知道不应该进行体育锻炼的其他原因吗？	☐	☐

如果锻炼者有一个或几个问题回答"是"，请询问一下医生是否可以增大运动量；如果对所有问题的回答都是"否"，锻炼者就完全可以增加运动量，但应遵循循序渐进的原则。此外应注意的是，如果暂时身体不适或生病（如感冒或发烧），请停止体育锻炼，直到锻炼者的身体完全恢复后再开始运动。

如果锻炼者的回答都是"否"，请在开始从事大强度的运动（特别是竞技性运动项目）前，进一步回答以下五个问题，如果有一个问题回答"是"，请询问一下医生，以确定是否能从事大强度的运动（见表 2-3）。

表 2-3　自评量表

问题	是	否
1.你计划参加一个有组织的运动队吗？	☐	☐
2.你曾经在身体接触的运动中由于冲撞而昏倒过吗？	☐	☐
3.由于以前肌肉受伤，你现在活动时还痛吗？	☐	☐
4.由于以前背部受伤，你现在活动时还痛吗？	☐	☐
5.在体育活动时，你有其他不健康的症状吗？	☐	☐

（二）运动强度的监控

一般采用心率监控运动强度，心率可以帮助了解和控制体育锻炼过程中的运动强度，它可以准确地告诉锻炼者运动强度是需要增加还是需要减少。为了掌握体育锻炼运动强度是否合理，应当准确测量运动中的心率，测试运动中心率的方法是运动结束后的 5 秒钟内开始进行测量，测量 10 秒钟的心率再乘以 6，作为运动时 1 分钟的心率。

靶心率，是指能获得最佳效果并能确保安全的运动心率，也称运动适宜心率。在体育锻炼中常用它来调节运动负荷。下列公式可以帮助锻炼者计算靶心率：靶心率＝最大心率 ×60%~ 最大心率 ×85%。其下限为健身锻炼的有效界限，上限为安全界限（成年人靶心率的上限为最大心率 ×80%）。靶心率为人们提供了运动时安全有效的心率范围，学会了如何根据靶心率来调控自己锻炼时的运动强度，就应该利用这种方法指导自己的实践活动。

（三）体育锻炼过程中的监控

在训练的过程中，一定要注意一些危险信号。

第一组

如果发生以下任何一种情况，即使只有一次，也要停止运动，在咨询医生之后，才可以恢复运动。

（1）心脏不正常。这包括不规则的心跳，心脏快速跳动，或者是心悸，突然的心跳，或者在正常心跳之后出现很慢的心率（这可能发生在运动中或运动后）。

（2）胸、手臂或喉咙感到疼痛或压力，这可能在运动中或运动后发生。

（3）眩晕、突然丧失协调、神志迷乱、出冷汗、目光呆滞、面色苍白、忧郁或者昏厥。在这种情况下，要停止运动，也不要做放松运动，躺下并抬高脚，或者坐下把你的头放在双腿之间直到症状消失。

第二组

（1）立即试用建议的疗法，如果没有作用，就去看医生。

长期的快速心跳。这可能在你接近训练区域上端时和运动后 5 到 10 分钟内发生。要改变这个状况，可以把运动心跳保持在训练区域的下端，并且逐渐增加运动量。当症状仍不消失时，就去看医生。

（2）关节炎发作。休息到症状消失再参加运动，如果使用常用药物而没有作用，就去看医生。

第三组

一般可以不用医生就可消除的症状，你最好告诉医生。

（1）运动后的恶心或呕吐。减少运动量并延长放松时间。

（2）在运动停止后仍持续10分钟以上的严重呼吸困难。运动强度应保持在训练区域下端或下方，在运动中要保持能够谈话，如果你在运动中呼吸困难，就停止运动，去看医生。

（3）疲劳恢复过慢。如果你在运动后24小时仍不能消除疲劳或在运动后出现失眠，就要降低训练强度，保持在训练区域的下端或下方，并且缓慢地增加运动量。

（4）侧肋剧痛（隔膜痉挛）。坐下前倾，试着把腹部器官向上挤压以舒张隔膜。

（四）过度疲劳的十大症状

（1）运动后第二天肌肉非常疼痛。

（2）肌肉的疼痛感随着锻炼的次数逐渐加强。

（3）体重不正常地持续下降。

（4）以前能完成的练习任务现在完不成。

（5）安静状态下的心率增加了8~10次（在每天相同的时间和状态下测量）。

（6）对体育锻炼感到厌倦。

（7）感冒、头疼等症状增多。

（8）食欲下降。

（9）颈、腋、腹股沟部的淋巴结肿大。

（10）便秘、腹泻。

如果在锻炼过程中，出现上述过度疲劳症状，应该减少运动量或停止锻炼，直到过度疲劳症状消除。

（五）对锻炼环境的监控

在阳光下锻炼身体，我们可以直接接受太阳辐射到地球上的光线、紫外线和红外线，它们对人类的健康与生存尤为重要。但是，这些射线和自然环境中的一些有害因素也随时威胁着我们的健康。

1.太阳射线对人体运动的不良影响

在体育锻炼时，皮肤过度暴露在强烈的阳光下对机体也会产生很大的伤害。

紫外线可使局部皮肤毛细血管扩张充血，使表皮细胞破坏，导致皮肤发红、水肿、出现红斑；过量紫外线照射还可以引起光照性皮炎、眼炎、白内障、头痛、头晕、体温升高、精神异常等症状。此外，过度紫外线照射还会诱发皮肤癌。

过强的红外线照射对机体有害，它可使局部组织温度过高，甚至发生烧伤。当头部受强烈阳光照射时，其中的红外线可使脑组织的温度上升，进而引起全身机能失调。因此，要尽量避免在强烈的阳光下进行体育活动，同时还应选择在反射率低的场地进行锻炼。

2. 热环境中的体育锻炼

只有当体温恒定在37℃左右时，机体才能维持正常的生理活动，超出这一范围过多就会对人体造成伤害。运动时，人体内产生的热量会大幅度增加，特别是剧烈运动时产生的热量能比平时增加100倍以上。体内产生这么多的热量，如果蓄积在体内使体温升高，会引起一系列的机能失调，甚至休克，而且热环境是不利于体内热量向外散发的。因此，在热环境中进行体育锻炼，必须采取防暑措施，避开酷热：如穿有孔隙的服装，便于空气流动带走身体多余热量；穿浅色或白色的服装有利于反射热量；在阳光直射环境中运动时戴上有孔的遮阳帽；休息时选择在阴凉处；运动中和运动后及时补充水分；注意观察身体状态的变化，如果身体出现不适症状，应该停止运动，否则就有患热辐射疾病的风险。

3. 冷环境中的体育锻炼

在寒冷环境中进行体育锻炼所采取的保护措施，其主要目的是保持体温和防止冻伤，因此要注意手、脚、鼻子、耳朵等部位的保暖。运动着装应是重量轻而多层的服装，而不是单层厚重服装，贴身一层衣服需要是有助于散发皮肤水分和吸水性强的材料。在寒冷多风的环境下进行身体锻炼，尽量不把身体弄湿，以保持热量。另外在冷环境下，肌肉的黏滞性增大、伸展性和弹性降低、工作能力下降，更容易引起运动损伤。为了避免冷环境给运动带来的不利影响，在运动前一定要做好准备活动并增加热身活动的时间，保证体温进一步升高；不要张大嘴巴呼吸，避免冷空气直接刺激喉咙而引起呼吸道感染、喉痛和咳嗽等；运动后要及时穿好衣服保持身体温度。

4. 避免在空气污染的环境中进行锻炼

大气中的二氧化碳、一氧化碳、臭氧、花粉、可吸入颗粒等是影响体育锻炼效果和危害健康的重要污染物，它们可导致胸腔发闷、咳嗽、头痛、眩晕及视力下降等，严重的还可导致支气管哮喘。在马路边跑步，呼吸着由汽车排放的大量二氧化碳，会对锻炼者的健康造成严重的危害，因此，应避免到车流量大的马路边快走或跑步。在遇到沙尘暴、可吸入颗粒物较多或大雾的天气时，也应停止户外的锻炼，因为空气中的可吸入颗粒物和雾中含有许多危害健康的物质。

四、课外体育锻炼记录与评价

（一）锻炼记录表（见表 2-4）

记录参加课外体育锻炼的情况，有助于同学们积极参加体育锻炼，从而坚定自己坚持锻炼的决心和信心，养成锻炼的习惯，增强体质、促进健康。如果认真填写锻炼记录表，坚持进行锻炼，并持之以恒，不仅对达到体质健康标准有帮助，而且会得到健康和幸福。

锻炼记录表包括：锻炼日期、锻炼内容、锻炼时间、运动感觉及运动频度等。

（1）锻炼日期：锻炼日期指从事运动项目的具体日期。

（2）锻炼内容：锻炼内容指从事的运动项目。

（3）锻炼时间：锻炼时间指有效的一次锻炼时间。每次锻炼时间应为30~60 分钟。如果身体适应水平较低，开始先进行 30 分钟的锻炼；身体适应水平较高，则每次锻炼时间应需要 40~60 分钟。如果以本人最大心率的 60%~70% 强度进行锻炼，需要 40~50 分钟才能有效地提高体质健康水平；而以最大心率的 80% 强度进行锻炼，仅需 20~30 分钟即可达到提高健康水平的目的。体育锻炼前要做好准备活动，体育锻炼后要做整理、放松活动。

（4）运动感觉：可采用自我适用评价的方法。该方法用"十分累""很累""较累""轻松""很轻松"五级评估标准来评价运动感觉或运动强度。如果同时使用心率指标和自我适用评估的方法，对运动感觉或运动强度进行评估更为科学。如果不知道自己的最大心率，可采用公式计算：最大心率 =220 − 年龄。如果依据所选择的心率指标进行锻炼觉得很难受，可以适当降低强度，反之，则应稍微提高一些强度。

（5）运动频度是指每周锻炼的次数。大量研究成果证实，每周锻炼少于 2 次时，锻炼效果不蓄积，不引起机体功能的改变；每周锻炼 3~4 次或以上，锻炼效果充分积蓄，机体机能水平明显提高。

表 2-4　课外体育锻炼记录表

项目	次数				
	1	2	3	4	5
日期					
锻炼内容					
锻炼时间					
运动感觉					
日期					
锻炼内容					
锻炼时间					
运动感觉					
本学期体育锻炼情况小结：					

（二）课外体育锻炼评价

对课外体育锻炼进行评价，不仅可以帮助同学们掌握和测量课外体育锻炼的水平，而且可以了解目前同学们的锻炼是否有益健康和健康水平是否得到提高，并帮助其科学地安排体育锻炼。为此，不妨用"活动指数"这个简单的评估工具来测量现在的锻炼水平。

活动指数达到 40 分或更高，就表示已经有足够的活动，可以获得体育锻炼所带来的许多对健康有益的帮助。当增加锻炼的强度、锻炼的持续时间及锻炼的频率时，指数分数和健身水平都会上升。如果活动指数低于 40 分，则应增加锻炼的次数、强度及锻炼的时间。活动指数的分数计分办法，是依据每周锻炼的状况，分别计算出锻炼强度、频率和锻炼时间的平均得分，然后将三项分数相乘，计算出得分。每学期结束后，将各周强度、频率、时间的得分相加除以周数，计算出强度、频率、时间的平均得分，然后将这三项分数相乘，计算出学期总得分。如果能坚持不懈地进行评价，一定会对同学们锻炼习惯的养成、科学锻炼方法的掌握带来有益的帮助，从而使其拥有健康、有活力的生活。

（三）参加各级竞赛记录表（表2-5）

表2-5　参加各级运动竞赛记录表

日期	竞赛项目与级别	名称

第三节　体适能与健康

一、与健康有关的体适能

与健康有关的体适能决定着我们高效率工作、应对紧急情况、享受闲暇时光、保持健康水平及预防和抵御高血压、心脏病、糖尿病等各种"文明病"的能力水平。

与健康有关的体适能包括心肺耐力、柔韧性、肌肉力量、肌肉耐力和身体成分。前面已对此展开阐述，此处不再赘述。

二、与运动技能有关的体适能

运动技能体适能由与运动竞技能力有关的体适能组成，包括速度、爆发力、灵敏性、协调性、平衡性、反应时。

（一）速度

速度是指人体快速移动的能力或最短时间内完成动作的能力。在许多竞技运动项目中，速度对于个人取得优异成绩至关重要，如短跑、游泳、速滑以及投掷等运动项目。速度按其在运动中的表现可分为反应速度、动作速度和周期性运动的位移速度三种形式。

（二）爆发力

爆发力是指肌肉在最短时间内克服阻力所能产生的最大力量的能力。举重、投铅球、掷标枪等项目均能显示一个人的爆发力。

（三）灵敏性

灵敏性是指身体或身体某部位在活动过程中，快速而又准确地变化移动方向的能力。灵敏性在很大程度上依赖于神经肌肉的协调性和反应速度，提高这两方面的能力可以改善人的灵敏性，如可通过进行各种对抗性的球类运动来提高灵敏性。

（四）协调性

协调性是指身体各个部分协同、连贯和准确地完成动作的能力。协调性主要反映一个人的视觉、听觉和平衡觉与熟练的动作技能相结合的能力。在球类运动中，这种体适能显得尤为重要。

（五）平衡性

平衡性是指人体运动或静止站立时保持身体稳定性的能力。滑冰、滑雪、体操、舞蹈等项目对于提高平衡能力是很好的运动，闭目单足站立练习也有相当好的效果。

（六）反应时

反应时是指对某些外部刺激做出生理反应的时间。反应快速是许多项目优秀运动员的特征，特别是在短跑的起跑阶段，反应时的作用更大。

与健康有关的和与运动技能有关的体适能有重叠之处。例如，心肺耐力、肌肉力量、肌肉耐力、柔韧性和身体成分等体适能，它们无论是对健康还是对技能性要求较高的运动都是十分重要的。虽然从事不同活动的人对每一项体适能发展程度的要求是不一样的，但要达到较高的体适能水平，就必须使上述的每一项体适能都得到充分的发展。

三、提高心肺功能的锻炼方法

提高心肺功能的运动包括积极的有氧运动和积极的休闲活动。心血管循环系统的机能可以说是身体健康素质中最重要的组成要素，直接影响到人们的工作或学习效率、生活质量及健康。有氧运动能有效提高心血管功能适应水平和肌肉利用氧的能力，降低患心血管疾病的概率。有氧运动是指以有氧氧化供能为主的运动，这类运动包括健身走、健身跑、划船、游泳、球类活动等。本节重点从有氧运动的角度，介绍提高心肺功能的方法。

（一）有氧运动锻炼

1. 锻炼项目

凡是以有氧氧化供能为主、大肌群参与的运动都可以作为有氧运动的锻炼方式。常见的有氧运动锻炼项目有步行、慢跑、游泳、爬楼梯、骑自行车、跳绳、有氧健身操、球类活动等。近年来美国总统体适能和竞技委员会，对 13 种常见改善心血管适能的运动项目，提出了一个定量评价表，以帮助锻炼者选择适合自己的锻炼项目（见表 2-6）。

表 2-6　13 种常用健身锻炼项目评价表

运动项目	心血管	肌耐力	肌肉力量	柔韧性	平衡	减肥	健美	消化	睡眠	总分
慢跑	21	20	17	9	17	21	14	13	16	148
骑车	19	18	16	9	18	20	15	12	15	142
游泳	21	20	14	15	12	15	14	13	16	140
轮滑	18	17	15	13	20	17	14	11	15	140
手球	19	18	15	16	17	19	11	13	12	140
高山滑雪	16	18	15	14	21	15	14	9	12	134
篮球	19	17	15	13	16	19	13	10	12	134
网球	16	16	14	14	16	16	13	12	11	128
健美操	10	13	16	19	15	12	18	11	12	126
步行	13	14	11	7	8	13	11	11	14	102

表 2-6（续）

高尔夫	8	8	8	9	8	6	6	7	6	67
软式垒球	6	8	7	9	7	7	5	8	7	64
保龄球	5	5	5	7	6	5	5	7	6	51

2. 锻炼频率

一周进行 3 次有氧锻炼就可提高心肺功能适应能力，一周有氧锻炼 4~5 次，可使得心肺功能取得最佳锻炼效果。

3. 运动强度

运动强度是提高心血管适能的重要因素。运动强度太小不能形成良好的适应性变化；运动强度太大，运动危险性增加，造成身体疲劳；而过早结束运动，对提高心肺耐力不利。计算运动强度方法较多，大学生可采用最大心率百分比法和主观体力感觉等级法（RPE）计算运动强度。如果用 RPE 的等级数值乘 10，得出的相应数值就是完成这种负荷的心率。

（1）最大心率百分比法

有氧运动强度接近 50% 的最大吸氧量时即可增强心肺功能适应能力。目前推荐的有氧运动强度范围为 50%~80% 最大吸氧量，50%~80% 最大吸氧量强度相当于 60%~85% 最大心率强度。因此，有氧运动目标心率是 60%~85% 最大心率。学生目标心率计算如下：

$$目标心率 = 最大心率 \times 60\% \sim 最大心率 \times 85\%$$

（2）主观体力感觉等级法（RPE）

瑞典生理学家冈奈尔·鲍格在 1973 年研制了主观体力感觉等级表，依靠锻炼者自我体力感觉等级来评估运动强度（见表 2-7）。

表 2-7 主观体力感觉等级

RPE	主观运动感觉	相应心率 / 分·次
6~7	非常轻松	70
8~9	很轻松	90
10~11	轻松	110
12~13	有些吃力	130
14~15	吃力	150
16~17	很吃力	170

表 2-7（续）

18~19	非常吃力	195
20		最大心率

4. 持续时间

持续时间是指一次有氧锻炼时间，一般应为 20~60 分钟（不包括准备活动和整理活动）。对水平较低的锻炼者而言，开始锻炼时 20~30 分钟的锻炼就可以提高心肺功能水平；水平较高者可能需要 40~50 分钟才能有效地提高心肺功能适应水平，而以 70% 最大吸氧量强度进行锻炼，需要 20~30 分钟的锻炼时间。

5. 有氧运动锻炼过程安排

（1）起始阶段

起始阶段最重要的是让机体慢慢适应运动，锻炼强度不应超过 70% 最大心率，根据不同适应水平，起始阶段可持续 2~6 周。

（2）渐进阶段

渐进阶段时间较长，持续 10~20 周，在这一阶段，锻炼强度、频率和持续时间应逐渐增加。锻炼频率应达到每周 3~4 次，每次锻炼持续时间不短于 30 分钟，锻炼强度应达到 70%~90% 最大心率。

（3）维持阶段

锻炼者经过 16~28 周的锻炼即进入维持阶段。如果锻炼者已达到自己的锻炼目标，就没有必要增加运动量。但怎样才能维持已获得的锻炼效果呢？一般来说，若运动强度和锻炼持续时间都维持在渐进阶段最后一周水平时，锻炼频率即使降至每周 2 次，心肺功能适应水平也无明显降低；若保持渐进阶段的锻炼频率和强度，锻炼持续时间可减至 20~25 分钟。相反，在锻炼频率和持续锻炼时间不变的情况下，强度减少 1/3 就可使心肺适应水平明显降低。

我们还列举了不同体能的大学生运动处方表，有利于大学生根据个人体能状况安排有氧运动锻炼计划（见表 2-8、表 2-9 和表 2-10）。

表 2-8　体能弱的大学生的运动处方

周次	阶段	锻炼时间/（分·天）	运动强度/%（最大心率）	锻炼频率/（天·周）
1	起始阶段	10	60	3
2	起始阶段	10	60	3
3	起始阶段	12	60	3
4	起始阶段	12	70	3
5	起始阶段	15	70	3
6	起始阶段	15	70	3
7	渐进阶段	20	70	3
8	渐进阶段	20	70	3
9	渐进阶段	25	70	3
10	渐进阶段	25	70	3
11	渐进阶段	30	70	3
12	渐进阶段	30	70	3
13	渐进阶段	35	70	3
14	渐进阶段	35	70	3
15	渐进阶段	40	70	3
16	渐进阶段	40	70	3
17	渐进阶段	40	75	3
18	渐进阶段	40	75	3
19	渐进阶段	40	75	3
20	渐进阶段	40	75	3
21	渐进阶段	40	75	3~4
22	渐进阶段	40	75	3~4
23	维持阶段	30	75	3~4
24	维持阶段	30	75	3~4
25	维持阶段	30	75	3~4
26	维持阶段	30	75	3~4

　　锻炼指导：每次锻炼前做准备活动；感觉不适时不要增加运动量；每次锻炼都应监控心率；锻炼后要做整理活动；为预防受伤，开始锻炼时最好选择冲击力小的锻炼方式，每次锻炼时间为 20~30 分钟，以后可适当延长。

表 2-9　体能一般或较好的大学生的运动处方

周次	阶段	锻炼时间/（分·天）	运动强度/（%最大心率）	锻炼频率/（天·周）
1	起始阶段	10	70	3
2	起始阶段	15	70	3
3	起始阶段	15	70	3
4	起始阶段	20	70	3
5	渐进阶段	25	70	3
6	渐进阶段	25	75	3
7	渐进阶段	30	75	3
8	渐进阶段	30	75	3
9	渐进阶段	35	75	3

表2-9（续）

10	渐进阶段	35	75	3
11	渐进阶段	40	75	3
12	渐进阶段	40	75	3
13	渐进阶段	40	75	3
14	渐进阶段	40	75	3
15	渐进阶段	40	80	3
16	渐进阶段	40	80	3~4
17	渐进阶段	40	80	3~4
18	渐进阶段	40	80	3~4
19	维持阶段	30	80	3~4
20	维持阶段	30	80	3~4
21	维持阶段	30	80	3~4
22	维持阶段	30	80	3~4

表2-10 体能优秀大学生的运动处方

周次	阶段	锻炼时间/（分·天）	运动强度/（%最大心率）	锻炼频率/（天·周）
1	起始阶段	15	75	3
2	起始阶段	20	75	3
3	起始阶段	25	75	3
4	渐进阶段	30	75	3
5	渐进阶段	35	75	3
6	渐进阶段	40	75	3
7	渐进阶段	40	75	3~4
8	渐进阶段	40	75	3~4
9	渐进阶段	40	80	3~4
10	渐进阶段	40	80	3~4
11	渐进阶段	40	80	3~4
12	渐进阶段	40	80~85	3~4
13	渐进阶段	40	80~85	3~4
14	渐进阶段	40	80~85	3~4
15	维持阶段	30	80~85	3~4
16	维持阶段	30	80~85	3~4
17	维持阶段	30	80~85	3~4
18	维持阶段	30	80~85	3~4

6.有氧运动的练习方法

（1）综合练习

综合练习是由几种不同的锻炼内容组成的锻炼方法，如第一天跑步，第二天骑自行车，第三天游泳。其优点就是避免日复一日进行同一种练习的枯燥感。

（2）持续练习

持续练习是指长时间、长距离、中等强度（约70%最大心率）的锻炼方法，也是一种最受欢迎的有氧运动锻炼方法，锻炼者一次锻炼时间可持续 30~60 分钟，并能较轻松地完成活动。

（3）间歇练习

间歇练习是指重复进行强度、时间、距离和间隔时间都较固定的锻炼方法。练习持续时间各不相同，但一般为 3~5 分钟，每次练习后有一定休息时间，休息时间一般稍长于练习时间。

7. 安全告诫

（1）每次锻炼前应做好准备活动。

（2）每次锻炼后应做好整理活动，整理活动至少应包括 5 分钟的小强度练习（如步行、放松、柔韧性练习等）。

（3）在运动中感觉不适或有疼痛感时应停止运动或减少运动量。

（4）每次运动时都要注意监控心率。

（二）有氧运动处方

有氧运动处方是指导大学生有目的、有计划地进行科学锻炼的一种方法。这里，我们列举了健身走、健身跑、游泳等有氧运动处方，供同学们在制订运动锻炼计划时参考。对于肥胖、超重和体质健康水平较差的同学，可以选择从健身走开始锻炼；体质健康水平较高的同学则应从健身跑开始锻炼；在有条件的学校还可以选择从游泳开始锻炼。

1. 健身走

步行锻炼有"百炼祖"之称。由于健身走简便易行，不易出现伤害事故，所以适合各类人群。步行时心率达到 110 次 / 分钟以上，并保持 10 分钟以上，可改善血液循环，提高心脏功能。如果全力以赴快步行走，比速度较慢的跑步效果还好，有研究表明，步速达到每分钟 133 米，心率可达到最大心率的 70%。健身走一般可采用快步疾走和大步走的方式进行，走的时候要保持身体正直、抬头挺胸、收腹收臀、两臂自然摆动，呼吸自然，并根据自身体能状况选择不同的步长、步速、距离或运动时间。快步走的步频要大于每分钟 140 步，一般采用 130 米 / 分钟的速度，步数 180 步每分钟，步幅约 70 厘米。大步走一般采用 130 米 / 分钟的速度，108步每分钟，步幅约120厘米。

2. 健身跑

健身跑也称慢跑，被人们视为"有氧代谢运动之王"，不少国家流行着"你要健康长寿就得跑步"的口号。著名德国医学专家赫尔曼教授指出"慢速长跑是保持健康的最好手段，健身跑时氧的供给比静坐时多8~12倍"。美国心脏病学家乔治·希汉博士评价说："跑步从运动生理上说是一项全面的运动。"

健身跑的方法很多，如走跑交替、匀速跑、间歇跑、变速跑、越野跑和重复跑等。其动作要点是：头部正直，身体略前倾，两肩放松，两臂随跑步节奏自然摆动，摆幅适中；跑时前脚掌着地，再过渡到全脚掌，呼吸自然且有适宜深度，采用腹式呼吸，使空气主要通过鼻腔进入体内，并注意呼吸节奏与跑的节奏协调配合。

健身跑运动处方应依据自身体能与健康状况制定，循序渐进地增加练习强度、练习时间和跑的距离。表2-11是大学生及同龄人不同锻炼水平的运动强度；表2-12是渐进跑步计划，供制定运动处方时参考。

表2-11　大学生及同龄人适宜运动强度

锻炼水平	跑步距离/千米		跑步速度/（千米·小时）		运动强度/（%最大心率）	
初级	2.7	3.2	8.0	9.6	60	65
中级	3.7	4.3	11.2	12.9	70	75
高级	4.8	5.3	14.4	16.0	80	85

表2-12　渐进跑步锻炼计划

周次	准备活动	锻炼内容	整理活动	练习时间/分
1	伸展运动及柔韧活动5分钟	快速步行10分钟，途中尽量不停	慢步行走3分钟	20
2	伸展运动及柔韧活动5分钟	快速步行5分钟—慢跑1分钟—重复一轮	慢步行走3分钟	22
3	伸展运动及柔韧活动5分钟	快速步行5分钟—慢跑3分钟—重复一轮	慢步行走3分钟	26
4	伸展运动及柔韧活动5分钟	快速步行4分钟—慢跑5分钟—重复一轮	慢步行走3分钟	28
5	伸展运动及柔韧活动5分钟	快速步行4分钟—慢跑5分钟—重复一轮	慢步行走3分钟	28

表 2-12（续）

6	伸展运动及柔韧活动 5 分钟	快速步行 4 分钟—慢跑 6 分钟—重复一轮	慢步行走 3 分钟	30
7	伸展运动及柔韧活动 5 分钟	快速步行 4 分钟—慢跑 7 分钟—重复一轮	慢步行走 3 分钟	32
8	伸展运动及柔韧活动 5 分钟	快速步行 4 分钟—慢跑 8 分钟—重复一轮	慢步行走 3 分钟	34
9	伸展运动及柔韧活动 5 分钟	快速步行 4 分钟—慢跑 9 分钟—重复一轮	慢步行走 3 分钟	36
10	伸展运动及柔韧活动 5 分钟	快速步行 4 分钟—慢跑 13 分钟	慢步行走 3 分钟	27
11	伸展运动及柔韧活动 5 分钟	快速步行 4 分钟—跑 15 分钟	慢步行走 3 分钟	29
12	伸展运动及柔韧活动 5 分钟	快速步行 4 分钟—慢跑 17 分钟	慢步行走 3 分钟	31
13	伸展运动及柔韧活动 5 分钟	快速步行 2 分钟—缓慢跑 2 分钟—跑 17 分钟	慢步行走 3 分钟	31
14	伸展运动及柔韧活动 5 分钟	快速步行 1 分钟—缓慢跑 3 分钟—跑 17 分钟	慢步行走 3 分钟	31
15	伸展运动及柔韧活动 5 分钟	缓慢跑 3 分钟—慢跑 17 分钟	慢步行走 3 分钟	30

3. 游泳

游泳是一项很好的全身耐力性运动，人在水中游泳，全身的肌肉群和内脏器官系统都参加了活动，全身肌肉都得到锻炼，增强各部分关节的灵活性和柔韧性。由于水的传热性和阻力都比空气大，所消耗能量也比陆地上多，胸部由于受到水的压力要不断加深呼吸，经过长期锻炼，呼吸交换和氧运输能力增强。大学生可参考表 2-13，制定游泳运动处方。

表 2-13　游泳锻炼计划

阶段	周次	练习强度安排计划	每周练习次数	建议
第一阶段（初始期）	第一周	可采用任何姿势游 12~20 分钟	3	练习至呼吸紧促即可停止，以能够持续游 12~20 分钟为目标
	第三周	尽可能采用爬泳练习，距离、时间不限	3~5	
	第六周	采用爬泳尽可能地延长持续时间	3~5	如果达不到目标，延长该期的周数

表 2-13（续）

第二阶段 （初练期）	第一周	采用任何泳姿游 15~22 分钟	3	练习至呼吸紧促即可停止，以能 够持续游 15~22 分钟为目标
	第三周	采用爬泳尽可能地 延长持续时间	5	
第二阶段 （初练期）	第六周	每次练习持续游 30 分钟	5	如果达不到目标，延长该期的周 数
第三阶段 （适应期）	第一周	采用爬泳持续游 450 米	3	以能够持续游 12 分钟为目标。 如果已经达到目标，应再增加 30 秒
	第三周	采用爬泳持续游 450 米	4	
	第六周	采用爬泳持续游 500 米	4	如果达不到目标，延长该期的周 数
第四阶段 （提高期）	第一周	采用爬泳持续游 600 米	4	以能够持续游 15 分 30 秒为目标
	第三周	采用爬泳持续游 600 米	6	
	第六周	采用爬泳持续游 650 米	6	如果达不到目标，延长该期的周 数
第五阶段 （目标期）		从 650 米开始，每 练习两次增加 50 米		以能够持续游 900 米为目标。如 果你还想继续提高，每回练习 3 次再增加 50 米，直到用 35 分钟 完成 1 800 米

三、增强肌肉适能的锻炼方法

增强肌肉力量和耐力不仅可以增加肌肉体积和提高运动能力，而且对健康也有相当重要的价值，即减少脂肪和改善身体成分及塑造强壮健美的身材，有利于心血管机能的发展和提高，改善骨骼状况和推迟骨质疏松症的发生，加强关节周围肌肉的力量，防止肌肉、肌腱和韧带损伤，提高工作效率和生活质量，同时可以较好地应对日常生活中所出现的不可预测的突发事件。

（一）肌肉锻炼的基本形式

1. 等张练习

肌肉进行收缩缩短和放松交替进行的力量练习方法叫作等张练习，又称为动力性练习，如负重蹲起、卧推、挺举等。等张训练法的优点是肌肉运动形式与竞技运动项目的运动特点一致，既可以有效提高运动成绩，又可以改善神经肌肉协调性。

87

2. 等长练习

肌肉收缩而长度不变的对抗阻力的训练方法叫等长练习，又称静力性练习。这种练习方法使肌肉在原来静止长度上做紧张用力，也可以在一定程度上做肌肉缩短的紧张用力。

3. 等动练习

等动练习是一种利用专门的等速训练器进行肌肉力量和耐力训练的练习方法。等速训练器所产生的阻力和用力的大小相适应，是一种可以使肌肉在各个运动角度活动过程中受到相同的负荷，是发展肌肉力量最好的方法之一。

（二）肌肉力量和耐力锻炼的计划安排

1. 最高重复次数（RM）与组数（SET）

在力量练习中用 RM 来表示运动强度。RM 是表示能重复某一重量的最高次数，如果练习者对某一重量只能连续举起 6 次，则该重量对练习者来说是 6RM。

SET 是表示练习的组数，如 2SET，15RM，就是表示练习者应重复进行某一重量 15 次，做 2 组。不同的 RM 和 SET 对发展肌肉力量、耐力的效果是不同的（见表 2-14）。

表 2-14　不同 RM 和 SET 的力量练习对肌肉的影响

强度	组数	练习效果
3RM-6RM	3SET-6SET	主要发展肌肉力量
8RM-12RM	3SET-6SET	主要发展肌肉的体积
14RM-20RM	4SET-6SET	主要发展肌肉的耐力

经过一段时间的训练后力量增加，原重量的重复次数已超过规定的次数，可考虑增加练习重量，一般按原练习重量的 10% 左右增加，但也考虑练习者的具体情况。

2. 每组练习的间隔时间

力量练习各组间的间隔时间，一般以肌肉能完全恢复为准。肌肉在练习后 3~5 秒时已恢复 50%，2 分钟时完全恢复。如果练习是为了增强肌肉力量，练习的间隔时间不太重要，一般在 1~2 分钟；如果练习是为了增加肌肉耐力，练习间隔时间应从 2 分钟逐渐减少到 30 秒钟。

3. 每次练习的间隔时间

如果进行全身肌肉力量练习，每隔一天进行练习会获得最佳锻炼效果，这样可以使疲劳的肌肉在 48 小时内得到充分的恢复；如果每天都坚持力量练习，每天应训练不同部位的肌群。

4. 合理安排不同肌群的练习顺序

为了保证大肌群承受适当的超量负荷及练习的安全性，大肌群必须在小肌群疲劳前进行练习。

典型的力量练习顺序模式：大腿肌肉（股四头肌）→肩部和胸部肌肉（三角肌、胸大肌）→背肌和大腿后肌群→小腿肌→肱三头肌→腹肌→肱二头肌。

5. 注意控制力量练习时的动作速度

在进行力量练习时，动作还原阶段的速度应为主动用力阶段时动作速度的一半，这样做可以通过一次负重练习使肌肉得到两次的锻炼。

6. 力量练习过程安排

一般来说，力量练习的过程分三个阶段：开始阶段、慢速增长阶段和保持阶段。下面介绍的力量练习过程安排仅供参考（见表 2-15）。

表 2-15　力量练习过程安排

持续练习周数	阶段	每周练习次数	练习组数	强度
1~3 周	开始	2 次	2	15RM
4~20 周	慢速增长	2~3 次	3	6RM
20 周以上	保持	2 次	3	6RM

在力量练习开始阶段应避免举最大重量，应采用较轻的重量，如最高重复次数为 12~15 次的负荷，如果选定的重量能轻松自如地完成确定的重复次数，则可以增加重量。经过开始阶段的力量练习，如果肌肉已经适应练习动作，就可以增加重量。当肌肉力量得到增强时，可再增加重量，直到达到练习者制定的目标为止。达到目标后，每周 1~2 次练习即可保持原增长水平。若不训练，30 周后原增长水平完全消退。

7. 安全告诫

（1）当用杠铃练习时，必须有同伴帮助、保护你完成练习。

（2）进行负重练习前，应仔细检查设备。

（3）在进行负重练习前应充分做好准备活动，练习后应做好放松活动。

（4）在进行负重练习时，如感到不适，应立即停止练习。

（5）在采取快速还是慢速举起重量问题上仍存在着争议，建议学生在练习时不宜采用快速举起重量的方式。研究表明，慢速举起重量也可增加力量和肌肉体积。

（6）锻炼结束后，肌肉有酸痛僵硬感，直到下次锻炼前这种感觉仍未消失，就应停止练习，让肌肉充分恢复。

8. 注意事项

（1）充分做好准备活动

力量练习可以采用慢跑、伸展体操和轻重量练习进行准备活动，使血液流向需要工作的肌肉群。如果天气寒冷或者存在以前训练课造成的肌肉酸痛，就需要做更加充分的准备活动。此外，在力量练习前还应进行伸展练习，这样能够增加关节和肌肉的活动幅度并防止受伤，而在力量练习后进行伸展练习则能够缓解肌肉紧张、减少酸痛并帮助机体恢复。

（2）量力而行

力量训练开始时要根据自己的实际情况循序渐进地进行，切不可盲目模仿优秀运动员，或者和训练水平比自己高很多的人"较劲"。这样会挫伤你的积极性，甚至造成伤害。

（3）避开旧伤

如果在力量练习过程中感到疼痛，就不要"钻牛角尖"硬顶。可以改变一下练习的方式，既发展了该部位的肌肉力量，又不疼痛，同时还加快了血液循环，促进损伤的痊愈。

（4）不因体重增加而烦恼

由于肌肉的比重大于脂肪，所以在进行力量训练初期，体重可能会增加。

（5）不过多改变饮食习惯

在进行力量训练的初期，为了执行健身计划而过多改变饮食习惯是不可取的。因为骤然改变了习惯的生活方式，常常会导致无法完成计划或出现训练效果顾此失彼的状况。

（6）呼吸方式

在整个练习过程中不要憋气，憋气会阻止血液流向脑部，甚至造成休克。用鼻和口同时呼吸，以防缺氧。在负重力量练习中，上举开始时吸气，在最大限度用力的部分短暂屏息，练习完成时呼气。

（三）发展肌肉力量的锻炼方法

1.杠铃与哑铃练习法

（1）卧推

器械：杠铃。

练习方法：正握杠铃杆，将杠铃缓慢落到胸前，然后推起。

要点：屈膝90°，双脚不接触地面和长凳。

发展的肌肉：胸大肌、肱三头肌、三角肌。

（2）挺举杠铃

器械：杠铃。

练习方法：正握杠铃杆，爆发用力，将杠铃举到胸前。翻腕、屈膝后用力将杠铃举过头顶，然后屈臂、屈髋、屈膝，将杠铃降至大腿部后缓慢放下。

要点：握杠铃同肩宽，准备姿势成蹲姿抬头，背部挺直。

发展的肌肉：斜方肌、竖脊肌、臀大肌、股四头肌。

（3）负重半蹲

器械：杠铃。

练习方法：正握杠铃杆，屈膝成90°后还原。

要点：将脚跟跷起，下颌微朝前。

发展的肌肉：股四头肌、臀大肌。

（4）负重提踵

器械：杠铃。

练习方法：正握杠铃杆子肩上，提踵。

要点：调整脚尖由朝前到向内或向外，保持身体正直。

发展的肌肉：腓肠肌、比目鱼肌。

（5）提杠铃

器械：杠铃。

练习方法：采用混合握法，屈膝使大腿与地面水平，然后用力，将杠铃提起，身体保持直立，然后屈膝将杠铃缓慢落下。

要点：抬头、挺胸，握距同肩宽。

发展的肌肉：竖脊肌、臀大肌、股四头肌。

（6）提铃耸肩

器械：杠铃。

练习方法：正握，耸肩至最高点，然后回落。

要点：四肢充分伸展。

发展的肌肉：斜方肌。

（7）俯立飞鸟

器械：哑铃。

练习方法：弓身成水平状，两臂向后举哑铃与肩同高，然后缓慢还原。

要点：膝与肘微屈。

发展的肌肉：三角肌后群、背阔肌、斜方肌。

（8）哑铃弯举

器械：哑铃。

练习方法：手持哑铃，前臂弯举至肩部，然后缓慢还原。

要点：使背部保持正直、稳定。

发展的肌肉：肘部屈肌。

2. 体操练习法

体操练习法也是一种行之有效的肌肉力量、耐力的训练方法。它可以借助自身重量并把四肢作为阻力来发展肌肉的力量和耐力，同样它还可以提高柔韧性，这是因为肢体本身的力量就可以使肌肉伸展到最长。如果练习者锻炼时有足够的强度和持续时间，心血管和呼吸系统的耐力也可以提高。下面介绍的体操练习法都是针对专门的肌肉群设计的。如果完成了所有这些练习，则身体绝大部分肌肉群在耐力、力量和柔韧性等各方面都能得到锻炼和提高。

可以根据自己的节奏进行练习，节奏越快，对心肺的功能要求也就越高。因此，练习者应尽快完成动作，并使两个练习方法之间的间隔时间缩短，这样会收到满意的锻炼效果。如果你喜欢的话，也可在练习过程中加入音乐，这样可以使你练习起来更轻松、更有劲。

（1）仰卧起身

目的：发展腹部肌肉。

发展的肌肉：腹直肌。

锻炼的关节：脊柱各关节。

练习方法：躯干蜷曲。

要点：仰卧，手置于胸前或头后，膝部弯曲成 90°，脚不要离地，上体起至与地面成 45°。

（2）俯卧撑

目的：发展手臂和胸部肌肉力量。

发展的肌肉：肱三头肌、胸大肌。

要点：躯干与下肢保持在同一条直线上，下落时胸部不要触地。

重复次数：初练者 10 次，中级水平者 20 次，有训练者 30 次。

注意：避免背部的过分伸展，尤其是在调整后的俯卧撑练习中更应如此。

（3）臂屈伸

目的：发展肩关节力量和肩关节活动范围。

发展的肌肉：肱三头肌、斜方肌。

重复次数：初练者 7 次，中级水平者 12 次，有训练者 18 次。

要点：准备姿势肘关节伸直，上体挺直，下落时臀部触地而撑起。

（4）肢体旋转

目的：加强腹内、外斜肌的力量。

发展的肌肉：腹内、外斜肌。

重复次数：初练者每方向 10 次，有训练者每方向 20 次。

要点：下肢从一侧旋转到另一侧直到膝触地。

注意：此练习方式只适合于有较强腹部肌肉力量的锻炼者。

（5）骑"自行车"

目的：加强髋部肌肉力量，使下背部肌肉得到伸展。

发展的肌肉：髂腰肌。

重复次数：初练者每条腿 10 次，中级水平者 20 次，有训练者 30 次。

要点：双腿交换弯曲、伸展，好像在骑自行车一样。

（6）侧卧举腿

目的：加强髋部外展肌群的肌肉力量。

发展的肌肉：髋部外展肌群。

重复次数：初学者每条腿 10 次，中级水平者 15 次，有训练者 20 次。

要点：髋关节、膝关节、踝关节保持伸直，尽可能高举，缓慢地还原。

（7）侧卧提腿

目的：加强髋部内收肌群的肌肉力量。

发展的肌肉：髋部内收肌群。

重复次数：初学者每条腿 10 次，中级水平者 15 次，有训练者 20 次。

要点：膝关节不能弯曲，练习腿尽量高抬，缓慢地还原。

（8）举腿

目的：加强髋部伸肌、屈肌、内收肌、外展肌肌肉力量。

发展的肌肉：髂腰肌、臀大肌、臀中肌和内收肌。

重复次数：初学者每条腿 10 次，中级水平者 15 次，有训练者 20 次。

要点：每一动作应使腿尽量高举，以防止损伤，避免发力过猛或过分伸展。

（9）挺髋

目的：加强臀部肌肉力量。

发展的肌肉：臀大肌和腘绳肌。

重复次数：初学者每条腿 10 次，中级水平者 15 次，有训练者 20 次。

要点：屈膝仰卧，骨盆尽力向上挺起。

四、提高柔韧性的锻炼方法

柔韧性是身体健康素质的重要组成部分，它是指身体各个关节的活动幅度以及跨过关节的韧带、肌腱、肌肉、皮肤等软组织的弹性和伸展能力。经常做伸展练习可以保持肌腱、肌肉及韧带等软组织的弹性。柔韧性得到充分发展后，人体关节的活动范围将明显加大，关节灵活性也将增强。这样做动作更加协调、准确、优美，同时在体育活动和日常生活中可以减少由于动作幅度加大、扭转过猛而产生的关节、肌肉等软组织的损伤。

（一）柔韧健身的功能

（1）保障人体基本动作行为功能。

（2）保持良好的体态和基本姿势。

（3）为执行各种身体动作打下良好基础。

（4）进一步提高日常生活和工作质量。

（5）防止各种软组织拉伤和劳损、预防肌肉紧张和腰痛。

（6）是其他健身运动热身和整理活动的必要部分。

（二）柔韧性锻炼计划安排

1.柔韧性练习强度

柔韧性练习应采用缓慢、放松、有节制和无疼痛的练习，做到"酸加""痛停""麻停"。只有通过适当的努力，柔韧性才会提高。随着柔韧性在锻炼过程中的提高，练习强度应逐渐加大。

2.柔韧性练习的时间和次数

每种姿势柔韧性练习的时间和次数是逐渐增加的，应从最初的 10 秒练习时间，逐渐增加至 30 秒，每种姿势重复次数应在 3 次以上。如果是平时体育锻炼时的柔韧性练习，5~10 分钟的时间就足够了；如果是专门为了提高柔韧性练习或运动员进行训练，则练习时间必须达到 15~30 分钟（见表 2-16）。

表 2-16　柔韧性练习的时间、次数安排样例

周	阶段	肌肉伸展持续时间 / 秒	每种练习重复次数 / 次	每周锻炼次数 / 次
1	起始	15	1	1
2		20	2	2
3		25	3	3
4	逐渐进步	30	4	3
5		30	4	3~4
6		30	4	4~5
7	保持	30	4	4~5

3. 柔韧性练习注意事项

（1）循序渐进、持之以恒

初次练习易产生不适感，甚至酸痛感，经过一个时期的练习，疼痛感和不适感才能消除。如果柔韧性练习停止一段时期，已获得的效果就会有所消退。因此，柔韧性练习要持之以恒才能见效。

（2）柔韧性练习要全面

不论是准备活动中的伸展性练习，还是专门发展某些关节柔韧性的练习，都要兼顾身体各关节柔韧性的全面发展。因为在身体活动中，完成动作要涉及几个相互关联的部位，甚至全身。

（3）柔韧性练习之后应结合放松练习

每次伸展练习之后，应做些相反方向的练习，使供血、供能机能加强，这有助于伸展肌群的放松和恢复，如压腿后做几次屈膝下蹲动作。

4. 安全告诫

（1）在进行较大强度的肌肉伸展练习前，必须做热身活动，使身体微微出汗。

（2）肌肉伸展产生了紧绷感或感到疼痛时就应该停止练习，防止拉伤。

（三）柔韧性练习方法

1.肩关节柔韧性练习

（1）压肩

①正压肩。

伸展的肌肉：胸大肌、背阔肌。

方法：手扶一定高度的物体或两人手扶对方肩，体前曲直臂压肩。

②反压肩。

伸展的肌肉：胸大肌、三角肌前束。

方法：反手扶一定高度的物体，下蹲直臂压肩。

（2）吊肩

伸展的肌肉：胸大肌、背阔肌等肩带周围。

方法：单杠各种握法（正、反、反正、翻等握法）的悬垂，或单杠悬垂后，两腿从两手间穿过下翻成反吊。

（3）转肩

伸展肌肉：肩带周围肌群。

方法：用木棍、绳、毛巾等做屈臂地向前、向后的转肩，握距应逐渐缩小。

2.下肢柔韧性练习

（1）弓箭步压腿

伸展的肌肉：大腿屈肌、股四头肌。

方法：前跨一大步成弓箭步，后脚跟提起，膝关节略屈，向前顶髋。

（2）后拉腿

伸展的肌肉：大腿屈肌、股四头肌。

方法：一手扶一定高度的物体，另一手抓异侧的脚背向后拉腿。

（3）正压腿

伸展的肌肉：股后肌群、小腿三头肌。

方法：单脚支撑，一腿搁于一定高度的物体上，两膝伸直，身体前倾下压。

（4）侧压腿

伸展的肌肉：大腿内侧肌群、股后肌群、小腿三头肌。

方法：侧立单脚支撑，一腿搁于一定高度的物体上，两膝伸直，身体侧屈下压。

3.踝关节柔韧性练习

（1）跪压

伸展的肌肉：小腿前群肌、股四头肌。

方法：跪于地面上，脚背伸直，臀部坐在脚跟上。

（2）倾轧

伸展的肌肉：小腿后群肌。

方法：手扶墙面站于一定高度的物体上，先提踵，后脚跟下踩，身体略前倾。

4.腰腹部柔韧性练习

（1）体前屈

伸展的肌肉：腰背及股后肌群。

方法：两腿并步或开立，膝关节伸直，身体前倾下压。

（2）体侧屈

伸展的肌肉：体侧肌群。

方法：两腿开立，一手臂上举，上臂贴耳，身体侧屈下压。

（3）转体

伸展的肌肉：躯干和臀肌。

方法：把一只脚放于另一腿的膝盖外侧，向弯曲腿的方向扭转身体。

第四节　营养与健康

一、营养素

生命的存在，有机体的生长发育，各种生理活动及体力活动的进行，都有赖于体内的物质代谢。体内进行物质代谢必须不断地从外界获得新的物质，主要是从食物中摄取。营养是指人体吸收、利用食物或营养素的过程，也是人体通过摄取食物以满足机体生理需要的生物化学过程。营养素是指能在体内消化吸收、供给热能、构成机体组织和调节生理机能，为身体进行正常物质代谢所必需的物质。人体所需要的营养素有蛋白质、脂肪、碳水化合物、维生素、无机盐、膳食纤维和水七类。

（一）蛋白质

1. 生理作用

（1）构成人体组织与修补人体组织，促进生长发育

蛋白质是构成组织和细胞的主要材料，人的骨骼、大脑、神经、皮肤、肌肉、内脏、血液，甚至指甲、头发都是以蛋白质为主要组成成分。身体的发育成长、成长后衰老组织的更新、损伤后组织的新生修补，蛋白质都起着重要的作用。蛋白质占人体重量的18%，平均每天约有3%的蛋白质被更新。所以人每天需要摄取一定的蛋白质，生长发育期、疾病恢复期和手术后需要供给较多的蛋白质。

（2）构成机能物质

人体有许多具有重要生理作用的物质，也是以蛋白质为主要成分或由蛋白质提供必需的原料，如对代谢过程具有催化作用和调节作用的酶和激素、承担氧运输和贮存的血红蛋白及肌红蛋白、维持渗透压的血浆蛋白、发挥免疫作用的抗体蛋白、血液中具有缓冲作用的缓冲对、进行肌肉收缩的肌纤凝蛋白、构成机体支架的胶原蛋白等。所以蛋白质是生命存在的形式，也是生命活动的物质基础。

（3）增强机体抵抗力，构成抗体

机体抵抗力的强弱，取决于抵抗疾病抗体的多少。抗体的生成与蛋白质有密切关系。近年被誉为抑制病毒的法宝和抗癌生力军的干扰素，也是一种糖和蛋白质的复合物。

（4）调节渗透压

正常人血浆与组织之间的水不停地交换，却保持着平衡。其之所以能平衡，有赖于血浆中电解质总量和胶体蛋白浓度；在组织液与血浆的电解质浓度相等时，两者间水分的分布就取决于血浆中白蛋白的浓度。若膳食中长期缺乏蛋白质时，血浆蛋白的含量便降低，血液内的水分便过多地渗入周围组织，造成营养不良性

水肿。

（5）供给热能

虽然蛋白质在体内的主要功能并非供给热能，但陈旧的或已破损的组织细胞的蛋白质，也会不断分解释放能量。另外，每天从食物中摄入的蛋白质中有些不符合人体需要，或者数量过多的，也将被氧化分解而释放能量。所以蛋白质也可以供给部分热能。每克蛋白质在体内氧化时可产生 16.7 千焦（约 4 千卡）热能，人体每日热能的 5%~10% 来自蛋白质。

（6）增强神经系统功能

神经传导、信息加工及思维活动都与蛋白质有关。它可明显地影响大脑皮层的兴奋和抑制过程。在婴幼儿大脑发育时期，蛋白质供给不足，会使脑细胞数量减少，从而影响智力发育。

2. 供给量与来源

一个人一天需要补充多少蛋白质，应根据年龄、性别、劳动强度和健康状况来定。一般成年人每天每千克体重需要 1~1.5 克蛋白质；正在生长发育的青少年、孕妇、乳母每天每千克体重需要 1.5~3 克蛋白质；患病情况下可根据病情做相应增减。但是，仅考虑蛋白质的"量"是不全面的，还须注意蛋白质的营养价值（质量）。

人体所需蛋白质一般来源于动物性食物和植物性食物。动物性食物常指瘦肉、鱼类、奶类和蛋类等，属于优质蛋白质，其营养价值一般高于植物性食物，所以一般认为动物性食物营养好。植物性食物常指米、面、大豆、蔬菜等，除大豆、芝麻、葵花籽等是优质蛋白质外，其余均不属于优质蛋白质。植物性食物中，谷类虽然蛋白质含量不算高，但它是我国人民的主食，一日三餐 70% 的蛋白质来自谷类，不可忽视。植物性食物中的大豆蛋白质含量高达 40%，是植物性食物中蛋白质含量最高的食物，而且营养价值也高，是优质蛋白质的重要来源。

（二）脂肪

1. 生理作用

（1）供给热能并维持体温

脂肪是供热的营养素，1 克脂肪在体内氧化可产生 9 千卡热量，其所产热量是碳水化合物和蛋白质的 1.52 倍。脂肪被吸收后，一部分被利用消耗，一部分则贮存于体内，当肌体代谢需要时可释放能量。皮下脂肪还能使体内温度不易外散，有助于维持体温和御寒。

（2）构成组织细胞

脂肪（主要是磷脂和胆固醇等）是构成脑和神经组织的主要成分。组织细胞的各种膜——细胞膜、细胞器膜等，都是由脂类物质与蛋白质结合而成的。

（3）促进脂溶性维生素的吸收

脂溶性维生素 A、D、E、K 等不溶于水，它们只有溶于脂肪中才能被吸收和利用。因此，摄取脂肪，就能使食物中的脂溶性维生素溶解于脂肪中，随同一起被吸收。

（4）供给必需脂肪酸

人体所需的必需脂肪酸主要靠膳食提供。

（5）促进食欲，增加香味

油脂烹调的食物因其特有的香味能促进人们的食欲。

（6）增加饱腹感

脂肪在胃中滞留时间较长，约 3.5 小时。延迟胃的排空，有助于延缓饥饿感发生。这是因为脂肪进入十二指肠，能刺激产生肠抑胃素。

（7）防护作用

分布于腹腔、皮下、肌纤维间的脂肪有保护脏器、组织及关节的作用。

2. 供给量与来源

对成年人来说，脂肪的供给量一般每天应占总热量的 20%~25%，即 60~80 克。在寒冷条件下可增加脂肪的摄入量，在炎热环境下脂肪供给量应适当减少，重体力劳动者为避免食物体积过大，可适当提高脂肪摄入量。考虑到脂肪酸对人体健康的影响，脂肪供给不仅要考虑到量，还要考虑到质，即不饱和脂肪酸应多一些，饱和脂肪酸应少一些。在膳食中对饱和脂肪酸、单不饱和脂肪酸与多不饱和脂肪酸供给量的比例以 1∶1∶1 最为合理，也有人认为以 1.25∶1.5∶1 为好，这就要求多食用植物油。一般认为膳食中的脂肪植物油应占 2/3，随着年龄的增大，动物油的摄入量应逐步减少。

脂肪按其食物来源可分为动物性脂肪和植物性脂肪。

动物性脂肪是指由动物组织和动物资源离析出来的脂肪，主要含有饱和脂肪酸。饱和脂肪酸的熔点较高，一般呈固态，容易凝固、沉淀在血管壁上，可导致动脉硬化。动物脂肪中有较多的胆固醇，它在人体内有重要的生理作用，但中老年人血液中胆固醇过高时，容易患动脉硬化、高血压等疾病，因此中老年人应少吃动物性脂肪。供给机体脂肪的动物性食物主要有猪油、牛油、鱼油、奶油、蛋黄油等。

植物性脂肪主要含有不饱和脂肪酸，熔点都比较低，在室温下呈液态，不容易凝固、沉淀在血管壁上。植物油不含有胆固醇，而含有豆固醇、谷固醇等植物固醇，其植物固醇不但不能被人体吸收，还能阻止人体吸收胆固醇。供给机体脂肪的植物性食物有花生、大豆、芝麻、菜籽等油料作物榨取的油类。植物油中的橄榄油、花生油、菜籽油，其单不饱和脂肪酸、多不饱和脂肪酸和饱和脂肪酸的含量接近，长期食用对动脉硬化无明显影响。此外，蛋黄，瘦肉，动物的脑、肝及肾等内脏含磷脂丰富，但也含有较多的胆固醇。

（三）碳水化合物

1.生理作用

（1）供给热能

碳水化合物是人体热能最主要和最经济的来源。每1克糖在体内氧化可产生4千卡热量，每日膳食中热能供给量的60%~70%来自糖类。糖类在供能上有许多优点，比脂肪和蛋白质更容易消化吸收，产热快、耗氧少，而且在无氧的情况下也可分解供能。

（2）保护肝脏

糖除了供给热能还有保护肝脏及解毒的作用。肝糖原含量高时，生成的葡萄糖醛酸对四氯化碳、酒精等有较强的解毒能力。另外对各种细菌引起的毒血症也有较强的抵抗力。从这个意义来讲，摄入足量的糖，使肝脏合成充足的糖原，可保护肝脏免受有害因素的损害，并保持肝脏的正常解毒功能，对身体健康是有益的。

（3）构成组织

碳水化合物存在于一切细胞中，含量占 2%~10%。如构成细胞膜的糖蛋白，构成结缔组织的黏蛋白。另外，糖和磷酸、碱基组成的核糖核酸和脱氧核糖核酸是构成细胞质和细胞核的重要成分。糖和蛋白质结合生成的糖蛋白是构成软骨、骨骼和眼球的角膜、玻璃体的组成成分。

（4）抗生酮作用

当碳水化合物供给不足时，脂肪则氧化不充分，可产生过量的酮体。酮体是酸性物质，在体内积存过多可引起酸中毒。只有在一定量碳水化合物存在时，脂肪氧化才能彻底，不产生过量的酮体，因为脂肪在体内代谢产生的乙酰基必须与草酰乙酸结合，进入三羧酸循环中才能被彻底氧化，而草酰乙酸的形成是葡萄糖在体内氧化的结果。所以，碳水化合物有抗生酮的作用。

（5）维持中枢神经的机能

大脑的能量代谢极强，其重量仅为体重的 2%，而能量消耗占全身基础代谢的 25%。脑组织无能量储备，全靠血糖供给能量，每天需要 100~120 克葡萄糖。糖是大脑的唯一能源物质，血糖水平正常才能保证大脑的功能。当血糖含量下降到正常值以下时，脑组织因供能物质不足可发生头晕、昏厥等低血糖症。

（6）节省蛋白质的作用

碳水化合物有利于机体的氮储留。蛋白质以氨基酸的形式被吸收，并在机体内合成组织蛋白质或其他代谢产物，这些过程均需能量。如摄入蛋白质并同时摄入糖类，可增加 ATP 形成，有利于氨基酸的活化及合成蛋白质，使氮在体内储留增加。因为，供给充足的碳水化合物可以节省蛋白质作为能源的消耗。

2. 供给量与来源

碳水化合物的主要生理功能是供给热量，因此，一个人一天需要多少碳水化合物，应根据人体每天需要的热量而定。而人体每天的需要量同年龄、性别、体型、生活方式、健康状况、劳动强度等密切相关。在同样的生活、劳动条件下，由于年龄、性别、体型等不同，所需要的热量也有所差别。

从年龄来说，按每千克体重计算，正在生长发育的儿童和青少年需要的热量比成年人要多，人过中年后，所需热量相应减少一些。成人的热量供给标准是以年龄 18~40 岁体重分别为 53 千克、63 千克的女子和男子为基础，随年龄的增长而递减。如 40~49 岁减少 5%，50~59 岁减少 10%，60~69 岁减少 20%，70 岁以上减少 30%。

按照我国人民的膳食习惯，每天应摄入的碳水化合物以占总热量 60%~70% 为宜。例如供给热能 12 552 千焦（3 000 千卡），其中碳水化合物应占 7 531~8 159 千焦（1 800~1 950 千卡），即 450~488 克为宜。

糖的来源很广，各种粮食、根茎类食物等都含有大量的淀粉和少量的单糖和双糖，蔬菜和水果除含有少量单糖外，还含纤维素和果胶。此外，蔗糖是最普遍的食用糖，研究成果表明，肥胖、糖尿病、心血管疾病等都与蔗糖摄入过多有关。因此，蔗糖的摄入不应超过总热量的 10%。

（四）维生素

维生素是维持人体生命正常代谢和功能所必需的一种营养素，化学本质均为低分子有机化合物。人体不能合成维生素，必须从食物中获得。维生素不能为机体提供热能，也不是机体的构成物质。虽然机体对维生素的需要量很少，但因其各有重要的生理功能，故当机体中某种维生素缺乏或不足时，就会引起代谢紊乱以及出现相应病理症状，称为维生素缺乏症。

在维生素的化学结构未阐明之前，维生素的名称的命名一般是按发现的前后，在维生素之后加上 A、B、C、D 等拉丁字母标志，如维生素 A、维生素 B、维生素 C、维生素 D 等。此外，初发现时以为是一种，其后发现是几种混合存在，于是在字母右下方注以 1、2、3 等加以区别，如维生素 A_1、A_2 等，但这种命名系统正逐渐被基于它们的本质或生理功能的命名取代，如硫胺素、抗癞皮病维生素、生育酚、抗坏血酸等。

维生素的种类繁多，结构各异，生理功能也各不相同，按其溶解性质，维生素通常分为脂溶性维生素和水溶性维生素两大类。脂溶性维生素包括维生素 A、D、E、K，只溶于有机溶剂而不溶于水，在食物中常与脂类一起，在吸收过程中与脂类相伴进行。其可贮存于脂肪组织和肝脏中，故过量可引起中毒。水溶性维生素有B族（B_1、B_2、B_6、B_{12}、泛酸、叶酸、生物素）和维生素C，易溶于水，在食物清洗、加工、烹调过程中处理不当易损失，在体内仅有少量贮存，易排出体外。维生素的生理功能、供给量及食物来源见表2-17、表2-18。

表2-17 脂溶性维生素的生理功能、缺乏症、日需量及来源

名称	生理功能	缺乏症	成人日需量	来源
维生素A视黄醇、胡萝卜素	维持正常视力；防癌；促进骨骼、牙齿正常发育	夜盲症、干眼	2 500 IU	动物肝脏、菠菜、胡萝卜、杞果等
维生素D胆钙化醇	促进肠道钙、磷吸收；促进生长和骨骼钙化	佝偻病（儿）、软骨病（成）	100 IU	鱼肝油、肝、乳、蛋黄等
维生素E生育酚	与生殖机能有关；抗氧化作用；防止肌肉萎缩	人类未发现缺乏症	10 mg	植物油、蛋类、谷类、干果等
维生素K凝血维生素	促进凝血酶原合成，防止出血	凝血时间延长；皮下、胃肠道出血	1 mg	肝、绿色蔬菜

表2-18 水溶性维生素的生理功能、缺乏症、日需量及来源

名称	生理功能	缺乏症	成人日需量	来源
维生素B_1硫胺素	促进糖的氧化；增进食欲	脚气病、肠道功能障碍	1.2 mg	谷物外皮及胚芽、酵母、豆
维生素B_2核黄素	参与生物氧化	舌炎、唇炎、口角炎等	1.8 mg	肝、蛋黄、黄豆、绿色蔬菜
维生素PP烟酸	参与生物氧化，维持皮肤健康	癞皮病	19.8 mg	谷类、花生、酵母、肉类
维生素B_6	参与蛋白质、脂肪代谢的关系非常密切	脂溢性皮炎、肌肉无力	1.6 mg	蛋黄、谷类、豆类、肝
维生素B_{12}钴胺素	促进甲基转移核酸合成以及红细胞成熟	巨幼红细胞性贫血	2 μg	肝、肉、鱼等
生物素维生素H	参与体内CO_2的固定	人类未发现典型缺乏症	0.1 mg	动植物及微生物
叶酸维生素B_{11}	与蛋白质核酸合成红细胞及白细胞成熟有关	巨幼红细胞性贫血	0.2 mg	肝、酵母、绿色蔬菜
维生素C抗坏血酸	参与体内氧化还原反应，参与细胞间质形成	坏血病	60 mg	新鲜水果和蔬菜

（五）无机盐

无机盐又称矿物质，人体内含有的各种元素，除了碳、氢、氧、氮主要以有机化合物形式存在外，其余各种元素统称无机盐。人体内无机盐的种类很多，约占体重的5%，是构成机体组织和调节生理机能的重要物质。其中含量较多的有钙、镁、钾、钠、磷、硫、氯七种，称为常量元素。其他如铁、碘、氟、硒、锌、铜、钼、锰、铬、镍、钒、锡、硅、钴14种含量很少，称为"微量元素"。

矿物质在体内不能合成，只能通过食物来补充。人体在物质代谢中每天有一定量的矿物质通过各种途径排出体外，因此必须从食物中得到补充。矿物质在食物中分布很广，一般都能满足机体需要。其中容易缺乏的为钙、铁、碘、锌和硒。

无机盐是构成人体最基本的物质，也是各种元素在体内生化代谢的表现。它们的主要功用可概括为以下几个方面。

1. 构成骨骼和牙齿的主要成分

如钙、磷是骨骼和牙齿中必不可少的成分，镁也是组成骨骼的成分；氟在体内需要量虽然不大，也是骨骼和牙齿中不可缺少的成分。

2. 构成软组织的重要成分

如铁是合成血红蛋白、肌红蛋白、细胞色素和其他酶系统的主要成分，也是肌肉、肝、脾和骨髓的组成成分，缺乏时，则携氧能力降低。

3. 调节生理机能

钠、钾共同维持体内正常的渗透压、酸碱平衡及体内水分的保留。碘是合成甲状腺激素的主要成分，可调节和控制机体的基础代谢，促进体内的氧化作用。钙是维持所有细胞正常功能的物质，如心脏的正常搏动，肌肉神经正常兴奋的传导和适宜性的维持，都必须有一定量的钙离子存在。如血钙量下降，则使神经肌肉的兴奋性增强。

4. 参与免疫机能的形成

现代研究结果认为，锌、硒、铁、铜等元素与机体免疫水平有密切关系。如锌有激活胸腺素，增强免疫反应和T细胞功能的作用；缺锌时会使胸腺明显萎缩，T细胞数量减少，功能降低，细胞免疫力减退；硒有促进体内抗体形成的作用。

5. 维持组织的正常兴奋性

神经肌肉的兴奋性与某些离子浓度和比例有关。Na^+、K^+浓度升高可提高神经兴奋性。Ca^{2+}、Mg^+浓度升高则可降低神经肌肉兴奋性。心肌细胞的兴奋性升高与Na^+、Ca^{2+}浓度升高有关，K^+、Mg^+浓度升高，心肌细胞兴奋性降低。

6. 保护人体细胞不发生癌变

近年来的研究发现癌症患者体内存在着微量元素的平衡失调。如肺癌与锌、硒低，铬、镍高有关；肝癌与锰、铁、钡低而铜高有关。硒具有调节癌细胞的增殖、分化的作用，可抑制体内癌细胞的浸润、转移，以延缓肿瘤的复发。铜元素可直接杀伤癌细胞，又可抑制癌细胞 DNA 的合成，并能促进癌细胞的诱导分化。科学家发现，锗能促进产生抗癌因子，能诱导分泌白细胞介素 3 和干扰素，刺激机体抗癌防御功能，抑制肿瘤的生长和扩散。

7. 延缓机体衰老过程

人体的过氧化，是细胞破坏导致衰老的主要原因，而锌、硒、铜、锰等元素可清除导致细胞老化的过氧化物质，锰、铜、锌还是超氧化物歧化酶的重要成分，这种酶能破坏自由基，发挥抗衰老作用。硒的主要功能是增加谷胱甘肽过氧化物酶的活性，从而达到延缓衰老的目的。各种矿物质的生理功能、需求量及食物来源见表 2-19。

表 2-19　人体必需矿物质的生理功能和供给量

元素	生理功能	缺乏症	日供给量	来源
钙	构成骨骼、牙齿的成分、维持神经肌肉的兴奋性、参与凝血	软骨病、肌肉痉挛、流血难止	成人 800 mg 少年 1 000 mg 儿童 600 mg	乳品、小虾米骨头汤、豆类蔬菜
磷	构成骨骼、牙齿的成分、核酸的成分、酶的组成成分、参与物质和能量代谢	软骨病食欲不振	成人 400 mg	动物性食品

表2-19（续）

钾	维持细胞渗透压、维持体内酸碱平衡、加强肌肉兴奋性、参与蛋白质、糖代谢	倦怠	成人 4 g	谷类、豆类、天然食品
钠	维持细胞渗透压、维持体内酸碱平衡、加强肌肉兴奋性	厌食、眩晕、倦怠、无力、血压降低	成人 5 g	食盐
氯	胃酸的主要成分、维持细胞渗透压、维持体内酸碱平衡、唾液淀粉酶激活剂	食欲不振	成人 5 g	食盐
镁	多种酶的活性剂、维持神经肌肉兴奋性、参与体内蛋白合成	肌肉震颤、心跳过速、情绪不安	成人 200~300 mg	谷类、豆类、蔬菜等
铁	血红蛋白组成成分、氧、二氧化碳运输	缺铁性贫血	成人男 12 mg 成人女 18 mg	肝、肾、菌藻类、蛋黄、豆类
碘	甲状腺素成分、促进代谢和生长发育	甲状腺肿、生长迟缓、智力低下	成人 100~140 mg	海带、紫菜、海产品
锌	参与核酸、蛋白质代谢	生长停滞、厌食、少年期性发育不全	成人 10~15 mg	动物性食物、谷类
铜	促进铁吸收利用、参与物质氧化	贫血、生长迟缓、情绪容易激动	成人 2.0 mg	饮用水、各种食物
硒	抗氧化作用、保护细胞膜	克山病	成人 50 mg	谷物、蔬菜
氟	构成牙齿、骨骼的成分、预防龋齿	儿童、成人骨质疏松症	成人 1.5 mg	饮用水

（六）膳食纤维

膳食纤维是一类多聚物的混合体，是不被人体肠道分泌物消化的植物成分，包括纤维素、半纤维素、木质素、果胶、黏液和树胶等。它们虽然不能被机体消化和吸收，却是人体必需的营养素之一，有利于营养物质的消化吸收，具有预防多种疾病的作用。

1. 生理功能

（1）产生饱腹感

食物纤维进入消化道后，在胃内吸水膨胀，产生饱腹感，延缓胃的排空速度，从而减缓小肠对营养素吸收的速度，有助于帮助糖尿病患者和肥胖者成功地控制饮食量。

（2）降低血脂的作用

食物纤维进入人体后，能与胆汁酸、胆固醇等结合成不被人体吸收的复合物，因此能阻断胆固醇和胆汁酸的肠肝循环，可减少肠道对胆固醇的吸收，从而能促进胆汁酸和胆固醇随粪便排出，降低血胆固醇水平，有助于防治冠心病和胆石症的发生。此外，膳食纤维还具有结合锌的能力，从而降低锌铜比值，对心血管系统有保护作用。

（3）降糖作用

纤维素进入胃肠道后，可如同海绵一样吸水膨胀呈凝胶状，增加食物的黏滞性，延缓食物中葡萄糖的吸收。另外膳食纤维还可增加胰岛素的敏感性，减轻胰岛素抵抗，增加胰岛素的降糖作用。

（4）清除肠道内"垃圾"和毒素的作用

结肠癌和直肠癌发病率与膳食纤维摄入量呈负相关。食物纤维在肠道内好像"清道夫"，不断地清除肠道内的"垃圾"和毒素，将有害物质排出体外。减少某些致病因子对大肠的刺激，同时减少大便滞留时间，减少有害物质的吸收和对肠黏膜的毒害。食物纤维可改良肠道菌群，使有用的细菌增加，从而减少某些致癌物的产生和活化，降低肠癌的发病率。

（5）降低龋齿和牙周病的发病率

高食物纤维增加了口腔咀嚼时间，也能刺激唾液的分泌，这增加了缓冲酸的能力，也有利于口腔和牙齿的清洁。再者，口腔在咀嚼富含纤维素的食物时，由于纤维素对牙齿和牙龈组织反复地摩擦，能按摩牙龈组织，加强血液循环，维护了组织健全。纤维素还能清除牙面的糖、蛋白质，可减少龋齿的发生。

食物纤维虽然有益于人体健康，但也不宜过多，食物纤维在减少一些有害物质吸收的同时，也会减少一些营养素的吸收。膳食纤维对消化管有刺激作用，对胃肠溃疡患者会加重病症，应禁忌摄入。

（6）利于消化，防止便秘

膳食纤维不经消化就进入大肠，因为纤维素、果胶有强吸附水的能力，故能使粪便变软，体积增大，从而刺激肠蠕动，有助于排便。

2. 供给量与来源

正常成人每日食物纤维供给量为10~15克。食物纤维的来源是植物性食物，包括谷类、豆类、蔬菜、水果、薯类、菌类和藻类。

（七）水

1. 营养功用

（1）机体的重要成分

水占成年人体重的1/3，血液、淋巴、脑脊液含水量高达90%以上，肌肉、神经、内脏、细胞、结缔组织含水60%~80%，脂肪组织和骨骼含水在30%以下。

（2）参与物质代谢过程

水是良好的溶剂，能使物质溶解，加速化学反应。物质的消化、吸收、生物氧化以及排泄，都需要水的参与，否则就不能正常进行。

（3）调节体温

水的比热高，使血液流经体表部位时，不会因环境温度的差异，导致血液温度发生大的改变，有利于体温保持稳定。此外，水的蒸发散热（排汗），有利于人体在炎热季节或环境温度较高时，通过蒸发来维持体温的正常。

（4）体内物质的运输

水的流动性大，在体内形成体液，循环运输物质。

（5）保持腺体的正常分泌，起到润滑的作用

各种腺体分泌是液体，若缺乏水，其分泌受影响。水作为关节、肌肉和脏器的润滑剂，维护其正常功能，如泪液可以防止眼球干燥，关节液可减少运动时关节之间的摩擦。

2.需要量与来源

体内的水分必须保持恒定。正常情况下，体内水分的出入量是平衡的。体内不储存多余的水分，也不能缺水。多余的水分即排出，缺少若不及时补充，就会影响正常生理机能。

正常成年人，一天通过排尿、体表蒸发等途径排出水分 2 000~2 500 毫升，因此需摄入同样的水量（包括饮水 1 300 毫升，食物水 900 毫升，代谢中产生的水 300 毫升）。

每个人的需水量还受气候、工作性质等的影响。天热及体力工作排汗较多时，需水量较大。能量消耗与需水量成正比，多消耗 1 千卡热能，需水 1 毫升。

二、能量

体内的能量，一方面不断地释放出热量，维持体温的恒定；另一方面作为能源可维持各种生命活动的正常进行。

（一）能量的单位

能量的单位，国际上通用焦耳（joule，J），营养学上使用最多的是其 1 000 倍的单位，即千焦耳（kilojoule，KJ）。有些国家，如美国和加拿大仍继续使用卡（calorie，cal）和千卡（kilocalorie，Kcal），其换算关系如下：

$$1 \text{卡} = 4.184 \text{焦耳}$$

$$1 \text{焦耳} = 0.239 \text{卡}$$

由于食物中的能量营养素不可能全部被消化吸收，且消化率也各不相同，消化吸收后，在体内也不一定完全彻底被氧化分解产生能量，特别是蛋白质可产生一些不能继续被分解利用的含氮化合物，如尿素、肌酐、尿酸等。所以，在实际应用时，食物中生热营养素的产生能量多少按如下关系换算：1 克碳水化合物产生能量 16.7 千焦（约 4.0 千卡），1 克脂肪产生能量 36.7 千焦（约 9.0 千卡），1 克蛋白质产生能量 16.7 千焦（约 4.0 千卡），1 克乙醇产生能量 29.3 千焦（约 7.0 千卡）。

（二）人体的能量消耗

人体的能量消耗包括基础代谢、体力活动和食物的热效应三个方面，对于儿童青少年来讲还有成长发育的能量消耗。为了达到能量的平衡，人体每天摄入的能量应恰好能满足这三个方面的需要，这样才能有健康的体质。

1. 基础代谢的能量消耗

基础代谢（basal metabolism，BM）是指维持生命的最低能量消耗，即人体在静卧、放松而又清醒时的能量消耗。此时能量仅用于维持体温和呼吸、血液循环及其他器官的生理需要。

（1）影响基础代谢的消耗因素

①体格的影响。

体表面积大者散发能量也多，所以同等体重情况下瘦高者基础代谢高于矮胖者。人体瘦体重（包括肌肉、心、脑、肝、肾等）消耗的能量占基础代谢的70%~80%，所以瘦体重大、肌肉发达者，基础代谢水平高。男性的基础代谢水平高于女性 5%~10% 就是这个原因。人与人之间基础代谢水平的个体差异，遗传因素是关键的影响因素之一。

②不同生理、病理状况的影响。

儿童和孕妇的基础代谢水平相对较高。成年后随年龄增长基础代谢水平不断下降，30 岁以后每 10 年降低约 2%，60 岁以后下降更多。但如注意加强体育锻炼，这种降低相对缓慢得多，生病发热、甲状腺等有关激素水平异常时也能改变基础代谢的能量消耗。

③环境条件的影响。

炎热或寒冷、过多摄食、精神紧张时都可以使基础代谢水平升高，也有人把这一部分的能量消耗称为适应性生热作用。另外，在禁食、饥饿或少食时基础代谢水平也相应降低。

④尼古丁和咖啡因可以刺激基础代谢水平升高。

（2）基础代谢率的计算

世界卫生组织（WHO）于 1985 年推荐使用 Schofield 公式计算一天的基础代谢能量消耗（见表 2-20）。我国营养学会推荐，我国儿童和青少年的基础代谢率参考值按表 2-20 中的公式计算，18 岁以上人群的基础代谢率按公式计算的结果减去 5%。

表 2-20　WHO 建议的计算基础代谢率（BMR）公式

年龄（y）	公式（男）	公式（女）
0~3	（60.9×W）－54	（61.0×W）－51
3~10	（22.7×W）+495	（22.5×W）+499
10~18	（17.5×W）+651	（12.2×W）+746
18~30	（15.3×W）+679	（14.7×W）+496
30~60	（11.6×W）+879	（8.7×W）+829
> 60	（13.5×W）+487	（10.5×W）+596

2. 体力活动的能量消耗

除基础代谢外，体力活动消耗的能量是构成人体总能量消耗的重要部分。每日从事各种活动消耗的能量，主要取决于体力活动的强度和持续的时间。随人体活动量的增加，其能量消耗也将大幅度增加，这是人体能量消耗变化最大，也是人体控制能量消耗、保持能量平衡、维持健康最重要的部分。体力活动所消耗能量的多少与三个因素有关：肌肉越发达者，活动时消耗能量越多；体重越重者，做相同的运动所消耗的能量也越多；活动时间越长、强度越大，消耗能量越多。

3. 食物的特殊动力作用

人体在摄食过程中也需要消耗能量，这种现象被称为食物的特殊动力作用（specific dynamic action，SDA）或食物的生热效应（thermic effect of food，TEF）。

三种可产生能量的营养素，蛋白质、碳水化合物和脂肪的食物特殊动力作用各不相同，其中蛋白质的食物特殊动力作用最大，碳水化合物其次，脂肪最小。混合性食物的特殊动力作用所消耗的能量占基础代谢能量的 10%。

4. 生长发育的能量消耗

婴幼儿、儿童、青少年的生长发育需要的能量包括机体生长发育来构建新的组织所需要的能量，以及对新生成的组织进行新陈代谢所需要的能量。一般每增加 1 克新组织，约需消耗 4.78 千卡能量。能量摄入和生长速度相适应，能量不足，生长便会减慢甚至停止。

（三）人体能量供给量与来源

健康成人摄入的能量应与消耗的能量经常保持平衡，能量平衡与否与健康的关系极大。能量摄入不足，可使体力下降、工作效率低下，并致使太少的脂肪贮存，造成身体对环境的适应能力和抗病能力下降。体重太轻的女性，性成熟延迟，易生产低体重婴儿。年老时能量摄入不足会增加营养不良的风险。而能量摄入过多引起体重超重或肥胖，从而引起高血压、心脏病、糖尿病和某些癌症发病率明显上升，危害人们的身体健康。

1. 人体能量供给量

世界卫生组织对人体能量需要量的定义是：机体能长期保持良好的健康状态，具有良好的体型、机体构成和活动水平的个体，达到能量平衡并能胜任必要的经济和社会活动所需要的能量摄入。人体能量需要量是指维持机体正常生理功能所需的能量。

中国营养学会在 2001 年制定的中国居民膳食营养素参考摄入量中，不仅对各年龄组人群的能量有具体的推荐量，而且也根据不同的活动强度，按轻体力活动、中等体力活动和重体力活动来推荐能量的摄入量。中国居民膳食能量推荐摄入量见表 2-21。

表 2-21　中国居民膳食能量推荐摄入量（18~50 岁部分）

活动水平	摄入量			
	兆焦 / 天		兆焦 / 天	
	男	女	男	女
轻体力活动	10.04	8.80	2 400	2 100
中体力活动	11.30	9.62	2 700	2 300
重体力活动	13.38	11.30	3 200	2 700

2. 食物来源

人体能量来源于食物中的碳水化合物、脂肪、蛋白质三大功能营养素。三大功能营养素在食物中广泛存在，其中谷类和薯类食物中的碳水化合物较多，是最经济的能量来源；油料作物含有丰富的脂肪；动物性食物一般比植物性食物有更多的脂肪和蛋白质；但大豆和坚果除外，其脂肪和蛋白质含量甚至超过动物性食物。蔬菜和水果一般能量含量较低。

热能供给按营养素来源要有适当的比例。碳水化合物占 55%~65%、脂肪占
20%~25%、蛋白质占 10%~15% 为宜。

三、健康膳食

（一）健康膳食原则

健康膳食又称平衡膳食。健康膳食是指膳食中所含营养素种类齐全、数量充
足、比例适当，且与人体的需要保持平衡，又不会导致热量过多摄入。健康膳食
的目的是促进人体正常生长发育，确保各组织器官和机能的正常活动，提高人体
对疾病的抵抗力，进而提高工作效率、延长寿命。

现代医学研究证明，人类各种疾病的发生，几乎或多或少、或轻或重与人体
内营养平衡失调有关，如心血管病与钾、镁锌低而铜高有关；高血压与钠高钾低
镁不足有关；脑血管病与钙、镁、锌、硒不足有关。所以，人体营养平衡是至关
重要的。尤其是当今科学的日益发达，化肥、农药的广泛使用，食物添加剂在食
品加工中的应用，高科技生物食品的不断开发，保健食品的种类越来越多，而且
食品的加工越来越细，因而当今人类面临营养失调日趋严重的状况下，健康膳食
的意义就显得越发重要。健康膳食原则如下：

1.各种营养素的供给平衡

供给足够的热能，满足生理、生活、劳动的需要；供给充足的蛋白质，全面
平衡人体的八种氨基酸，以满足机体的生长发育、组织修补和更新的需要；供给
各种无机盐，以满足构成机体组织和调节生理功能的需要；供给足够的维生素，
以满足调节生理功能，维持正常新陈代谢，增进机体健康的需要；供给适量的食
物纤维，以维持正常的排泄及预防某些疾病的需要。同时，要保持能量摄入与消
耗的平衡。现代社会热量摄入过多是普遍存在的问题，因此在膳食中应注意少油、
少糖、限量、多食。

2.三大热能营养素的配比平衡

蛋白质、脂肪和糖是人体三大能源物质，在膳食中含量最多，它们在人体代
谢过程中关系密切，其中最主要的是糖和脂肪对蛋白质的节省作用，即足够的糖
和脂肪可减少蛋白质作为能源而消耗。但蛋白质供给量不足，单纯提高糖和脂肪

的供给量，也不能维持正常的氮平衡。所以，只有蛋白质的供给量达到最低需要的量以上，碳水化合物和脂肪才能充分发挥它们对蛋白质的节约作用。也只有糖和脂肪达到最低需要的量以上，蛋白质才能发挥作用。此外，热量摄入应适应性别、年龄、劳动强度及生理需要，摄入与消耗呈动态平衡。通常认为蛋白质、脂肪、碳水化合物供给量的比例分别占总热能的 10%~15%、20%~25% 和 60%~70%。

3. 氨基酸平衡

食物中蛋白质所含的色氨酸、苯丙氨酸、赖氨酸、苏氨酸、蛋氨酸、亮氨酸、异亮氨酸、缬氨酸为人体所必需的 8 种氨基酸，应种类齐全、数量充足、比例适当，而且还应有一定比例的非必需氨基酸。一般来说，必需氨基酸和非必需氨基酸的比值为 4：6。氨基酸一般在肉、蛋、奶等动物性食品和豆类食品中含量充足、比例恰当，故肉、蛋、奶和豆类食品的营养价值较高，而植物性食品中则常有几种氨基酸缺乏，故其营养价值较低。因此，做到动、植物食品的合理搭配，实现食物氨基酸互补，达到比值平衡，可提高食物蛋白质的利用率和营养价值。

4. 脂肪酸平衡

脂肪可来自动物性食品、粮食、坚果及食用油等多种食品。脂肪由甘油和脂肪酸组成。脂肪酸可分为饱和脂肪酸、多不饱和脂肪酸和单不饱和脂肪酸。所以平衡膳食除了维持脂肪功能的比例，还应维持饱和脂肪酸与不饱和脂肪酸的平衡。膳食中饱和脂肪酸在动物性油脂中含量较高，如猪油、牛油、奶油等，过多摄入可导致高血脂、动脉粥样硬化，故应控制其摄入量。而多不饱和脂肪酸一般在植物性油脂中的含量较高，如豆油、葵花籽油、芝麻油、花生油等，其中有的多不饱和脂肪酸如亚油酸，是人体不能合成必须由食物提供的必需脂肪酸，故通常认为植物油的营养价值较高。因此，应尽量控制动物油的摄入量，适当增加植物油摄入量，老年人更应如此。当然，植物油摄入也不是多多益善，因为多不饱和脂肪酸在体内氧化易产生过氧化物，具有促进衰老作用。所以食用油脂还应控制适量，一般以食用油脂加上其他食物脂肪不超过总热能的 25% 为宜，在这个前提下尽量多采用植物油作为烹调用油，其用量一般应占全日用油量至少一半。

5. 酸碱平衡

人体在正常情况下血液酸碱度处于平衡状态，pH 值稳定在 7.3~7.4。食品中，含磷、硫、氯等非金属元素较多的，在机体内经代谢后可生成酸根，称为酸性食品，如米、面粉、肉、鱼、蛋等；而含钠、钾、镁、钙等金属元素较多的，则在体内氧化，产生带阳离子的碱性氧化物，称为碱性食品，如大多数蔬菜、水果、黄豆等。膳食中酸性食品和碱性食品应搭配适当，否则一旦超过机体缓冲系统代偿能力，就会导致酸碱失衡。如酸性食品摄入过多可使血液偏酸性，严重时还可导致酸中毒。

6. 维生素平衡

脂溶性维生素摄入过多，在体内易造成蓄积，引起中毒，这在食用强化食品或口服鱼肝油丸等制剂时应予注意；在我国膳食结构中，维生素 A、D 膳食来源不充分，应注意动物肝脏等食品的摄入。水溶性维生素如维生素 B_1、维生素 B_2、尼克酸、维生素 C 等，体内储备少且烹调加工及贮存过程中易损失破坏，因而易发生供给不足的问题，应注意膳食补充。维生素 B_1、维生素 B_2、尼克酸等，还参与体内生物氧化过程，同能量代谢有关，因此，在热量摄入增加时也应相应增加这几种维生素的供给量。各种维生素之间也存在互相影响问题，如维生素 B_1、维生素 B_2 可促进维生素 C 的合成；维生素 B_1 与维生素 B_2 之间也存在相互影响的问题，缺乏维生素 B_1，影响维生素 B_2 在体内的利用；维生素 C 能促进铁的吸收和利用；维生素 E 能促进维生素 C 在肝内的存储；缺乏生物素会引起泛酸的缺乏。

7. 无机盐平衡

膳食中如果磷酸盐过多可与食物中的钙结合，使其溶解度降低，影响钙的吸收率。因此膳食中钙、磷的比例恰当，才能有利于两者的消化吸收。成年人膳食中钙、磷之比为 1：1.5，儿童为 1：1。过量的铜、钙和亚铁离子可抑制锌的吸收。铁与铜在造血过程中起协同作用，铜是合成血红蛋白的催化剂，缺铜也如同缺铁一样会导致贫血。膳食中膳食纤维过多或脂肪过高或蛋白质缺乏也会影响钙的吸收。食物中含草酸、植酸较高时能与某些元素结合生成难溶物质，可影响钙、铁、锌等的吸收。

（二）健康膳食制度

健康的膳食制度，即合理地安排一日的餐次、两餐之间的间隔时间、每餐的数量与质量，使进餐与日常作息制度及生理状况相适应，与消化规律相协调，从而提高对食物的消化、吸收和利用程度，提高劳动者的工作效率，并有利于人体健康。

1.合理膳食制度的重要性

每个人的日常作息时间不同，决定了其一天内不同时间对热能和营养素的要求也不同，所以根据食用者的具体情况，规定适合其生理需要的膳食制度是很重要的。一旦膳食制度确定，食用者形成相对固定的膳食习惯，就形成了条件反射。只要接近或到了进餐时间，机体就会产生良好的食欲，并预先分泌消化液，保证食物的充分消化、吸收和利用。如果膳食制度不合理，一日餐次过多或过少，各餐时间间隔过长或过短，都会影响食欲或造成消化系统功能紊乱，不利于健康。合理膳食制度的原则是：

（1）食用者在吃饭前不产生剧烈的饥饿感但有正常的食欲；

（2）所摄取的营养素能被机体充分地消化、吸收和利用；

（3）能满足食用者生理和劳动的需要，保证健康的生活和工作；

（4）尽量适应食用者的工作制度，以利于生产、工作和学习。

2.合理的膳食制度

（1）两餐间隔的时间

两餐间隔的时间要适宜，间隔时间过长可引起明显的饥饿感甚至胃痛，血糖下降，工作能力也随之下降，长期的长时间空腹还可导致胃炎或胃溃疡。间隔时间太短则无良好的食欲，会使进食和消化液分泌都减少，影响食物的消化与吸收。通常两餐间隔以 4~5 小时为宜，一日进食四餐比三餐好。按我国人民的作息制度和习惯，一日进食三餐，两餐间隔 5~6 小时，也比较合理。

（2）食物的分配

一日食物的分配应与作息时间相适应。中国民间流传"早餐要吃好，中餐要吃饱，晚餐要吃少"，西方国家流传"早餐吃得像皇帝，中餐吃得像伯爵，晚餐吃得像乞丐"，都生动浅显地揭示了这个道理。三餐热能的合理分配是：

早餐：占全天总摄入量的30%，以蛋白质、脂肪食物为主，辅以维生素，以满足上午工作的需要。我国部分地区的早餐以清淡的白粥加咸菜为主，热能分配偏低，有的仅占全日总热能的10%~15%，这与上午长达4~5小时的工作消耗是很不相符的。而西式早餐以牛奶、面包为主，辅以煎鸡蛋、新鲜水果或鲜榨果汁，含较高的热能营养素和维生素，值得我们借鉴。

午餐：占全天总摄入量的40%，糖、蛋白质和脂肪的供给均应增加。因为中餐在三餐中的作用是承上启下，既要补偿饭前的热能消耗，又要储备饭后工作的需要，所以在全天各餐中应占热能最多，加之上午工作的消耗，通常食用者进食量较大，食物供给量也要相应增加。

晚餐：占全天总摄入量的30%，应多供给含糖多的食物及谷类、蔬菜等易消化的食物，而富含蛋白质、脂肪的食物应少吃。因蛋白质和脂肪提供热能多，且较难消化，晚餐后的热能消耗又大大降低，易使热能积累而致肥胖，同时影响睡眠。

（三）膳食指南

膳食指南又称膳食指导方案或膳食目标，是各国营养机构针对本国存在的问题而提出的一个通俗易懂、简明扼要的合理膳食基本要求。

膳食指南的制定以调查研究和科学实验为基础，所以具有针对性、现实性、预见性和科学性。膳食指南，可以正确引导人们的食物消费，养成良好的饮食习惯，从而达到提高营养和增进人体健康的目的。

1. 中国居民的膳食指南

我国营养学会于1988年10月修订了"每日膳食中营养素供给量"，作为我国人民食谱设计和膳食评价的推荐标准，并以此为依据来设计各类人群的平衡膳食。2022年4月26日，中国营养学会发布《中国居民膳食指南（2022）》，提出了八大准则。

准则一：食物多样，合理搭配

（1）坚持谷类为主的平衡膳食模式。

（2）每天的膳食应包括谷薯类、蔬菜水果、畜禽鱼蛋奶和豆类食物。

（3）平均每天摄入 12 种以上食物，每周 25 种以上，合理搭配。

（4）每天摄入谷类食物 200~300 g，其中包含全谷物和杂豆类 50~150 g，薯类 50~100 g。

准则二：吃动平衡，健康体重

（1）各年龄段人群都应天天进行身体活动，保持健康体重。

（2）食不过量，保持能量平衡。

（3）坚持日常身体活动，每周至少进行 5 天中等强度身体活动，累计 150 分钟以上；主动身体活动最好每天 6 000 步。

（4）鼓励适当进行高强度有氧运动，加强抗阻运动，每周 2~3 天。

（5）减少久坐时间，每小时起来动一动。

准则三：多吃蔬果、奶类、全谷、大豆

（1）蔬菜水果、全谷物和奶制品是平衡膳食的重要组成部分。

（2）餐餐有蔬菜，保证每天摄入不少于 300 g 的新鲜蔬菜，深色蔬菜应占 1/2。

（3）天天吃水果，保证每天摄入 200~350 g 的新鲜水果，果汁不能代替鲜果。

（4）吃各种各样的奶制品，摄入量相当于每天 300 ml 以上液态奶。

（5）经常吃全谷物、大豆制品，适量吃坚果。

准则四：适量吃鱼、禽、蛋、瘦肉

（1）鱼、禽、蛋和瘦肉摄入要适量，平均每天 120~200 g。

（2）每周最好吃鱼 2 次或 300~500 g 蛋类 300~350 g，畜禽肉 300~500 g。少吃深加工肉制品。

（3）鸡蛋营养丰富，吃鸡蛋不弃蛋黄。

（4）优先选择鱼，少吃肥肉、烟熏和腌制肉制品。

准则五：少盐少油，控糖限酒

（1）培养清淡饮食习惯，少吃高盐和油炸食品。成年人每天摄入食盐不超过 5 g，烹调油 25~30 g。

（2）控制添加糖的摄入量，每天不超过 50 g，最好控制在 25 g 以下。

（3）反式脂肪酸每天摄入量不超过 2 g。

（4）不喝或少喝含糖饮料。

（5）儿童、青少年、孕妇、乳母以及慢性病患者不应饮酒。成年人如饮酒，一天饮用的酒精量不超过 15 g。

准则六：规律进餐，足量饮水

（1）合理安排一日三餐，定时定量，不漏餐，每天吃早餐。

（2）规律进餐、饮食适度，不暴饮暴食、不偏食挑食、不过度节食。

（3）足量饮水，少量多次。在温和气候条件下，低身体活动水平成年男性每天喝水 1 700 ml，成年女性每天喝水 1 500 ml。

（4）推荐喝白水或茶水，少喝或不喝含糖饮料，不用饮料代替白水。

准则七：会烹会选，会看标签

（1）在生命的各个阶段都应做好健康膳食规划。

（2）认识食物，选择新鲜的、营养素密度高的食物。

（3）学会阅读食品标签，合理选择预包装食品。

（4）学习烹饪、传承传统饮食，享受食物天然美味。

（5）在外就餐，不忘适量与平衡。

准则八：公筷分餐，杜绝浪费

（1）选择新鲜卫生的食物，不食用野生动物。

（2）食物制备生熟分开，熟食二次加热要热透。

（3）讲究卫生，从分餐公筷做起。

（4）珍惜食物，按需备餐，提倡分餐不浪费。

（5）做可持续食物系统发展的践行者。

2. 中国居民平衡膳食宝塔

平衡膳食宝塔提出一个营养上比较理想的膳食模式。它所建议的食物量，特别是奶类和豆类食物的量可能与大多数当前的实际膳食还有一定距离，但为了改善中国居民的膳食营养状况，这是不可或缺的，应把它看作一个奋斗目标，逐步达到。

平衡膳食宝塔包含我们每天应吃的主要食物种类。宝塔各层面积不同，这在一定程度上反映出各类食物在膳食中的地位和应占比例。谷类食物位居底层，每人每天应吃 300~500 克；蔬菜和水果占据第二层，每天应吃 400~500 克和 100~200 克；鱼、禽、肉、蛋等动性食物位于第三层，每天应吃 125~200 克（鱼虾类 50 克，畜、禽肉 50~100 克，蛋类 25~50 克）；奶类和豆类食物占第四层，每天应吃奶类及奶制品 100 克，豆类及豆制品 50 克；第五层塔尖是油脂类，每天不超过 25 克。

宝塔没有建议食糖的摄入量。因为我国居民现在平均摄入食糖的量还不大，少吃些或适当多吃些对健康的影响不大。但多吃糖有增加龋齿的危险，尤其是儿童、青少年不应吃太多的糖和含糖食品。

另外，需要说明的是，各类食物的组成是根据全国营养调查中居民膳食的实际情况计算的，所以每一类食物的质量不是指某一种具体食物的质量。

四、饮食的合理调配

（一）四季膳食的调配

一年分四季，春温、夏热、秋凉、冬寒。在四季中应根据气温和人体的变化，合理调配膳食，做到四季膳食平衡。

春季，气温由寒转暖，阳气上升，人应适应季节调养生气，使机体与外界协调统一。在饮食上应由冬天的膏粱厚味转变为清温平淡，主食可多选用大米、小米、红小豆等，而羊肉、牛肉、鸡肉等温热副食品不宜过多食用。冬季蔬菜较少，人体摄入的维生素往往不足，春季蔬菜品种增加，应多选择各种绿叶蔬菜，如小白菜、油菜、菠菜、芹菜、水萝卜等，以补充维生素。另外，应少吃高脂肪的食物及刺激性强的辛辣食物，更不要喝浓度高的烈性酒。

夏季，气候炎热，胃肠功能差，加之出汗较多，膳食应清淡可口，并注意补充液体。应设法增进食欲，在饭菜的色、香、味上多下功夫，少吃肥肉等油腻食物，可多选择些瘦肉、鱼类、豆制品、咸蛋、酸奶等食物，以补充蛋白质。同时可多吃些绿豆、新鲜蔬菜和瓜果。烹调时，以食物不油腻、易消化为原则，多做些凉面、凉菜、粥类、汤类饮食，还可选择一些清热解暑食品。

秋季，天高气爽，环境由温转凉，宜食生津食品，膳食应有足够热能。此季节人的消化功能逐渐提高，食欲增强。各种动物肉肥味美，蔬菜瓜果齐全。膳食调配上，只要注意品种的多样化，使各种食物的比例适当就可以了。在调味品上，可适当选些辛辣品，如辣椒、胡椒等。但是，要注意秋季天气由热转凉，在饮食上不要过多食用生冷食物，注意饮食卫生。

冬季，气候寒冷，膳食应注意充足的热量，以抵御严寒。冬季是进补的佳季，可多吃些热性的食物，如牛肉、羊肉、枣、桂圆、板栗等；还可增加些厚味食品，如炖肉、火锅、油炸食品等，但不能过量，否则，会使血脂偏高并使血液偏于酸性，对身体不利。另外，冬季蔬菜品种单调，北方多为储存菜，应特别注意吃些绿色蔬菜、豆芽、萝卜等，以补充维生素。调味品可多选用些辛辣食物，如辣椒、胡椒、姜、葱、蒜等。

（二）大学生的饮食调配

大学生正处于青春年华、向成年过渡的时期。不仅身体发育需要足够的营养，而且繁重的脑力劳动和较大量的体育锻炼也要消耗大量的能量。因此，合理的饮食和营养有助于提高大学生的身体素质和学习效率。

大学生的饮食，除应保证足够的粮食以补充热能需要外，还应补充足够的、多样的副食品，一般每人每天平均需供给肉类 75~100 克，豆类 50~100 克，鸡蛋 1~2 个，牛奶 250 毫升，蔬菜 500 克及水果 1~2 个。膳食中的蛋白质最好以动物蛋白为主，优质蛋白质占总蛋白量的 60%，并应平均分配在一日三餐中。

研究显示，人们在精神紧张时水溶性维生素 B_1、B_2、C 等的消耗会增加。大学生紧张的学习和考试，使体内维生素的需要量增加，应从食物中给予补充，以免引起维生素缺乏。

我国膳食中比较容易缺乏和不足的营养素还有钙、铁、维生素 A、核黄素等。特别是在集体食堂就餐的大学生更应注意预防上述营养缺乏。

缺铁，在女大学生中更为多见，因为女大学生每月都有月经血液的丢失，使身体对铁的需要量增多，很容易出现缺铁性贫血。因此，女大学生更应注意补充铁，应选食含铁丰富且吸收利用率高的猪肝、瘦肉、木耳、红枣、海带等食物。

维生素 A 和核黄素是我们平常膳食难以满足需要量的两种维生素，而这两种维生素又与视力有关。大学生用眼的时间较长，更要特别注意这两种维生素的补充。含维生素 A 和核黄素丰富的食物除猪肝、鸡蛋、牛奶外，黄绿色蔬菜中含量也较丰富。如每天能进食 250 克以上的黄绿色蔬菜，就能提高这两种维生素的摄入量，从而满足营养要求。

钙和碘对大学生的身体发育和适应繁重的学习任务具有重要意义。每天膳食中应注意选用牛奶、鸡蛋、大豆、虾皮、海带、紫菜、各种海鱼等含钙和碘丰富的食物。

卵磷脂是构成神经细胞和脑细胞代谢的重要物质，有人试验用大豆磷脂给正常人服用，其精力比服用前充沛，学习和工作的效率也大大提高。富含磷脂的食物有鸡蛋、豆类、瘦肉、肝、牛奶等。

（三）体育锻炼的代谢特点与营养补充

在进行体育锻炼时，机体的能量消耗比安静时要大大增加。如何安排锻炼期间的饮食，加速运动后的体力恢复，防止过度疲劳，合理的营养就显得十分重要。

1. 速度性运动

速度性运动是典型的大强度运动，如短跑。快速跑时对神经过程的灵活性和协调性要求高，同时体内高度缺氧，故能量的来源主要是糖的无氧分解供应。短时间将有大量代谢产物在体内堆积，使内环境向酸性偏移，容易产生疲劳。在锻炼后膳食中应含有丰富的蛋白质、糖，还必须有足够的磷、维生素 C 和铁，此外还应多吃蔬菜、水果等碱性食物，进一步调节体内酸碱平衡。

2. 耐力性运动

耐力性运动如长跑、超长跑、骑自行车等，运动强度较低，但持续时间长，运动所需总热能大，能量代谢以有氧供能为主。为了保证热能的来源充足，增强机体的摄氧能力，膳食中应含有较高的糖、维生素 C 以及铁、钾、钠、钙、镁等元素，并适量补充脂肪和蛋白质。

3. 力量性运动

力量性运动如举重、器械体操、投掷等，由于练习时消耗的能量较多，故膳食应有足够的糖、蛋白质和脂肪。特别是力量练习有利于肌肉质量与力量的增长，对蛋白质的需要量大于其他项目，供给量可达到每千克体重 2 克。另外，为了保证神经肌肉的正常功能，还要注意补充钠、钾、镁、钙等元素。

4. 灵巧性运动

灵巧性运动如体操、艺术体操、技巧等，这些运动动作复杂、多样化，需要良好的协调性及灵巧性，对神经系统的要求较高。食物中应含有丰富的磷及各种维生素。

5. 球类运动

球类运动对人体的要求较全面，对力量、速度、耐力、灵敏等素质均有较高的要求，所以对营养的要求也全面。膳食中糖、蛋白质、维生素 C、磷等一定要充足。

6. 游泳运动

游泳运动在水中进行，机体散热较多，膳食中除供给必需的糖和蛋白质外，还要有足够的脂肪和维生素 B、维生素 C 及磷等。

7. 体育锻炼与水的补充

体育锻炼中水的代谢特别旺盛，如踢足球 1 小时，出汗量高达 2~7 升。在高温环境下运动，出汗量更大。运动时，体温升高，排汗使机体一部分热量散发，降低了体温，这对运动是有利的；但排汗的同时，也失去了体内很多的盐类（如钠盐、镁盐等），如不及时补充，不但降低运动效果，而且对健康也有一定不良影响（脱水严重可导致休克）。因此在锻炼中要及时补充水分，同时注意钠、钾盐的补充。一次饮水量不能太大，以 150~200 毫升为好。

（四）食物的搭配与禁忌

世界上一切事物都是在相互联系中存在的，食物与食物之间，既有统一协调的一面，也有对立排斥的一面。在我国古代文献与传统医学经书中，就有对食物的搭配与禁忌。自古就有"食物相克"的说法，意思是说两种以上的食物放在一起食用，如搭配不当，会相互抑制和妨碍营养素吸收，使食物的营养价值降低或对身体健康起危害作用。现代医学和营养学对以往的经验和理论进行了科学的整理和创新，将食物的搭配与禁忌列为人们必须具备的饮食科学知识的一个重要部分。

在水果的家族中也有许多不能同时进食，例如酸性强的柚和橙，便不能与含糖多的葡萄和桃同时吃。为了避免水果影响其他食物营养素的消化吸收，所以，吃水果的最佳时间是饭前30分钟或餐后两小时，使胃内食物有足够的消化时间。有些蔬菜也不能与水果同时进食，如萝卜忌与水果同吃，因为萝卜等十字花科蔬菜进入人体后，经代谢会产生一种抗甲状腺物质——硫氰酸，此时如果摄入含大量植物色素的水果，如橘子、梨、苹果、葡萄等，这些水果中的类黄酮物质在肠道被细菌分解，转化成羟苯甲酸及阿魏酸，它们可加强硫氰酸抑制甲状腺的作用，从而诱发和导致甲状腺肿。海味小的鱼、虾、蟹、藻类，含有丰富的蛋白质和钙等营养物质，如果与含鞣酸较多的水果，如柿子、葡萄、石榴、山楂、青果等同食，不仅会降低蛋白质的营养价值，且易使鞣酸与蛋白质结合成一种新的不易消化的物质，而且因鞣酸有收敛作用，还能抑制消化液的分泌，致使凝固物质滞留在肠道内发酵，使人出现腹痛、呕吐、恶心等；含鞣酸的水果与红薯同食也不适宜，因为红薯是含淀粉较多的食物，吃了以后会使胃内产生大量胃酸，柿子中的鞣酸和果酸与胃酸相遇会发生凝聚作用，形成难溶性的硬块——胃柿石，胃柿石因排不出去，刺激胃肠导致出血、胃炎或胃溃疡，严重者可造成胃穿孔，甚至危及生命，因此柿子忌与红薯同食。同理，饭后也不宜立即饮茶，尤其吃过高蛋白质食物后，即肉、蛋、鱼、奶、海味等。过去惯于立即饮茶以助消化，经科学家研究发现，这种做法是不科学的，因为茶叶中的鞣酸可使食物中蛋白质凝固成颗粒，难于消化吸收，而且食物中的微量元素也容易与茶中的酸、碱物质发生反应，形成不溶性盐类，妨碍食物营养成分的吸收利用。

在我国传统的食物搭配中，多注重色、香、味、形等方面的搭配，有些认为是美味佳肴的食品，而从营养的角度来看，于人体无益的，甚至是有害的，这种错配鸳鸯的现象几乎在日常生活中随处可见。如豆浆与鸡蛋，鸡蛋中的黏液性蛋白能与豆浆中的胰蛋白酶结合，从而使蛋白质失去营养价值；还有茶叶煮蛋，茶叶中除生物碱外，还有酸性物质，这些化合物与鸡蛋中的铁元素结合，对胃有刺激作用，且不利于消化吸收。

　　牛奶是含营养素全面的高蛋白食品，但由于与某些食物搭配不当，降低了营养价值，甚至对人体有害。如牛奶和巧克力都是高级营养食品，但若同时食用，不但毫无益处，且有害于健康。因为牛奶富含蛋白质和钙，而巧克力含有草酸，如若同食，则牛奶中的钙与巧克力中的草酸，就会结合成草酸钙，影响消化吸收；若长期同食，可造成缺钙和生长发育缓慢，因此，牛奶与巧克力不宜同时食用，但间隔开分别食用则无妨。有人还认为牛奶和豆浆混合煮后食用，可起到互补作用，能提高营养价值。其实，这并不科学，因为豆浆中含有胰蛋白酶抑制因子，能刺激胃肠和抑制胰蛋白酶的活性，这种物质需在加温至 100 度的环境中，经数分钟才能被破坏，否则，未经煮沸的豆浆，食后易使人中毒，而牛奶若在持续高温中煮沸，则会破坏牛奶中的蛋白质和维生素，降低牛奶的营养价值。所以，牛奶和豆浆不宜共煮，但分开加热、同时饮用，可起到营养互补的作用。还有牛奶忌与果酸较高的水果同食，如橘子含果酸较高，若与牛奶同食，奶中蛋白质与果酸及维生素 C 发生复杂的生化反应而凝固成块，这不仅影响牛奶和水果中营养物质的消化吸收，而且还会出现腹胀、腹痛及腹泻。

第五节　体重与健康

一、肥胖和消瘦的概念与评价

　　脂肪是人体中不可缺少的成分，在人的生命活动和体育运动中起着重要的生理作用，但人体内的脂肪应适量。一旦体内的脂肪重量超出脂肪应占身体重量的正常比例，就意味着你已步入肥胖的行列。以往人们对肥胖的认识仅限于它是一种营养状况问题，并没有把它视为一种疾病。随着大量流行病学研究成果的报道，人们才逐渐意识到肥胖是一种普遍存在的严重危害人类健康的疾病。专家们认为，超重和肥胖会造成人体器官功能和代谢功能的障碍，并可诱发许多慢性疾病，如高血压、冠心病、糖尿病、胆石症、脂肪肝、某些癌症、骨与关节疾患以及心理与社会能力障碍等。目前肥胖已经成为现代社会的流行病。正如美国医学联合会会长路易斯所说："我们人类面临的最大威胁并不是可怕的癌症，而是对人类的健康构成最大威胁的肥胖症。"而肥胖的对立面——消瘦，也是一种疾病，它对人类健康的影响同样不容忽视。

（一）肥胖和消瘦的概念

肥胖症是指由于能量摄入超过消耗，造成体内脂肪细胞数目增多或体积增大，从而导致脂肪堆积和脂肪分布异常，使体重或体脂百分比超过正常范围的病理状态。肥胖是脂肪过量，而不仅仅是体重过重。体重并不超重，但仍然肥胖的情况也是可能发生的。超重是指身体体重超过了身高标准体重或某种体型的理想重量。过多的脂肪或肌肉都会使人超重，如果是过多的肌肉造成的超重，同样也会增加身体的负担，造成与肥胖同样严重的后果。

消瘦即体重减轻，常伴有乏力、精神不振、面色发黄、腹胀、腹泻、食欲不振、气短懒言、头晕、心悸、睡眠差、多梦等症状，严重的则骨瘦如柴。

（二）肥胖和消瘦的评价方法与标准

测定人体脂肪含量是评价肥胖程度的主要方法。测定身体脂肪含量的方法有水下称重法、X线测定法、超声扫描法、生物电阻抗法、核磁共振显像法等，但这些方法由于仪器设备比较昂贵，难以普遍采用。对此，学者们提出了以下一些间接测量的方法，这些方法简单易行，因此被普遍采用。相对肥胖来讲，消瘦的评价标准要简单得多。

1. 肥胖的评价方法与标准

（1）皮褶厚度测量法

皮褶厚度测量法是用皮褶厚度计测量身体某些部位的皮褶厚度，再计算体密度、体脂百分比、体脂重和瘦体重的方法，该方法广泛应用于群体测量。目前使用较多的是测量肱三头肌皮褶厚度（在肩峰顶和鹰嘴突之间肱三头肌中点处垂直捏起皮折）和肩胛下皮褶厚度（在肩胛下角 1~2 厘米处，与脊柱成 45° 角捏起皮折），然后用目前常用的皮褶厚度间接测量法公式、铃木—长岭公式和 Brozek 公式，推算人体密度和体脂率，进而评价人体的肥胖程度的方法。

计算身体密度：将测得的皮褶厚度值代入铃木—长岭推算身体密度（Db）公式，计算得出身体密度。计算公式如下：

9~11 岁：Db=1.087 9-0.0015IX（男）

Db=1.079 4-0.001 42X（女）

12~14 岁：Db=1.086 8-0.001 31X（男）

Db=1.088 8-0.001 53X（女）

15~18 岁：Db=1.097 7-0.001 46X（男）

Db=1.093 1-0.001 60X（女）

成年人：Db=1.091 3-0.001 16X（男）

Db=1.089 7-0.001 33X（女）

X= 肱三头肌皮褶厚度（mm）+ 肩胛下皮褶厚度（mm）

计算身体脂肪百分比（F%）：采用 Brozek 提出的推算身体脂肪百分比（F%）公式，计算出得出体脂率。计算公式如下：

F%=[4.57/ 人体密度（Db）-4.142]×100

评价标准：人们通常依据身体脂肪的百分比来评价一个人是否肥胖。其标准是：男性脂肪含量超过体重的 20%，女性超过 30%，均属于肥胖。对男性而言，理想的体脂百分率是 10%~20%；对女性而言则是 15%~25%。

（2）身高标准体重测量法

身高标准体重测量法是将身高与体重综合起来，通过身高和体重一定的比例关系，以每厘米身高的体重分布，反映人体的围度、宽度和厚度。它是评价人体形态发育水平、营养状况及身体匀称度的重要指标，也是评价人体超重和肥胖、健壮或瘦弱的指标。

公式为：身高标准体重 = 体重（千克）/ 身高（厘米）

（3）理想体重（ideal body weight，IBW）测量法

理想体重（千克）=[身高（厘米）-100]×0.9（男）或 0.85（女）

肥胖度（%）=[（实际体重 - 理想体重）/ 理想体重]×100%

评价标准：肥胖度在 10% 为正常，肥胖度在 10%~20% 为超重，肥胖度大于 20% 为肥胖。

（4）体重指数（body mass index，BMI）测量法

体重指数测量法是近年来国际流行的标准体重测量法，由于体重指数与身体脂肪的百分含量有明显的相关性，因此这种测量法能较好地反映机体的肥胖程度，在判断肥胖程度时，也不受人的性别、身材因素的影响。但在具体应用时，也存在着一定的局限性：如对肌肉发达的运动员或有水肿的病人，BMI 可能会过高估计其肥胖程度；老年人的肌肉组织与其脂肪组织相比，肌肉组织的减少较多，而计算的体重指数值又可能会过低估计其肥胖程度。

计算公式如下：

体重指数 = 实际体重（千克）/ 身高（米）2

例如，如果一个人体重 64.5 千克，身高 1.72 米，那么此人的 BMI 值为

BMI=64.5（千克）/1.72（米）2=21.8

评价标准：2000 年国际肥胖特别工作组提出的亚洲成年人 BMI 分级建议是：BMI 在 18.5 以下为低体重；18.5~22.9 为正常体重；23.0~24.9 属于超重；25.0~29.9 为Ⅰ度肥胖；大于或等于 30 为Ⅱ度肥胖。

国际生命科学学会中国办事处中国肥胖问题工作组依据我国人群的大规模测量数据，汇总分析了体重指数与相关疾病患病率的关系，提出对中国成人判断超重和肥胖程度的界限值，并结合腰围来判断相关疾病的危险度。

由于腹部脂肪堆积的程度与肥胖相关的疾病有更强的关联，对于 BMI 并不太高者，腹部脂肪增加（腰围大于界值）似乎是独立的危险性预测因素，因此，将腰围和体重指数结合起来，可以更好地估计人体脂肪含量与多种相关慢性疾病的关系。

2. 消瘦的评价标准

若体重低于标准体重的 10%，可以判断为消瘦。

成年男子标准体重（千克）= 身高（厘米）− 100

成年女子标准体重（千克）= 身高（厘米）− 105

实际体重低于标准体重 15%~25% 为低度消瘦，低于标准体重 26%~40% 者为中度消瘦，低于标准体重 40% 以上者为重度消瘦。

二、肥胖和消瘦对健康的危害

肥胖是一种身体内脂肪过度蓄积以至威胁健康的慢性疾病。肥胖症患者由于体内血脂、血氨基酸、血胰岛素增高，以及脂肪沉积在腹腔、血管壁、心脏、肝脏等部位，极易引发 2 型糖尿病、冠心病、高血压、高脂血症、骨关节疾病、某些肿瘤、睡眠 + 呼吸紊乱和某些肝脏疾病等慢性疾病。而在青年期体重指数超标者，以后患相关疾病的危险程度可能比中老年后才肥胖者更高。值得警惕的是，中心性肥胖者要比全身性肥胖者具有更高的疾病危险。对于腰围较大者来说，当其体重指数轻度升高时，其冠心病的患病率和死亡率就会增加。而被人们忽视的消瘦同样是身心健康的大敌。

（一）肥胖对健康的危害

1. 肥胖与 2 型糖尿病

肥胖可导致体内诸多代谢功能紊乱，包括糖耐量异常、胰岛素抵抗、高胰岛素血症、高甘油三酯血症等，这些代谢紊乱常可引起糖尿病。研究证实：在 2 型糖尿病患者中，80% 是肥胖者，女性 BMI 值为 25 时患糖尿病的危险性增加 4 倍，BMI 为 30 时危险性增加 28 倍，BMI 在 35 以上时，危险性增到 93 倍；男性 BMI 在 25~26.9 时患糖尿病的危险性增加 2.2 倍，BMI 在 29~30.9 时危险性增加 6.7 倍，BMI 在 35 以上时危险性增加 42 倍。Lean 研究认为，即使将 BMI 控制在正常范围，如果腰围大于 102 厘米，2 型糖尿病的发病率也将提高 3.5 倍。这表明，中心型肥胖者患糖尿病的危险远远大于周围型肥胖者，腰围及腰臀围比值与糖尿病的发病率成正比；同时，又有研究表明，体重下降可降低患糖尿病的危险性。

胰岛素抵抗是指由于胰岛素作用的靶器官和组织（如肝脏、肌肉、脂肪组织）对胰岛素生物效应的反应性降低或消失，从而产生的一系列病理生理变化和临床表现，而肥胖是引起胰岛素抵抗最常见的原因。胰岛素抵抗患者为保证体内血糖达到正常水平，胰岛 β 细胞往往要分泌更多的胰岛素，来弥补单位数量胰岛素降糖能力的不足，以保证血糖水平正常。肥胖所引起的胰岛素抵抗持续存在，造成 β 细胞功能受损，使胰岛素的分泌代偿能力下降，从而最终导致 2 型糖尿病的发生。另外，脂肪组织分泌的细胞因子和激素如脂联素、抵抗素、TNF、瘦素、游离脂肪酸等，都可能参与糖的代谢，影响胰岛素的敏感性，这也是肥胖与胰岛素抵抗和 2 型糖尿病发生的原因。而一旦体重减轻，胰岛素的敏感性也会得到相应的改善。

总之，肥胖 — 胰岛素抵抗 — 糖代谢异常是肥胖所致部分糖尿病发病的三部曲，肥胖是引起胰岛素抵抗的重要的后天性因素。因此，预防和治疗肥胖，对于糖尿病的防治具有极其重要的作用。

2. 肥胖与心血管疾病

肥胖与心血管疾病的发生有着很强的联系。随着体重上升，心血管疾病发病率也将稳步上升。可见，肥胖是导致心血管疾病的一个独立的危险因素。有研究表明：BMI 为 25~30 时，心血管疾病的发病率为 21%，BMI 大于 30 时发病率为 37%，而 BMI 小于 25 时发病率为 10%。女性 BMI 为 25~28.9 时，冠心病的危险增加 2 倍，BMI 在 29 以上，冠心病的危险增加 3.6 倍；男性体重增加 10%，冠心病危险增加 38%，体重增加 20% 时，冠心病危险性增加 86%。

肥胖是高血压发生的独立危险因素，因为人的血压与体重和腰围呈正相关。研究表明：体内脂肪增加 10%，可使收缩压升高 6 毫米汞柱，舒张压升高 4 毫米汞柱；女性腰围大于 88 厘米，男性腰围大于 102 厘米，高血压发生率增加 1 倍；体重指数大于等于 24 时，患高血压的危险是体重指数为 18.5~23.9 时的 3~4 倍。另有研究表明，体重每降低 1%，收缩压和舒张压则分别下降 1 毫米汞柱和 2 毫米汞柱。

肥胖还是血脂代谢紊乱的危险因素，并对脂蛋白水平有明显的影响。这种脂代谢紊乱的特点是 TG（甘油三酯）和总胆固醇升高，其中低密度脂蛋白胆固醇升高，而高密度脂蛋白胆固醇降低。低密度脂蛋白胆固醇升高，增加了冠心病等大血管病变的发生率；而高密度脂蛋白胆固醇的降低，预示了动脉粥样硬化的发生与发展；甘油三酯的升高，则又加重了胰岛素抵抗，而这又进一步促使了糖尿病的发生与发展。

3. 肥胖与肝脏相关疾病

肥胖是引起体内血清丙氨酸氨基转移酶（alanine aminotransferase，ALT）异常的常见原因。美国第三次健康与营养调查中发现，1988—1994 年分别有50%、95% 的 12~18 岁的超重和肥胖儿童血清 ALT 升高。这表明，肥胖患者肝脏异常主要是脂肪浸润所致。其中，脂肪肝是肥胖者尤其是向心肥胖患者肝脏最常见的病理改变。有研究表明，肥胖人群发生脂肪肝的危险性是一般人群的4.6倍。在严重肥胖患者中，脂肪肝的发生率可高达 70%~80%。其原因是，肥胖患者脂肪溶解作用被加强，使游离脂肪酸增加，从而使甘油三酯合成增加，并在肝脏中存积；当肝组织脂肪含量超过肝重量的 5%，或者有 1/3 肝细胞脂肪变时，便形成了脂肪肝。Marceau 等对 551 例重度肥胖成人进行了肝活检，结果 86% 的被检者有肝细胞脂肪变，74% 出现了纤维化，24% 有非酒精性脂肪性肝炎，2% 有肝硬化。因此，为了保证人类的肝脏健康，预防和控制肥胖显得十分重要；而对于那些肥胖者来说，减肥可降低转氨酶，减少肝内脂肪沉积，并可促进肝内炎症和纤维化的康复。

4. 肥胖与呼吸系统疾病

肥胖患者胸壁和腹部的脂肪堆积会影响胸廓和膈肌的运动，从而限制了呼吸，使肺容量减少，而且还会使不规则呼吸和呼吸暂停的频率增加。一般性的肥胖多无明显的临床表现，但极度肥胖可引起人体通气功能的障碍，导致缺氧，从而使动脉血氧饱和度下降和二氧化碳饱和度升高，出现呼吸暂停现象及低氧血症和高二氧化碳血症。

5. 肥胖与肿瘤

许多研究发现，超重和肥胖与乳腺癌、卵巢癌、大肠癌、胆囊癌、前列腺癌等恶性肿瘤的发病率呈正相关。美国癌症协会在一项对 75 万人进行的 12 年的研究发现，对任何一种肿瘤而言，65 岁以下肥胖的男性和女性与同年龄组中BMI < 25的人群相比，死亡相对危险度分别为 1.33 和 1.55。这项研究报告还指出，乳腺癌与子宫体癌的发生，可能与脂肪组织中变构酶活性升高及血中性激素结合蛋白（SHBG）降低有关；大肠癌的发生，可能与脂肪摄取过多和食物纤维摄取过少

有关。

6.肥胖与内分泌及代谢紊乱

研究表明，肥胖者血浆中的胰岛素明显高于正常水平，并经常存在胰岛素抵抗，中心性肥胖患者的激素水平改变更大。过高的胰岛素与卵巢中的受体结合，可导致肥胖者血循环中的性激素平衡被破坏，促进雄激素水平增高，尤其是腹部脂肪过多的女性常有排卵异常、多囊性卵巢综合征等；同样，肥胖也与男性性功能障碍相关，这可能与男性雄激素水平较低有关。

7.肥胖与骨关节病、痛风

肥胖患者还容易患上骨关节炎、高尿酸血症、痛风等疾病。肥胖者痛风的发生率较高与高尿酸血症直接相关。痛风性关节炎是关节内由尿酸盐形成的痛风后引起关节炎症反复发作的急性炎症。但体重增加与尿酸水平上升的关系还不清楚，可能与肥胖引起的代谢变化（内源性核酸分解代谢产生嘌呤并合成较多尿酸）和饮食因素（食用含嘌呤较多的动物性食品）有关。

（二）消瘦对健康的危害

消瘦既是一种症状，又是一种疾病，它对人体健康有多方面的危害。消瘦者不仅容易疲倦、体力差、兴趣低、工作和学习效率不高、自我效能低以及常有"力不从心"之感等，而且，他们抵抗力低、免疫力差、耐寒抗病能力弱，易患肺结核、肝炎、肺炎等疾病，也经不起疾病的折磨。此外，消瘦者还因羞于自己的单薄体型而有运动隐退、不愿交往的心态。显然，消瘦与肥胖一样，既不是人类健康的标志，也不是人体健美的象征，而是人类身心健康的大敌。

三、肥胖和消瘦的预防与治疗

人的体重由两部分组成，即瘦体重与脂肪体重。瘦体重包括肌肉、皮肤、骨骼、器官、体液及其他非脂肪组织。减肥的任务，应是尽可能地减去多余的脂肪体重，而保留瘦体重。影响体重的基本要素是热能摄入量与消耗量。当热能摄入量等于消耗量时，则体重基本保持不变，即热能平衡；当热能摄入量大于消耗量时，则体重增加，即热能正平衡；而当热能摄入量小于消耗量时，则体重减轻，即热能负平衡。因此，减肥的最终目的主要是减去体内多余的脂肪，并且主要是通过变动热能平衡来实现。

目前，专家们认为，要想减肥，一是要控制饮食，二是要加强运动；即既要减少摄入的热量，又要努力消耗体内的热量。近年来，大量的有关研究证明：最佳的减肥方法就是体育锻炼与控制饮食相结合，因为它比只运用单一方法更能有效地减肥。从长远的眼光看，要想成功地持久控制体重，避免降低体重后的"反弹"和不利于健康的现象的产生，必须养成体育锻炼和控制饮食的习惯。消瘦者要想改变现状，体育锻炼也是较好的方法。

（一）肥胖的预防

肥胖的治疗比较困难。对于超重和肥胖，重点在于预防。因此，应当树立肥胖是可以预防和控制的，某些遗传因素也可以通过改变生活方式来抗衡的正确观念；充分认识肥胖的危害性，杜绝引起肥胖的各种因素发生；养成良好的行为与生活方式，使体重保持在正常范围内。

1. 知识预防

接受健康教育，学习有关肥胖症的知识；树立健康体重的概念，知晓肥胖的危害和产生肥胖的原因；掌握评价肥胖的方法与标准及控制肥胖的方法。

2. 饮食预防

对于有肥胖基因者和有肥胖预兆的人，要特别把好"进口"关。

（1）多补充含有丰富烟酸、维生素 B_2、维生素 B_6 等的食物，促使体内脂肪释放能量。

（2）多补充水，以利于脂肪溶解。因为体内如果水摄入缺乏，脂肪就会沉积。因此，有肥胖基因或有肥胖趋势的人，每日最好喝 8 杯（约 2 000 毫升）凉开水，但应"多次少量"，忌一次多量。

（3）少吃高脂肪、高热量的食物，少吃味精、胡椒、盐、糖等易刺激食欲的调味品，多吃蔬菜；鼓励摄入低能量、低脂肪、含有适量蛋白质和碳水化合物、富含微量元素和维生素的膳食。

（4）烹调最好多采用蒸、煮、烤和凉拌等方式。

（5）多餐少食，每日四至五餐，每餐七八分饱，最好常喝粥。

（6）餐前喝汤；进餐时，细嚼慢咽，每口饭最好咀嚼 30 下左右；正餐的进食时间最好不少于 20 分钟。

（7）食物的品种要丰富，但每种的摄取量不宜多。

（8）早餐吃饱、吃好，难消化的肉、禽、蛋类等荤食应在早、午餐食用；晚餐宜少、宜早，安排在晚上 6 点左右为好；餐后散步，进餐与睡觉最好间隔 3 至 4 小时；不加夜宵。

（9）避免滥用含有激素的营养滋补品。

（10）一日三餐的热量分配比例保持在早餐占 30%、午餐占 40%、晚餐占 30% 为最佳。

3. 运动预防

适量地运动有助于预防肥胖，如做广播操、打太极拳、跳交谊舞、跳绳、爬山、登楼、疾走等，能消耗脂肪，同时可保持肌肉。对于减肥的活动，无论是什么运动项目，采取中低强度进行运动是关键，因为减肥不仅仅是减体重，更重要的是减体脂；而只有长时间、中低强度的运动，才能最大限度地消耗脂肪。减肥是一个长期的过程，需要有目的、有计划地进行。对于没有时间参加运动的人，建议增加一些日常体力活动，尽可能地每天都活动，如可以用骑自行车或步行代替乘车，以站立替代静坐，以爬楼梯代替乘电梯，饭后步行、少看电视等，从而养成运动的习惯，树立终身运动的观念。

4. 生活方式预防

（1）坚持规律作息，不贪睡；积极改善生活方式，包括改变膳食、增加体力活动、纠正过度进食或活动不足的行为和习惯。

（2）注意保持体重，经常测量体重、腰围、臀围。

（3）避免"饱食终日，无所事事"，以免"心宽体胖"，同时日常生活要注意多活动手脚，可增加一些"非锻炼耗能"的小动作。

（二）肥胖治疗与控制

肥胖治疗的目标是减轻体重，减少各种与肥胖相关的并发症。肥胖治疗的基本方法与措施主要是控制饮食和增加运动，必要时辅以药物或手术治疗。具体治疗应根据个人的情况，制订适合本人的治疗方案。

1. 饮食控制

饮食控制主要是通过调整膳食结构、改变饮食习惯和控制总进食量，使热量摄入减少。控制饮食，应避免吃过多油腻食物和零食，少吃油炸食品、点心和盐；控制食欲，吃七分饱即可，减少加餐，不暴饮暴食；进食应有规律，每日三餐应合理安排，不要一餐过饱，也不要不按时进餐或不吃；尽量少饮用含糖的饮料，养成每日饮用白开水或茶的习惯。

在选择减重膳食时，应保证膳食的低能量、低脂肪，减少脂肪和简单碳水化合物的摄入，避免摄入高糖类食物。同时注意选择一些体积较大而能量相对较低的食物，如蔬菜和水果，这类食品不仅富含人体必需的维生素和矿物质，还容易使人产生饱腹感而不致摄入过多的食物和能量；还要选择一些含优质蛋白的食物（如瘦肉、鱼、豆类等），优质蛋白含有较多人体必需的氨基酸，可与谷类植物蛋白的氨基酸起互补作用，提高植物蛋白的营养价值，防止人体肌肉中的蛋白质因减肥而造成的不足。总的说来，应做到在营养素平衡的基础上减少每日摄入的总热量，使膳食的摄入既能满足人体对营养素的需要，又使热量的摄入低于机体的能量消耗，让身体的一部分脂肪氧化以供应机体的能量消耗。

值得指出的是，减肥者往往会陷入一个误区，认为控制饮食就是单纯地限制谷类主食的量，不吃或少吃谷类主食。这种观点和做法是不可取的。因为，谷类中的淀粉是复合碳水化合物，有维持血糖水平的作用，可减缓进食后血糖升高的速度，也可避免出现低血糖。因此，减少总的食物摄取量时，可相应地减少谷类主食的摄入，但不要减少谷类食物占食物总量的比例。

单纯控制饮食的方法，可以有效地减轻体重，但也容易导致一些重要营养素的缺乏和不足，引起营养缺乏病，使身体抵抗力下降。此外，单纯饮食控制虽然可以降低体重，但除脂肪组织减少外，肌肉等去脂体质也会减少，静息代谢率也可能降低，从而使机体在低代谢水平上建立起新的能量平衡。而且，单纯地应用饮食疗法，一旦停止，体重就会出现反弹，以后再减重，就需要加大节食的强度，从而进入一个叫作体重循环的过程。

对此，专家们建议，肥胖患者减体重不宜操之过急，每周体重减轻应控制在 0.5 千克左右；宜采用中等降低能量摄入并积极参加体育锻炼的方法，使体重缓慢地降低；每天膳食中的热量可比原来日常水平减少 1/3 左右，或比原来每日习惯摄入的能量低 300~500 千卡，并且对低能量减重膳食提出了一个标准，即女性一般为 1 000~1 200 千卡 / 天，男性一般为 1 200~1 600 千卡 / 天。

肥胖患者应依据个人情况，制订科学合理的饮食方案，使方案提供的热量达到一定程度的负平衡。饮食方案的主要内容包括以下几点：

（1）确定每日能量的推荐摄入量

在限制和减少能量之前，首先要确定个体每天的能量需要量。目前，直接测定成年人在自由活动情况下的能量消耗量仍十分困难。由于 BMR（基础代谢率）占总能量消耗的 60%~70%，所以它是估算成年人能量需要量的重要基础。WHO 于 1985 年推荐使用 Schofield 公式（见表 2-22），计算一天的基础代谢消耗。根据我国以往实测成年人的 BMR 发现，亚洲人的 BMR 比欧洲人偏低。为此，我国在应用 WHO 推荐的 BMR 计算公式时，采取减 5% 的办法计算 18~44 岁和 44~59 岁两个人群的 BMR。

表 2-22　WHO 建议的计算基础代谢（BMR）公式

年龄	公式 / 男	公式 / 女
0~3	（60.9 × W）-54	（61.0 × W）-51
3~10	（22.7 × W）+495	（22.5 × W）+499
10~18	（17.5 × W）+651	（12.2 × W）+746
18~30	（15.3 × W）+679	（14.7 × W）+496
30~60	（11.6 × W）+879	（8.7 × W）+829
> 60	（13.5 × W）+487	（10.5 × W）+596

WHO（1985）、美国（1989）、日本（1990）在修订推荐摄入量时均以 BMR 乘以体力活动水平（PAL）来计算人体每日的能量消耗量或需要量，即能量推荐摄入量 =BMR × PAL。

中国营养学会 2001 年将我国居民体力活动强度（PAL）由五级调整为三级，即轻、中、重体力活动水平（见表 2-23）。

表 2-23　中国营养学会建议的我国成人活动水平分级

活动水平	工作内容	PAL	
		男	女
轻	办公室工作、修理电器钟表、售货员、酒店服务员、化学试验操作、讲课	1.55	1.56
中	学生日常活动、机动车驾驶、电工安装、车床操作、金工切割等	1.78	1.64
重	非机械化农业劳动、炼钢、舞蹈、体育运动、装卸、采矿等	2.10	1.82

如计算一个 20 岁、体重 65 千克的中国男生的每日能量推荐摄入量，经查 WHO 建议的 BMR 公式，得出：

$$BMR=15.3 \times 65+679=1\ 673.50（千卡）$$

采用减少 5% 的计算办法，则实际的 BMR 为

$$BMR=1\ 673.5 \times 0.95 \approx 1\ 589.83（千卡）$$

该男生的能量推荐摄入量 $=BMR \times PAL=1\ 589.83 \times 1.78 \approx 2\ 829.90（千卡）$

（2）根据减肥的目标控制能量的摄入量

0.5 千克人体脂肪大约含有 3 500 千卡的热量，因此，必须消耗大约 3 500 千卡的热量（氧化或燃烧），才能减去 0.5 千克储存在我们身体内的脂肪。如果采用控制每日能量摄入量的减肥方法，就应每天减少 500 千卡的热量摄入，才能达到一周减肥 0.5 千克的目标。相应地，如果每天从食物中多摄入了 500 千卡的热量，就会使体重在一周内增加 0.5 千克。如一个体重 70 千克的 25 岁的年轻人，他日常的活动是办公室工作，不参加任何的体育活动。这样他每日所需的热量大约是 2 400 千卡。如果他想每周减 0.5 千克体重的话，则应将每日摄入量控制在 1 900 千卡左右。

（3）确定食物比例及用量

人体的能量来源是食物中的碳水化合物、脂类和蛋白质。每克脂肪可产生 9 千卡能量，每克蛋白质和碳水化合物分别可产生 4 千卡能量。这三类营养素普遍存在于各种食物中。可参考表 2-24、表 2-25 提供的数据，在膳食中选择合适的食物比例及用量。

表 2-24　几种主要食物类的能量和产能营养素（每 100g）

食物类型	热量 / Kcal	蛋白质 / g	脂肪 / g	碳水化合物 / g
谷类	341	9.3	1.2	73
稻米	338	7.4	0.8	75
小麦粉	34	11.2	1.5	71
肉、鱼类	126	19.1	5.2	0.8
瘦猪肉	143	20.3	6.2	1.5
瘦牛肉	106	20.2	2.3	1.2
瘦羊肉	118	20.5	3.9	0.2
鲤鱼	109	17.6	4.1	0.5
鸡肉	167	19.3	9.4	1.3
蛋类	146	12.7	10	1.4
豆腐干	121	16.2	3.6	6
蔬菜	23	1.4	0.5	3
芹菜	20	1.2	0.2	3
油菜	23	1.8	0.5	3
圆白菜	27	0.5	1.2	4
水果	44	0.4	0.1	10
苹果	50	0.2	0.1	12
柑橘	39	0.7	0.1	9
牛奶	55	3	3.2	3

表 2-25　设计低能量膳食时选择各类食物的参考量及其可提供的主要营养素含量

热量 Kcal	食物量 / g								主要营养素含量 / g		
	谷类	肉鱼禽	蛋类	豆腐干	蔬菜	水果	牛乳	植物油	蛋白质	脂肪	碳水化合物
1100	150	70	40	40	400	100	250	10	54.0	40	149
1300	200	80	50	50	400	100	250	14	64.4	48	187
1500	240	90	50	60	400	100	250	16	72.4	53	217
1700	280	90	50	60	500	100	250	18	77.8	55	250
1900	320	90	50	60	500	100	250	20	82.2	58	280
2000	350	90	50	60	500	100	250	20	85.5	59	302

（4）饮食控制的注意事项

①合理分配供能营养素的能量比例。

对于节食减肥者来说，由于限制了能量的摄入，所以要保证必需的营养素供给，才能保证人体正常的生理功能。在减肥过程中，三大功能营养素的分配比例是至关重要的。正常平衡膳食的三大营养素分配比例是蛋白质占总热能的12%~15%，脂肪为 25%~28%，碳水化合物为 60%，而肥胖治疗膳食的三大营养素分配原则应是蛋白质占总热能的 25%，脂肪占 15%，碳水化合物占 60%。在蛋白质的选择中，动物性蛋白质可占总蛋白的 50% 左右，烹调油则应选择橄榄油、茶油、葵花籽油、玉米油、花生油、豆油等。

②保证维生素和无机盐的供给。

由于摄入的能量受到限制，所以肥胖者在膳食减肥时，常会出现维生素和无机盐摄入不足的问题。易缺乏的维生素主要有维生素 B_1、B_2、烟酸等，易缺乏的无机盐有钙、铁等。为了防止维生素和无机盐缺乏病，在进行膳食治疗的过程中，必须注意合理的食物选择和搭配。新鲜蔬菜、水果、豆类、动物内脏如肝脏、牛奶等是维生素和无机盐的主要来源。另外，可在医生的指导下，适当服用多种维生素和无机盐制剂。

③增加膳食纤维的供给。

肥胖患者常有便秘的问题，适当增加膳食纤维的摄入，不仅有助于缓解便秘，还可以减少脂肪和糖的吸收。所以，应食用富含膳食纤维的食物，最好能保证每天摄入 30 克左右的膳食纤维，这相当于 500~750 克绿叶蔬菜和 100 克粗杂粮中含的膳食纤维量。

④戒酒。

在进行膳食治疗时，最好不要饮酒，酒类主要含有乙醇，而不含其他营养素，1 克乙醇可提供 7 千卡的能量；因此饮酒常常会使摄入的能量过高，而导致减肥失败。

⑤改变膳食习惯和行为。

纠正不良的膳食习惯是减肥成功的关键。要想减肥成功，肥胖者就务必要改变一些常见的不良膳食习惯，如不吃早餐、午餐和晚餐进食过量；爱吃零食、甜食；进餐速度过快等。

2. 体力活动和体育锻炼

合理的有氧运动不仅能增加能量消耗，还可增进心肺系统健康，减少肥胖并发症。肥胖者如能在减重后继续保持体育锻炼，体重就不容易反弹。如同时能配合科学的饮食控制，则减肥的效果会更好。

（1）运动减肥的生物学分析

①有氧运动对脂肪体积的影响。

能量消耗不足和能量代谢缺陷可能是某些肥胖发生和持续的基础，而有氧运动可以通过增加能量消耗，减少体内脂肪的积蓄；特别是中等或低强度的长时间的有氧运动，不仅可燃烧体内脂肪，而且运动后数小时内的能量消耗仍大于安静时的能量消耗水平。近年来，Applegate 等人对动物的实验研究发现，在有氧运动减体脂的过程中，虽不能减少脂肪细胞数目，但可以抑制脂肪细胞的积累，减小脂肪细胞体积；同时，有氧运动通过增加能量消耗，降低了摄食效率，也减少了体脂沉积。

②有氧运动对神经内分泌机制的调节。

肥胖者普遍存在交感神经活性下降、胰岛素敏感性下降、胰岛素抵抗、葡萄糖经肌细胞膜的转运减少的症状。有氧运动可刺激交感神经，提高交感神经系统活性，使血浆中抗胰岛素如儿茶酚胺、胰高血糖素、生长素、糖皮质激素等的浓度升高，抑制胰岛素分泌。随着运动时间的延长和运动强度的增大，胰岛素的分泌将减少，血浆胰岛素浓度趋于下降。运动引起儿茶酚胺和肾上腺皮脂激素分泌不断增加，促进脂肪水解过程的限速酶、甘油三酯酶、细胞色素 C 氧化酶及柠檬酸合成酶活性增加，而这些酶与脂肪的摄取、活化、动用有关，这就加速了脂肪的水解。

有氧运动可逆转肥胖者肌细胞膜胰岛素受体结合力的降低，提高肝细胞、脂肪细胞及肌细胞膜胰岛素受体结合容量，改善肥胖者胰岛素的敏感性，减轻胰岛素抵抗，增加肌细胞对葡萄糖的摄取及脂肪组织中的能量贮备和转运能力。

③运动减肥能保持低体重，并防止体重反弹。

运动可减轻低脂到高脂饮食造成的正脂肪平衡，抑制因过度进食而引起的脂肪细胞数量和脂肪细胞体积增加，同时保持低体重，还可以防止减体脂后体重反弹。有研究表明，男子降体重后如保持 3 次 / 周、500 千卡 / 次、每次 35~60 分钟的有氧运动，体重反弹最少；对于女性来说，运动同样也减少其降体重后的体重反弹。还有实验表明，降体重 26~27 千克后的头 3 个月内，进行 12 周、3 次 / 周、每次 45~60 分钟的有氧运动，体重增加 0.1 ± 1.8 千克，而不运动则会增加 2.4 ± 3.4 千克。

④运动可提高氧化脂肪的能力。

摄入高脂饮食后，机体不会自动加快脂肪的氧化。因为，脂肪与糖和蛋白质不同，它的摄入本身不会刺激其氧化的增加。Flatt 提出：高脂膳食后，通过运动，能降低糖原的贮存，将其保持在低水平，在此条件下，机体可根据脂肪摄入的增加，迅速（24 小时内）加快脂肪的氧化。Schrauwen 的研究证明，瘦人通过力竭性运动降低糖原的贮存后，可根据脂肪的摄入量迅速调节脂肪的氧化，而未经运动降低糖原贮存，则无此反应。Schrauwen 的研究还证实了超重和肥胖者通过运动降低糖原水平，机体可以根据脂肪的摄入量调节脂肪的氧化。因此，运动可以提高动员氧化脂肪的能力，预防和治疗高脂膳食引起的脂肪过度积累。机体对长期有规律的有氧耐力练习最主要的适应性改变就是，在中等强度的身体活动中利用脂肪的能力，相对于利用糖的能力提高了。在消耗同等能量的情况下，有训练者比无训练者能消耗掉更多的脂肪。

⑤运动可调节脂代谢。

运动在改善脂代谢中有重要的作用。Kmmer 等研究表明，运动可以改善血浆脂质和脂蛋白组成，提高脂蛋白酶的活性，使血浆 TG（甘油三酯）、TC（总胆固醇）、LDL-C（低密度脂蛋白胆固醇）浓度降低，HDL-C（高密度脂蛋白胆固醇）升高，从而使肥胖者原先可导致 AS（动脉硬化）的血浆脂蛋白组成向良好的方向转变。此外，通过运动适当地减轻体重，伴随肥胖的异常脂代谢可向正常转变。有研究证实，每减 1 千克体重，LDL-C 减少 1%；减重 10 千克可使 TG 下降 10%，LDL-C 下降 15%，TG 下降 30%，HDL-C 提高 8%。

研究还发现，高 WHR 者（内脏肥胖者）减重后血清 TG 和 HDL-C 有良好的转变。

⑥运动不仅消耗能量，也影响静息代谢率。

人体的能量消耗主要由以下几部分构成：静息代谢能量消耗（RMR），运动能量消耗，食物特殊动力作用，寒冷生热和应激生热。运动不仅消耗能量，也影响静息代谢率。

研究证明：降体脂而保持瘦体重，静息代谢率会增加。通过运动减肥，瘦体重不仅不会丢失，而且还会随着运动锻炼而有所增加。当然，RMR 随着运动锻炼增加，24 小时能量消耗也增加。除此之外，一次运动后的耗氧量可持续增加 48 小时。运动对进餐后热反应影响的研究发现，瘦者的餐后产热增加，而肥胖者无明显变化，肥胖者对寒冷刺激的生热作用较弱。

（2）运动减肥指南

①运动项目。

运动减肥应选择有大肌肉群参与的有氧运动，如走路、慢跑、骑自行车、打球、游泳、爬山、跳舞、划船等；同时，肌肉力量和肌肉耐力练习也是运动减肥的重要项目。

②运动减肥的强度。

从能量消耗的角度来看，中等或低强度的运动可以持续较长的时间，因此，总能量消耗就多，而且运动中主要以脂肪氧化供能为主，血浆游离脂肪酸是重要能量来源，并且运动后数小时内的能量消耗仍比安静时能量消耗大。根据这个道理，时间长、中等或低强度运动的减肥效果最好。因此，运动减肥的适宜强度为最大心率的 60%~80% 或最大吸氧量的 50%~70%。有一些研究表明，以 70% 最大吸氧量强度进行 30 分钟跑步运动，肌糖原动用速率下降 40%，脂肪酸氧化速率升高 32%，运动中更多地摄取与利用血浆游离脂肪酸。也有研究指出，在以 40% 最大吸氧量强度运动时，脂肪氧化供能约占肌肉能量来源的 60%。

心率可以帮助了解和控制体育锻炼过程中的运动强度，减肥运动最佳心率的计算方法可采用以下计算公式：

$$心率 = （220- 年龄 - 安静心率）\div 2+ 安静心率$$

$$心率 = （220- 年龄）\times （60\%~80\%）$$

③持续运动时间。

持续运动时间对减肥最为重要。持续运动是指在运动时身体不要停下来休息，始终保持在运动的状态。如快走累了，可变成慢走。对于减肥者来说，每次锻炼的持续时间一般应在 30~60 分钟。

④每周运动次数。

锻炼的次数越多，则消耗的热量也就越多，反之则达不到减肥的目的。每周锻炼次数应达到 5~7 次，至少不少于 3 次。对于肥胖的人来说，每天早晨和下午各锻炼一次，比每天只进行一次较长时间的锻炼所消耗的热量更多。

⑤运动减肥方案的内容。

运动减肥应根据事先设定的减体重目标，每天安排一定的时间进行中等强度的体育锻炼或体力活动，以确保运动消耗的能量达到减重目标的要求。

研究表明，中等强度体力活动消耗的能量，男、女分别为 4.8~7.0 千卡 / 分钟、3.3~5.1 千卡 / 分钟，低强度体力活动男、女分别是 1.9~4.6 千卡 / 分钟、1.4~3.2 千卡 / 分钟。如果用心率来大致区分活动强度的话，进行中等强度体力活动时的心率为最大心率的 70%~80%，进行低强度活动时的心率为最大心率的 60%~70%。每天安排进行体力活动的量和时间应按减体重目标计算，如某男子计划一周减体重 0.5 千克，需要每天消耗热量 500 千卡；如果采用中等强度运动（4.8 千卡 / 分钟），则每天需要运动 2 小时左右。

目前，专家们认为，体育锻炼与合理控制饮食相结合是最佳的减肥方法（见表 2-26），并建议 50% 可由增加体力活动的能量消耗来解决，其他 50% 可由控制饮食以达到需要亏空的总能量。如某人计划在 1 个月内减体重 2 千克，即每周需减体重 0.5 千克，即每天需要亏空能量约 550 千卡，即通过运动增加消耗 300 千卡，每天需要增加中等强度的体力活动 1~1.5 小时，或低强度体力活动 2~3 小时。

表 2-26　运动减肥与节制饮食减肥的比较

指标	运动减肥	节制饮食减肥
身体脂肪减少	较多	较少
肌肉等去脂体重	增加	减少
体力	增强	多数下降
基础代谢	增加	减少
胰岛素敏感性	改善	稍改善
精神心理作用	积极的	消极的
实行的难易度	需要努力	比较容易

肥胖者对体力活动量的安排应根据其体能、年龄和兴趣等因素进行，可以某

一项活动为主，再配合其他一些活动，以达到需要亏空的能量。例如，一名男性患者计划 1 个月内减轻体重 4 千克，每天需要亏空能量 1 100 千卡，1 天需要通过增加活动量来亏空 550 千卡。为其增加活动量的处方可以是：在原有活动的基础上每天增加游泳 30 分钟（消耗能量 250 千卡），快走 30 分钟（消耗能量 150 千卡），打羽毛球 30 分钟（消耗能量 150 千卡）。

可以用与能量消耗相等或相似的体力活动或运动来取代或交换，例如游泳可与慢跑、跳绳或骑车交换；打羽毛球可以用打排球、打网球或跳舞来代替；快走可以用打乒乓球、慢速度游泳或骑车来代替（见表 2-27）。

表 2-27　各种运动和体力活动 30 分钟的能量消耗

运动项目	活动 30 分钟的能量消耗 / 千卡
静坐、看电视、看书、聊天、写字、玩牌	30~40
轻家务活动：清洗餐桌、清扫房间、跟孩子玩（坐位）	40~70
散步、跳舞、体操、骑车（8.5 千米 / 小时）、跟孩子玩（站立位）	100
步行上学或上班、打乒乓球、游泳（20 米 / 分钟）、骑车（10 千米 / 小时）	120
快步走，1 000~1 200 米 /10 分钟	175
打羽毛球、打排球（中等）、练太极拳、跟孩子玩（走、跑）	150
擦地板、快速跳舞、打网球（中等）、骑车（15 千米 / 小时）	180
打网球、爬山（5° 坡度）、一般慢跑，参加羽毛球比赛、滑冰（中等）	200
一般跑步、跳绳（中速）、仰卧起坐、骑车（19~22 千米 / 小时）	200~250
上楼、游泳（50 米 / 分钟）、骑车（22~26 千米 / 小时）、跑步（160 米 / 分钟）	300

3. 药物治疗

2000 年国际肥胖特别工作组在关于亚太地区肥胖防治的指导意见中指出，药物治疗作为肥胖长期治疗方案的一部分，只能是饮食控制和运动治疗的辅助手段。医务工作者及肥胖患者要充分权衡持续肥胖的危险性与药物治疗的危险性，以决定是否进行药物治疗。

体重指数大于 24 且伴有下列情况的肥胖患者，应考虑药物治疗：

常有明显的饥饿感或食欲亢进，导致体重增加；存在相应的伴发疾病，包括糖耐量降低、血脂异常和高血压、脂肪肝等；存在其他有症状的并发症，如严重的骨关节炎、阻塞性睡眠呼吸暂停等；体重指数大于 28，且经过 3~6 个月控制饮食及运动减重，效果却不明显。

目前应用于临床的减肥药物可分为两类：中枢神经作用减肥药和非中枢神经作用减肥药。

（1）中枢神经作用减肥药

中枢神经作用减肥药主要通过在人的中枢神经系统中增加厌食神经递质（主要是去甲肾上腺素、5-羟色胺、多巴胺）的利用度，抑制摄食中枢，从而使人的食欲下降。代表药物有西布曲明，它通过抑制下丘脑部位的去甲肾上腺素和5-羟色胺的再摄取来抑制食欲，从而减轻体重，同时促进肌肉、脂肪组织对葡萄糖的利用，降低血糖、血脂；在体重下降的同时，其他代谢性危险因素，如高脂血症和高尿酸血症以及 2 型糖尿病中的血糖控制和胰岛素的敏感性也可得到改善。常用剂量为 5~10 毫克 / 日，减重效果与剂量相关。中枢神经作用的药物在帮助肥胖者减肥的同时，也可能会带来某些不良反应，如血压升高、心跳加快，以及口干、失眠、便秘等反应；此外，在使用此种药物减肥时，还需警惕其潜在的、可能的成瘾性。

（2）非中枢神经作用减肥药

非中枢神经作用减肥药主要作用于人的胃肠道，以减少脂肪的吸收。目前使用较多的非中枢神经作用减肥药奥利司他是一种强效的胃肠道中胰脂肪酶、胃脂肪酶抑制剂，它通过对胃肠道脂肪酶活性的抑制，减少脂肪的吸收。该药不仅可显著地减轻患者体重，预防反弹，而且可以改善血脂异常，降低血压、血糖以及减少心血管疾病的危险因素，并且其中有些作用独立于体重减轻。临床上此种药物可用于治疗超重及肥胖患者，特别是伴有高血压、高血脂和 2 型糖尿病的超重及肥胖患者。常用剂量为 130 毫克，每天 3 次。治疗早期可见轻度消化系统副作用，如胃胀、大便次数增多等。

4.外科手术治疗

手术治疗法，仅适合于那些极度肥胖或有严重肥胖并发症的病人。对于 BMI ≥ 40 的患者，或因肥胖引起心肺功能不全等，可考虑采用外科手术治疗。外科治疗包括胃肠道手术和局部去脂术。最常见的胃肠道手术是胃成形术和胃旁路术、胃内气囊放置术。该手术可减少胃容积，减少膳食中营养物质的吸收，从而达到减重的目的。此法可使肥胖者的体重大大减轻，可减重达 40~60 千克，并能很好地维持 5 年以上。但对待这种手术也须十分谨慎，术前应充分考虑到手术的并发症，包括进食后呕吐、手术后伤口感染、吻合口瘘、血栓形成等。局部去脂术，包括脂肪抽吸术和皮下脂肪切除术，其缺点是只能去除皮下脂肪，对腹腔内脏器周围的脂肪无效；而且，操作不当的话，还可能引起脂肪栓塞等并发症。

（三）消瘦的预防和治疗

对瘦人来说，增肥是很有必要的。增肥不只是适当增加机体的皮下脂肪，而且在于使肌肉和体魄更加强健。那就是不仅要纠正"瘦"而且要纠正"弱"，其中体育锻炼是最好的方法，在锻炼的过程中要注意以下几点：

1.合理安排运动量

运动量的安排是科学锻炼的重要环节之一。实践证明，消瘦者应以中等运动量（每分钟心率在 130~160 次）的有氧锻炼为宜，器械重量以中等负荷（最大肌力的 50%~80%）为佳。时间安排可每周练 3 次（隔天 1 次），每次 1~1.5 小时；每次练 8~10 个动作，每个动作做 3~4 组。做法是快收缩、稍停顿、慢伸展；连续做一组动作时间为 60 秒左右，组间间歇 20~60 秒，每种动作间歇 1~2 分钟。一般情况下，每组应能连续完成 8~15 次。

2.打好基础

消瘦者在初级阶段（2~3 个月）最好能参加健美培训班进行学习锻炼，以便正确、系统地掌握动作技术，全面提高身体素质。特别要注意肌肉力量和耐力的锻炼，逐步提高机体的适应能力，为以后锻炼打下良好的基础。

3. 有重点和针对性地训练

消瘦者经过 2~3 个月锻炼后，体力会明显增强，精力也会比以前充沛。这时，应重点锻炼大肌肉群，如胸大肌、三角肌、肱二头肌、肱三头肌、背阔肌、臀大肌和股四头肌等肌肉，运动量要随时调整。另外，同一个部位的肌群可采用不同的动作、不同的器械进行锻炼。一般情况下，练习动作一个半月到两个月变换一次。此外，锻炼时精神（意念）要集中于所练部位，切忌谈笑、听音乐等。这样，再坚持半年到一年，体形就会发生显著的变化。

4. 少练其他项目

消瘦者进行健美锻炼时，最好少参加其他运动项目的锻炼，特别是耐力型项目的运动，如长跑、踢足球、打篮球等。因为这些运动消耗能量较多，不利于肌肉的增长，而且会越练越瘦。

5. 合理膳食

只有摄入的能量大于消耗的能量，人才能变胖。因此，消瘦者的膳食调配一定要合理、多样，不可偏食。平时除食用富含动物性蛋白质的肉、蛋、禽类等，还要适当多吃一些豆制品及赤豆、百合、蔬菜、瓜果等。只要饮食营养全面，利于消化吸收，再加上适当的健美锻炼，就能在较短时间内变得健壮起来。

6. 坚定信心，持之以恒

消瘦者要使体形由瘦变壮，不是一两天、一两个月的事，想"一口吃个胖子"的练法不行，因锻炼方法不对、效果不明显而丧失信心也不行，只有坚定胜利的信心，做好吃苦的准备，以高昂的情绪进行科学的、有计划的、坚持不懈的锻炼，才能获得成功。

第三章　大学生健康体适能的获得和管理

健康是伴随人类发展的永恒主题，人类的健康问题正越来越受到关注。联合国教科文组织关于新一代人才的基本标准是：健康的体魄、高尚的道德品质和丰富的科学文化品质。新一代人才标准中健康被放在了第一位，说明现阶段健康是人类生存和发展的必备条件，健康也是智力、能力的基础。青少年时期正是身体的发育成熟阶段，同时也是健康意识最薄弱时期。学校体育课程虽然随着学生毕业而结束，但它是终身体育的启蒙，更重要的是培养脱离体育课后，乃至工作、退休以后具有高度的健康体适能意识，懂得自己需要什么样的运动，且怎样科学地进行运动。因此，我们的目标是最终实现终身体育，具备掌握和运用健康体适能的知识和技术。

第一节　向着生命发展的体适能

体育作为学校教育的重要组成部分，其在学生全面发展、培养合格人才方面所起的作用不可或缺。随着社会的发展和文明的进步，学校体育的价值不断得到丰富和确认。目前，在"健康第一"教育思想的指导下，以运动教育为基础的教育功能与情感、健康、文化等诸多功能相得益彰，共同构筑了学校体育的价值体系。然而，自20世纪以来，我国学校体育领域的运动教育主要强调单纯的"运动技能教育"，即便实施新的课程改革之后，同样没有冲破"运动技能"的羁绊，依然围绕"运动技能"开展学校体育教育，运动教育的价值并没有全面体现出来，没有与人们的生命质量紧密地联系在一起。

一、人类体育的诉求之源——生命体能

马斯洛将人类需要或本能分为两大类，一类是低级需要和本能，另一类是高

级需要和心理潜能,其中第一类是沿着生物谱系上升方向逐步变弱的需要或本能。他在后来的"需要五层次学说"中提到的"安全需要""交往需要""自我实现需要"等不断对生命体能提出更高的要求。人类体育正是源自对自身安全、生存、交往、成功体验的维护和强化。"健身是人类的第一追求",人类与其他动物一样,在健体、抗争、择偶、繁衍等方面对自身生命素质具有天然的要求和本能。原始先民在自然环境极其恶劣的条件下,为了族群的兴旺与发达,往往以游戏的形式强身健体,保持旺盛的生命力,不仅通过采集、捕猎、跋山涉水等活动获得更有利的生存条件,还在长期进化中将人类走、跑、跳、投、攀、爬、游、平衡等基本动作发挥到极限,以战胜自然和其他族群的威胁。人类体育的生命诉求之源就是维持自身的生命安全、生存繁衍和生命发展。

二、我国学校体育中体能教育的审视与反思

我国学校体育是以"强身健体"为首要目标的运动教育作为基本内容的,强调以运动技能为手段,增强体质、增进健康,促进学生全面发展。在学校体育发展的历程中,为了不断满足个体对自然和社会的需要,适应社会环境对个体的基本要求,运动教育的内容从基本的生物性改造,到劳动技能学习、国防技能训练、竞技运动拓展,在不同时期得到丰富和强化,并向着个性化方向发展。

然而,学校体育运动教育的生物性本源功能并没有被充分挖掘出来,在人类兼受自然和社会双重危机、事故与灾难频发、竞争与压力并存的现实生活中,这种以"生命安全与生命发展"为首要素质的最基本的体育能力却被逐渐削弱,甚至曾一度被遗忘和摒弃。

三、运动教育价值重建的逻辑起点——人的发展与国民素质提高

当代学校体育运动教育的价值,不应只局限于促进学生身体的生物性改造而停留在运动技能训练等传统内容方面,而应该提高这种价值的深度与广度,即遵循人的生命发展需求和国民素质提高的愿望,这也是重建运动教育价值的逻辑起点。在学校体育运动教育中,应该建立个体生命体能发展的行为模式,应该尊重人的生命发展的最基本的权利和需求。在这个逻辑指引下,学校体育运动教育应

该填补"健康体适能"的空白，把健康体适能作为一种综合性、基础的素质纳入学校体育结构，以实现学生全面发展的目标。

更进一步来说，填补"健康体适能"的空白，更有利于整个国民素质的提高，从而实现人的全面发展。国民素质是指以个体的身体素质为基础，在社会环境和教育的影响下逐渐形成并发展起来的内在的、稳固的、长期起作用的基本观念、基本品质和基本技能的总称。健康体能和运动体能正是国民素质结构中的基础层次，因此学校体育所承担的运动教育的价值也会由此得到升华。

四、基于生命维系的基础体适能教育——生存与适应

教育对生活的回归，作为当代学校教育的一种理念已经深入人心，人们对教育生活化的期待源自人的生命本真的需要。学校体育同样呼唤"关照生活"，步入"生活世界"之中，贴近学生生活实际，关注学生成长、成人、成才的系统过程，以达到"终身体育"和"素质教育"的目的。

体育本身脱胎于人类的生产与生活，"其本质属于生活"。学校体育运动教育将"基础体适能教育"作为其内容之一，正是对上述理念的反溯。原因在于人类生命的维系在当今时代缺乏基本的训练和培养，许多悲剧事件的发生已经证明了这一点。基于生命维系基础的体适能教育，总的来看集中在学生生存和适应能力方面。现代学校体育在发挥素质教育作用的过程中，通过体育课程培养学生在复杂环境下的生存与适应能力，具有其他课程无法比拟的优越性。生存与适应就是对复杂生活世界直观的主体体验，在自我身体实践中获得应对的技巧和方法，建立劣势生存的认知与操作系统，并通过发现、思考、理解和领悟，增强耐受力和意志力，从而维系生命的存在，提高生命存在的质量。学校体育课程的本质特点，就在于身体实践的直观体验，在创设情境的基础上能够将这种生存与适应的训练达到较好的效果。

五、基于生命发展的运动体适能教育——健康与休闲

无论哪种类别的运动技能，都是由多种系统参与的身体练习之人格化的过程，即通过学习获得身体认知，并不断地感受和体会练习动作，对自己的行为主体价值进行不断的思索和体验，以达到自我价值体现的目的。人类掌握某类运动技能，正是在躯体生物性改造的同时实现个体生命的价值，从而推动个体的生命发展。

当代大学生处在社会发展的最好时期，时代赋予其优厚的生活学习条件，精神世界也开始无比丰富起来，这往往超越了其对自身的驾驭能力，甚至造成生命机体的局部退化。大学生对待生命的态度和行为，决定着我们的健康状况。生命健康始终是大学生生命维系的保障、生命发展的基础。

因此，每一个大学生有必要从自身的身心特点出发，对生命健康做出合理的阐释，用自己的世界观去理解健康，用自己的行为去实现健康。

第二节　大学生健康体适能的获得

面对现代文明病的威胁，人们的健康观念在发生深刻的变化，社会对健康和体育的渴求向学校体育提出了新的要求和挑战。20 世纪 50 年代，美国学生体质急速下降，学生参与体育活动逐渐减少。20 世纪 80 年代以来美国开始开发和推广体育健康类课程及相关干预措施，较有代表性的如"Spark"和"Catch"等健康关联体育教育计划，"Fitness For Life"等健康概念学习计划，以及"Fitness Gram""Physical Best"等身体健康素质监测计划。这些健康促进计划的开展，推动了美国学校体育课程教育的终身化、个性化与健身化的改革。

体育教育与健康教育是两个独自发展的系统，具有不同的教育形式和内容，但体育与健康的实施途径和最终目标具有吻合性，这就对两者的协同运作提出了要求，从而使青少年建立良好的合理饮食、卫生习惯和运动习惯，预防和减少中老年疾病，为一生健康打好基础。特别是在大学阶段，强调使两种教育过程协同配合，充分发挥体育与健康教育的效果，形成体力充沛、健康的生活方式的知识、技能、态度和行为，懂得怎样设计和实施个人健康体适能计划。

一、健康体适能获得

（一）体适能、健康、体育基础知识的学习

影响青少年健康水平的因素是多方面的，其中个体对健康知识的了解、掌握和运用是重要因素之一，它将影响个体认知水平和行为能力。理论知识在我国学校体育教育中处于薄弱环节，这影响了学生对身体健康的自我认识和行为。因此，获得和掌握体育基础知识和健康体适能理论知识教育，将能够有效促进个体体质健康和建立终身体育意识。同时，健康体适能的获得需要靠健康、体育锻炼、营养、健康生活方式等最基本的理论知识来支撑，才能使健身计划的实施和认知水平得到提高，从而养成运动习惯并形成健康生活方式。

1. 体育锻炼基础知识

体育锻炼必须从实际出发，指根据体育锻炼的目的、内容、方法以及自身的条件状况，选择适宜的运动强度。

（1）身体素质。它是指人体在体育运动、劳动和日常活动时，在中枢神经的调节下，各器官系统所表现出的各种技能的能力。身体素质的发展，对改善人的体质和健康状况，掌握体育运动技能，提高运动成绩具有重要作用。身体素质由力量、速度、耐力、灵敏和柔韧组成。运动健身的基本要求是因人而异、因时制宜、持之以恒、适度运动、全面锻炼。

（2）常见运动损伤及防治。造成运动损伤的原因是多方面的，它与运动者的年龄、性别、体重、生理、心理状态、训练、运动技术和人体解剖生理学特点以及外界环境都有着密不可分的关系。平时出现损伤的主要原因有以下几个方面：体重超标的人，关节磨损也较常人更快；在过度疲劳状态运动时，运动损伤的风险会显著增大；运动项目技术的特殊性存在易伤部位，如"网球肘"；外界环境等因素也会造成运动损伤，如雨后路滑、光线不足、器械劣质等。

（3）康复训练。伤后进行适当的康复性锻炼，可加强关节的稳定性，改善伤部组织的代谢与营养，加速损伤的愈合，促进功能、形态和结构的统一。康复训练计划要遵循全面训练、循序渐进、适宜运动量的原则。在损伤初期，存在局部肿胀充血、疼痛和功能障碍等问题，这时可以以全面身体活动为主，在不加重局部肿胀和疼痛的前提下，进行适当的局部活动。随着时间的推移，损伤逐渐好转或趋向愈合，局部活动的量和时间可逐渐增加。适当的、科学的身体练习对于损伤的迅速愈合和促进功能的恢复有着积极的作用。

2. 健康行为知识

基本健康行为是指日常生活中有益于健康的基本行为，包括合理营养、平衡膳食、适当锻炼、积极的休息与适度睡眠等。

保健行为是指正确合理地利用卫生保健服务，包括定期体格检查、预防接种、发病后及时就诊或咨询、遵从医嘱、配合治疗、积极康复锻炼等。

预警行为是指预防事故发生和事故发生后的正确处置，包括自救和他救。

避开环境危害是指避开生活、工作的自然环境和心理社会环境中对健康有害的各种因素。

戒除不良嗜好包括戒除日常生活中对健康有害的个人偏好，如吸烟、酗酒、滥用药物等。

积极的内在健康行为调适包括保持情绪愉快、人际关系和谐、人格统一、有自制力、适应环境、重视健康投资等。

3. 营养知识

营养就是进食—消化—吸收—代谢，并且最终利用食物的能量来维持身体需求的过程。人体需要的能量都来自三大产热营养素，即碳水化合物、蛋白质和脂肪。三大营养素在体内进行生物氧化释放能量，一部分用于维持体温和向外环境散热；另外一部分存储于三磷酸腺苷（ATP）中，需要时三磷酸腺苷（ATP）释放能量供机体需要。

在理想状态下，营养的摄入量等于消耗量。过少会影响身体健康，过多则会导致肥胖。因此，应当了解食物的营养价值，按照营养学原理科学选择、合理搭配和烹调食物，做到科学合理调配饮食，以促进身体健康，减少各种慢性疾病的发生。

（二）健康体适能行为获得

健康体适能的理论学习是为了更好地将知识应用于实践，最终获得健康体适能的获得。大学生健康体适能的获得途径主要含三个方面：学校体育教学；课外体育竞赛、俱乐部和社团活动；日常生活中的身体活动、锻炼等。健康体适能的获得应该体现生活化、简单化和科学化的特点，使个体和群体在上课、学习和生活中随时可以锻炼。

1. 教学途径获得

体育教育是学校教育的重要组成部分。我国从小学教育到大学教育期间开设的体育课程均为必修课程。因此，体育课程是健康体适能获得的重要途径。现阶段高校已经开始突破原有竞技类项目的教授，开发和整合一些具有一定健身价值和娱乐价值的新项目，以适应现代社会发展和大学生的需求。在"健康第一"的指导思想下，强调与健康体适能有关的知识、能力和素质，强调体育锻炼的个体性，培养学生的自我锻炼能力是学校体育教学的重要内容之一，也是培养学生形成终身锻炼身体的意识、习惯的基础。同时，大学生在获得体质训练中，除了学习技术、技能外，要着重培养个体的认知能力和健康管理能力，特别培养个体能在独立锻炼过程中，对练习的次数、运动时间、运动强度、动作的自我纠正等的自我调控能力，培养个体主动积极的锻炼，为终身体育打下良好的基础，终身受益。

2. 课外体育活动获得

课外体育活动是大学生重要的体育锻炼形式，而且锻炼时间超过了体育课程的锻炼时间。课外体育活动是学生根据自己的爱好和能力进行的具有一定习惯的行为。因此，利用好课余体育时间是形成良好体育锻炼习惯、提高身体健康水平的重要途径，也是学生养成终身体育运动习惯的良好开端。

（1）早操、课间操等

早操、课间操的内容相对固定，在许多高校相对普及，根据作息时间安排锻炼时间，如早操慢跑、课间广播操等。

（2）俱乐部、社团活动

这是在校大学生主要的锻炼时间，一旦订立了计划，都应克服困难去完成。在活动中要着重培养自我的体育锻炼的目标设定、运动问题解决等管理能力。例如，每周三次课外活动，定在周一、三、五下午。这也是对自己的意志品质磨炼、优势体育项目培养、体质水平提高的过程。

（3）竞赛或体育活动

例如，班级篮、排球赛或院系的单项竞赛、校运动会等。为参加比赛而进行集体或个人的赛前练习，也应有锻炼计划。

大学生应通过课外锻炼和俱乐部等活动，充分利用锻炼时间、器材、场地，获得相关理论基础知识和体育锻炼技能，为自身的体育锻炼习惯养成创造条件。

3.生活中体力活动安排

美国运动医学会提出了崭新的体适能观念——身体活动金字塔。同时，从体育自身发展规律来看，竞技体育在训练与比赛中要求人类向自身极限挑战，追求"更快、更高、更强"，但这一过程也必须遵循循序渐进、科学运动的原则。那些违背人体发展规律的体育锻炼与运动必然是非生态、非主流的体育行为。

（1）身体活动的生活模式

日常生活中的劳动，如步行、上下楼梯及做家务等，正好构成这个金字塔的第一层。底部的第一级表示在日常生活中较容易进行且越多越好。进行身体活动金字塔第一级的活动可降低患心脏疾病、糖尿病及肠癌的风险，而额外热量的消耗可使体脂降低。

（2）有氧运动、参与运动与娱乐

金字塔的第二层被称为"积极性有氧运动或积极性运动及娱乐"，进行这一层次的活动需要更多的时间和一些附加的装备。由于这类活动的强度比"日常生活体力活动"的强度大，所以每周进行的次数也会相对减少。例如，要获得如日常生活体力活动这个层次同等的效益，只要每周进行二至三次、每次二十分钟的"积极性有氧运动或积极性运动及娱乐"。这一层的活动有：健身操、足球、篮球、网球、自行车及排球等。

（3）柔韧性和肌肉适能训练

金字塔的第三层是"柔韧性及肌肉适能练习"，这类练习包括伸展运动及肌肉耐力锻炼。虽然这类练习不一定需要特别的设备或器械，但必须具备一定的运动技能。进行第三级的活动更值得鼓励，这级别的活动可加强身体柔韧及肌肉适能，并可减少骨骼疏松症及腰背痛的机会。美国运动医学会建议，身体主要的肌肉群，每周应有三至七次的柔韧性练习，其强度是被伸展的肌肉群有些轻微不适的感觉，而又没达到痛楚的程度。至于肌肉耐力，身体主要的肌肉群每周应有二至三次的肌肉适能练习，以保持肌肉的弹性及力量。

（4）不活动

金字塔的顶层（第四层）被称为"休止状态"。最上面部分（第四级）表示在日常生活中（除正常睡眠外）出现的次数应该较少，所花的时间亦应较短。人是需要休息的，这一层次的主要作用，就是在适当的时候，给人一个喘息的机会。但我们必须牢记，过度的久坐会使人四肢乏力、感到倦怠或厌烦，以致出现各种大大小小的毛病。

"体力活动金字塔"可以作为我们开展规律性锻炼的指引。"日常生活体力活动"类的练习可作为进行较为剧烈活动前的适应手段，各层次在金字塔的位置越高，其进行的次数也相应越低。例如，作为第一层的"日常生活体力活动"类练习应每天进行，而强度较大的"积极性有氧运动或积极性运动及娱乐"及"柔韧性及肌肉适能练习"（第二及第三层的活动）可以少量进行。除了正常的睡眠外，第四层或顶层的"休止状态"应只占一天中很小的部分。美国运动医学会建议每个人都应进行每周 3~5 次、每次 20~60 分钟，强度的最高心率（最高心率 =220- 年龄）为 60%~90% 的体力活动。只要安排得当，我们必定可以完成"体力活动金字塔"架构的各项活动，以达到身体健康的目标。

4.运动负荷

"运动量、运动强度多大才够"是一个常被涉及的问题，对这一问题的回答应根据具体的锻炼目标而定。为改善健康状况所需的最小运动量叫健康阈；为增强与健康有关的体能的最小运动量称为锻炼阈。近年来的研究表明，进行一些很低水平的身体活动（如园艺活动、做家务、慢走等）也对健康有益。只要这些活动是有规律地进行，而且持续相当长的时间（每周至少消耗 2 000 卡热量），就能从中获益。尽管低水平的身体活动可改善健康状况，但通常体能水平得不到提高。因此，要增强体能，就需要逐渐加大运动量。

二、健康体适能行为习惯的形成

21 世纪高科技发展，大大促进了医疗技术的进步，人们的生存质量和时间也得到提高。但生活、工作、饮食、活动的改变，也促进疾病谱继续发生变化。

世界卫生组织前总干事中岛宏博士告诫人们，随着社会的发展，发达国家和发展中国家人的死亡原因将大致相同，行为、生活方式导致的疾病将成为头号杀手。流行病学调查发现，生命前 4/5 阶段不良的生活习惯对机体功能造成的潜在的负面影响的累积，是导致生命后阶段生活质量低下的一个重要原因。年轻时代的运动不足同样影响生命后期的健康状态和生命质量。一份关于冠心病危险因子调查的问卷显示，成年期冠心病患者在其少儿时代约有 20% 患有肥胖症，10% 患有高脂血症，并有较低的心肺耐力。

（一）行为习惯的养成

好习惯是一个人一生的财富。心理学家威廉·詹姆士曾说："播下一种行为，收获一种习惯；播下一种习惯，收获一种性格；播下一种性格，收获一种命运。"可见，习惯是一种多么顽强的力量，它可以影响人的一生。运动习惯也是如此。体育锻炼习惯是指个体在后天不断重复身体练习的基础上逐渐形成的、内在需要的、比较稳固的自动化行为模式。简言之，体育锻炼习惯是后天形成的自动化行为。但是，似乎大部分的人不会想在年轻力壮的时候，积累自己的健康与学习运动的技能，而总是要到年纪大了，身体状况出现问题时，才会重新考虑参与运动。

行为改造理论认为激励的目的是改造和修正行为。它研究如何通过外界刺激对人的行为进行影响和控制。

1. 强化理论

人们为了达到某种目的，都会采取一定的行为，这种行为将作用于环境。当行为的结果对个体有利时，这种行为就重复出现；当行为的结果对个体不利时，这种行为就会减弱或消失。根据强化的目的，强化分为正强化（肯定、表扬、晋升等）和负强化（批评、处分、降级等）两种。

2. 归因理论

人的行为的发生或多或少与自身内部原因和外界环境因素有关。美国心理学家维纳将成功与失败归因为四种可能性：能力、努力、任务的难度、机遇。不同的人对成功和失败有不同的归因，并导致不同的情绪反应和行为表现。

（二）运动行为习惯的养成

一个人只有真正了解参与运动的效能，以及不运动对于健康的危害，明白运动对青少年身心发育的不可替代的作用，才会下定决心参与运动，进而享受到运动的好处。

1. 收集正确的运动参与信息

透过体育教程、课程、网站、书籍、广播媒体、科学报告等，了解参与运动和健康的正确信息，指导自己正确地参与锻炼，以免运动参与过程中出现不必要的损伤和错误。

2. 设定简易可行的短期目标

首先，应设立短期目标。不要给自己设定过于完美的目标，这样你才能充满信心，避免挫折感。在简易的身体能力检测下，评价短期目标的实现状况。其次，依据身体能力的评价结果，修订运动处方与短期目标，以便维持参与运动的正确目标与方法。

3. 订立适当可行的运动处方

在运动科学的基础上，依据个人的能力、生活习惯、周围环境等，订立适当可行的运动处方。详细计划可以确保力量训练和心血管系统得到充分锻炼，保证锻炼的效果。该计划需详细写出来，才能让你的锻炼更有规律。

4. 注意平衡

为避免某些疾病的发生，健康综合水平要比身体脂肪含量比例更为重要。平衡的锻炼计划应该包含心血管系统和体重等若干方面，比如改善骨密度状况、降低胆固醇和胰岛素水平、改善血压等，而所有这些都标志着你的健康状况和身体强壮程度。最好的方式是，每周进行 4~5 次有氧锻炼（每次 45 分钟）和 2~3 次力量训练。刚开始锻炼应该量力而行，哪怕每天只锻炼 10 分钟、每周 3 次，坚持一段时间后才能逐渐增加强度和次数。

5. 追寻运动的乐趣或寻求家庭、团体的助力

运动的过程不仅应该在愉快的气氛下进行，而且应选择趣味性较强、危险系数较低的运动项目参与，以激发自己参与运动的热情。与家人或朋友一起参与，

或者加入适合自己的运动性社团，借助团体的力量，协助自己持续不断地参与运动。

6. 坚持

"没时间"只是借口。运动的效果其实是可以累计的，通过多次、短暂的运动参与方式，可以有效解决"没时间"的困境。

没有任何习惯的养成是在一天之内完成的，一般来说一种行为坚持 21 天后会初步养成习惯；坚持 90 天后，就能成为成熟的习惯。运动习惯的养成同样符合上述规律，是一个长期的过程。要培养好的运动习惯，首先要有"健康第一，让运动成为一种生活方式"的锻炼理念，再通过开展丰富多彩的活动，让运动成为我们的一种习惯。

第三节　大学生健康体适能的管理

体育伴随人的一生，体育锻炼对于延长人的寿命和有效地工作，丰富文化生活和提高生活质量，提高对防病治病的能力和对自然环境的适应能力的作用，是任何学科所不能替代的。目前，在国外健康体适能已被认为是青少年健康的标志物，并把体适能融入公众健康的监测系统当中。生命在于运动，体育与健康的关系异常密切，要想有一个健康的身体，就必须进行体育运动。

大学期间应重视两方面的培养：一是加强终身体育意识。具体说来，就是要懂得体育是人类社会发展进步中必不可少的重要内容。大学期间不但要具有健康生活方式和较好的体适能，以便更好地生活和学习，更要具有正确运动与保健的态度与认知。二是重视终身体育技术技能的学习。要实现这样的目标，必须通过理论和技能的学习，具备健身的能力，在体育课上和课余时间按自己的运动处方进行锻炼，不断提高健康水平，为步入社会后的双向驱动和在周围环境中起"体育携带"作用创造条件。因此，每一位大学生应清楚了解自己的体适能状况，有针对性、有目的地改善和发展自己的体适能。

一、健康管理构成

健康管理是对个体或群体的健康进行全面监测、分析、评估、提供健康咨询和指导，以及对健康危险因素进行干预的全过程，其中干预是核心。通过这样一个往复的活动计划的实施，学习者可提高对身体活动价值的认识，掌握身体锻炼的方式并提高身体活动实践能力，最终形成良好的行为习惯，使之成为健康生活方式的关键部分。

健康体适能管理采用非药物方法结合干预和改变不良生活方式等手段，重点针对个人或人群的运动、膳食结构、生活方式、心理以及环境等方面进行全方位管理，强调的是状态、风险、过程和目标管理。健康体适能管理也就是大学生可以将理论和方法加以控制，形成良好的行为习惯，并使之成为健康生活方式的关键部分。

健康管理模式是一个循环过程，根据不同时期的测试，设定身体锻炼目标，展开不同的锻炼与管理。健康管理为个人设计个性化健康指导计划，从饮食、营养、运动、心理、习惯等众多方面出发，包括营养配餐方案、运动保健方案、药膳调理方案、康复理疗方案、习惯干预方案等，实施针对性、个性化日常保健指导，帮助个人有目标、有计划、有措施、有跟踪、有指导地进行个人健康的改善和促进，从而达到预防和干预疾病发生发展的目的。

二、个人健康信息管理

个人健康信息管理是指收集和管理用于健康及疾病危险性评价、跟踪、健康行为指导的个人健康信息。"调查系统"主要是围绕与学生体质健康状况的相关因素（特别是身体活动的因素），展开测试和调查。它详细记录个人疾病的发生、发展、治疗的过程，包括医生诊断报告、检查报告、医生处方、健康咨询记录等。通过前后资料和数据的对比，个人可以掌握自己健康状况的变化、疾病发展趋向、治疗效果等情况，有利于人们做出下一步医疗保健的决策。在个人健康信息收集和管理时，应遵循以下原则：

（一）测试与评价原则

1. 有效性原则

在选择测试项目、内容、手段和方法及评价过程和结果时都应遵循有效性原则，测试的数据要能充分反映自身的健康状况及维持健康的能力。

2. 简便易行原则

在项目选择上要尽量做到简便、易于操作，尤其是在场地和器材不足的情况下，要善于调整和改变。

3. 区别对待原则

每个人都存在个体差异性，除了先天的身体素质条件不同，兴趣和能力也有区别，所以在测试时不要过多地进行横向比较，而应该主要根据自己的情况进行纵向的比较。在发展获得健康体适能的过程中要认识到体育活动的价值，发现自己的学习兴趣，懂得怎样设计和实施个人健康体适能计划，充分体现自己个性的发展。

4. 持久性原则

健康体适能体现的是一种习惯、一种生活方式。因此，要通过长时间的坚持来形成。这种习惯发展有助于形成体力充沛、健康的生活方式的知识、技能、态度和行为。学生离开学校以后仍然需要继续自我学习、自主锻炼身体，才能解决健康生活中所面临的问题。

（二）评价与测量途径

自我测试和自我评估是促进健康体适能的主动力。以体力测试和评定为中心，通过身体机能、素质检测指标的开发和应用，达到以"测"促"动"。测试和调查主要是围绕个体体质健康状况的相关因素展开，测试项目应具有自我控制和自我评估的分量。可结合学校例行的常规卫生与身体检查进行健康调查，如健康史、健康体检；还可以通过生活方式、体力活动、营养状况的问卷调查，及时掌握自己的动态生活规律；心理问卷测试，也可以纳入"健康管理"模式。

1. 学校体质健康测试

大学生健康体适能的评定系统、手段和方法都以教育部、国家体育总局共同制定的《学生体质健康标准》为准则进行的，是《国家体育锻炼标准》的一部分。参考标准中的大学生体质健康标准，从身体形态、身体机能和身体素质三方面综合评定学生的体质健康状况。测试指标包括六部分：身高、体重、肺活量、台阶试验、50米跑或立定跳远（选择一项）、握力或仰卧起坐（女生）或坐位体前屈（选择一项）。该测试内容主要涉及身体形态、心肺功能、速度素质、力量素质、柔韧素质和肌耐力，通过直接测量指标引申的评价指标涉及身体形态和身体成分、心血管系统功能、肌肉的力量和耐力以及身体的柔韧性这四个主要方面，并且引申的评价指标包含多个复合指标，如克托莱指数、肺活量体重指数、握力体重指数等。该标准的优点在于利用简单的测试指标，便可以从身体形态、营养、肺呼吸功能等多方面对体质进行全面评价。

2. 自我检测评价

教育部推广的大学生体质健康测试内容较容易操作，并基本能反映出学生的健康体适能情况。但要达到目标理念还缺乏一定的指标，尤其是学生在学习、生活之余的身体能力、休闲能力及应对突发事件的能力在短期的体质健康测试数据中基本不能反馈出来。对健康体适能展开多种形式的评价，包括的内容涉及生理学（有氧代谢能力、肌力、肌肉耐力、身体柔软性、身体组成、血脂、血压）、行为学（身体活动水平、饮食习惯）、心理认知（健身知识、对身体活动态度和理解）等，体现出大学体育教育对探知整体性的健康教育效果的追求。

如受试者对体适能测试的项目有所认知和了解，并且能自己解释测试后成绩的好坏，那么受试者就能想办法去了解为什么某些测试项目的分数低，进而进行改善，最终增进体适能成绩，使自己一阶一阶地登上体适能最高级，从而自己去解决体适能的问题。

（三）评价指标

自测健康体适能的提出，其目的就在于采用简单、易操作的方法，让学生对自己的健康体适能状况进行经常性评价。自测指标的筛选始终坚持可操作性原则，同时指标也要充分反映健康体适能的状况。筛选的指标以身体形态指标为基础，以身体素质指标为重点，指标全面反映心肺耐力素质、肌肉力量和耐力素质、柔韧性素质和身体成分。学生通过短时间培训后，利用校园现有的器材和场地进行自我健康体适能监控，始终警惕体适能下降情况的发生，保持良好的健康状况。同时自测指标也是对学校组织的学生体质测试的有力补充，能够使评价结果更真实可靠。

1. 身体机能指标

通过心肺耐力素质水平来判断身体机能是常用的方法，它是健康体适能各要素中最重要的一项，心肺耐力主要与反映人体、呼吸系统的机能有关，在体力负荷增加的情况下，心肺耐力的个体差异就可能明显地表现出来。现阶段，在高校中一般采用的测评方法和手段主要是：台阶试验、800 米（女）或 1 000 米（男）12 分钟跑。简便可行的方法有跑步、5 分钟上下楼梯、2 分钟跳绳。

2. 身体素质指标

健康体适能对身体素质的要求主要是肌肉力量、耐力素质和柔韧性素质三方面。在日常生活中，支持人体完成正常功能的肌力主要是四肢的力量。目前男生肌肉力量测试，上肢力量一般选择引体向上，也可以用水桶装沙或水，以一次提起最多沙或水的量，或投掷固定重量沙包的距离来判断。下肢肌力量可选择原地纵跳摸高的高度来评定。肌耐力的测试，女生一般都选择 1 分钟仰卧起坐。通过仰卧起身（女生）和单杠悬垂的持续时间来判断，是既简单又准确的方法。进行柔韧性的自我测试，可以了解自己髋关节和腰部相关肌群和韧带的灵活性和伸展性。坐在平坦地方，两腿伸直并拢，勾起脚尖，然后两臂和手伸直，慢慢向前伸，上体同时前屈，尽量去够脚尖（注意：两腿不能打弯儿，向前伸时不要猛然用力）。目前，对柔韧性的评价大多都通过仪器对关节活动度进行测量。在学生宿舍的床上或空地，学生可自行判断其身体前屈程度的增减。持棍转肩，立位体前屈也可以很好地应用于日常自测系统中。

3. 身体形态指标

身体形态指标选择的测试标准有身高、体重，胸围、腰围、臀围。在没有身高计的情况下可以依靠墙壁，使用皮尺测量身高，家庭体重计的普及也使体重的经常性测量成为可能，皮尺一直是围度指标的常用测试工具。

4.心理健康指标

测试心理健康指标可以先有针对性地选择一些心理拓展内容（如自信心、是否和群、合作能力、顽强的意志力等相关的内容），通过测试后，对自己的测试结果进行分数统计，得出心理健康评分。

为提倡健康体适能而做测试所得的成绩，对受试者来说具有真实而重大的影响力。利用测试项目的成绩，可以培养受试者的自我价值观，帮助他们建立一种个人的预期能达到的体适能目标，才能增进或保持良好的终生体适能，增进个人内在动机，提高竞争力。

（四）个人健康与疾病危险性评估

"评价系统"主要是针对"调查系统"中所调查和测试的项目指标进行归类整理和评价分析，并综合形成学生体质健康报告书和影响健康的因素分析等含有评价内容的分析报告。在完成个人健康信息收集的基础上，还需要专业医生或体育教师认真分析、详细解读，并提供保健、治疗建议，分析相关个人健康信息，提供一系列健康及疾病危险性的评价报告，以帮助个人确定患各种慢性病的危险程度及发展趋势，评估疾病危险性程度。

"指导系统"主要针对"评价系统"中的评价分析结果，以及"指导系统"中提出建议的保障条件。"指导系统"应着重在三个方面加强指导和帮助，即锻炼方面的运动处方及运动项目和技能辅导、健康方面的健康处方、心理、生活方式方面的咨询与疏导，从而促进学生养成积极运动、保持身心健康的良好生活方式。"指导系统"的内容主要目的是帮助个体综合认识健康风险，鼓励和帮助个体纠正不健康的行为和习惯，就能制定个性化的健康干预措施并对其效果进行评估。一旦明确了个人疾病的危险性及疾病危险因素分布，就能制定个人健康改善的行动计划及指南，提供对不同危险因素干预的健康指导和健康与运动处方，从而使人们采取有利于健康的生活行为方式。

三、目标及运动处方的设定

根据个人能力，确立一个能够实现的体育锻炼目标（不宜太高），制订一个切实可行的锻炼计划（能长期坚持），强化锻炼意识，把体育锻炼列为日常生活内容，定期保证一定的体育锻炼时间，逐步养成习惯，使体育锻炼成为生活的重要组成部分。

（一）锻炼目标原则

1. 现实性

因为实现不了目标会使人心灰意冷，所以确立现实的目标的最重要原则是目标必须是现实的，也就是说，要设置一些能达到的锻炼目标。同时，也应设置短期和长期的目标。短期目标的实现能激励自己继续进行锻炼，当达到某个锻炼目标后，再设置一个新目标。而长期目标必须针对个人，不要建立在其他人得分成绩的基础上。除短期和长期目标外，还要考虑设置一个体能维持目标，维持目标有助于终身坚持体育锻炼。

2. 督促实施

锻炼者应该将设置好的目标写在纸上，然后把这些目标置于每天都能看得见的地方，这有助于提醒自己目标尚未达到，还应继续努力。此外，应该对目标定期进行评估，如果需要的话，也可对目标进行调整。

3. 识别出达到目标的障碍

应首先认识到锻炼目标的重要性，否则就不会对锻炼目标感兴趣。在执行锻炼方案前，还应该认识到锻炼中碰到的各种困难均属正常现象，要时刻告诫自己不能打退堂鼓。

（二）设置个人具体目标

尽管每个人锻炼时应用的基本原则相同，但没有两个完全相同的人，目标也因此不尽相同。因此，锻炼方式应根据个人的需要和目标来制定，选择锻炼方式时应考虑个体的健康、年龄、体能、骨骼肌和身体结构等状况。

1. 增强体质

体质反映了人体的生命运动和身体运动的对立统一，只有科学地把握和处理生命运动和身体运动的矛盾统一，才能促进身体的良好发展。由于自然环境的变化是客观存在的，因此要达到人体与外界的平衡，必须依靠自身的不断调节来提高适应能力。经常参加体育锻炼，可使人对外界刺激的反应快速而准确，有利于提高人体的适应能力和人体对疾病的抵抗能力。体育锻炼的刺激直接作用于骨、关节和肌肉等运动器官，并使之产生适应性的变化。此外，它还能促进骨矿物质的吸收，增加肌肉蛋白质的合成，改善肌肉细胞代谢，因而是一种有效地促进人体生长发育的手段。

2. 康复

体育康复是一种医疗性的体育活动，它通过神经反射、神经体液因素、代偿功能和生物力学（关节、肌肉运动的机械作用）等途径对人体的全身和局部产生作用和影响。体育康复既可以强身健体，又可通过特定的体育活动方法来预防、治疗疾病和加快身体康复。大脑皮质运动区和其他功能区具有广泛联系，通过外周肌肉的活动，可以提高中枢神经的兴奋性，进而调节其功能，加强对优势兴奋灶的抑制，从而取得疾病的好转，或预防和矫治因运动不足而引起的疾病。

3. 休闲娱乐

休闲体育指人们在闲暇时间以增进身心健康，丰富和创造生活情趣，完善自我为目的的身体锻炼活动，包括以健身、娱乐和社会交往为特征的群众性体育活动，是社会体育的组成部分。休闲体育对增进健康、强健体魄，预防疾病与康复，提高文化素养与精神文明建设，丰富生活内容与加强人际关系，以及促进人的社会化与个性形成等都有重要意义和作用。

第四节　运动技能体适能的训练和管理

一个拥有良好健康体适能者并不一定具有优秀的技能体适能，技能体适能需要进行适当的训练和强化才能获得，但拥有良好技能体适能的前提是机体具有良好的健康体适能。大学生正处于生长、发育的"敏感期"，科学、合理和有针对性地进行身体练习，能丰满肌体，塑造理想的形态；也能改善血液循环系统的功能，对心血管系统、呼吸系统、消化系统、排泄系统的机能也有积极的影响；此外还能提高身体的防卫能力。所以，经常参加体育项目的锻炼，能获得愉快和成就感，促进和改善人际关系、培养良好思想品德、调节心理、陶冶情操、提高生活质量。

一、运动技能建立

技能是人们在活动中运用知识经验获得的完成某种任务的动作方式或心智活动方式，一般包括技巧，技巧是技能的高级阶段。技能动作的自动化，是由于大脑皮层建立了巩固的动力定型。当动作的完成达到了自动化阶段以后，当人对动作的各组成成分以及时间、空间、力量特点产生了清晰的运动知觉和动作表象以后，这种技能就成了技巧，如中国人使用筷子、西方人使用刀叉、打字员打字、普通人骑自行车……都达到了技巧的程度。

青少年培养自己的生存能力、生活水平和进行休闲娱乐活动，是学习阶段的一个重要部分。而体育运动是生存能力训练的重要手段，也是青少年步入社会进行休闲活动的重要形式。技能体适能包括灵敏、平衡、协调、速度、耐力、爆发力等要素，这些要素是从事各种运动的必备基础，但没有证据表明它们与健康和疾病有直接关系。从人的全面发展的要求来看，把促进身体健康的价值观同学会生存、享受生活的必要知识和技能相结合，符合时代要求和现代社会发展趋势。

（一）运动技能概述

运动技能也叫动作技能，是借助于一定肌肉、骨骼运动和与之相应的神经系统部分的活动而实现的外显动作反应。运动技能与一般随意动作有所不同，其形成过程是个体通过反复练习，在高级神经中枢——大脑皮层中逐步建立动力定型的过程，它是一种习得的、有意识、有目的地将各个动作按照一定的顺序及要求组织起来，完成一项任务的能力。个体身体动作越是经济、有效、合理，其动作技能的水平就越高，其动作越能表现出精确性、协调性、稳定性。

良好的身体素质使人很容易完成高水平的技术动作，但这些素质不是每个健康人都具有的，还要有一个练习、掌握的时间过程。体适能中与竞技运动能力相关的参数有灵敏性、平衡性、协调性、爆发力、反应时间与速度。

1.运动技术是运动技能的外在尺度

运动技能通常是指在特定运动形式下的，有着确切运动技术内容和要求的个体的运动能力。运动能力的形成始于运动技术的学习，个体只有在掌握一定运动技术的基础上，才能比较顺利地进行运动实践。因此，要以个体已有的习惯行为为基础，以运动技术为尺度，进行改造、规范、构建，形成新的行为方式和行为习惯。

2. 运动能力是运动技能的内在尺度

运动能力泛指个体一般的与运动相关的能力，它在各种形式的运动中都不可缺少，必然要发挥作用。运动技能则是在特定的运动技术要求下运动能力的具体搭配和组合，它能反映出运动能力不同层次的关系，以及不同要素结合的特点。

3. 运动技能是运动技术与运动能力的有机结合

运动技能是运动技术水平与运动能力的有机结合，这根源于体育运动自身的性质与特点。在体育运动中，运动目的的具体化为特定运动形式下的运动能力的提高，而运动技术是实现这一目的的有效途径和措施。两者作为目的与手段的统一，体现于个体实际的运动实践中。

（二）运动技能的特征

运动知识是在体育运动长期发展过程中通过人们反复的运动实践所积累起来的认知结果。运动知识与运动技能既有区别，又有联系。一方面，领会有关的运动知识是运动技能形成的关键。运动技能的结构越复杂，越需要以一定的运动知识为指导。另一方面，运动技能是对运动知识的应用，或者说是运动知识的物化或外化。体育运动中的知识是以技能为中介的，运动知识与动作技能不是以同样的速度发展的。技能水平高的人比初学者有更多的程序性知识，而且他们的程序性知识是更连贯或更具体的。运动技能具有以下四个特征：

1. 运动技能是后天习得的

一些简单的或不随意的外显肌肉反应，如人的眨眼反射或摇头动作不属于动作技能，只有那些后天学得的，并能相当持久地保持下来的动作活动方式才属于运动技能。它是以感知系统与运动系统间的密切协调为必要条件的动作活动方式，所以常常有人把它称为知觉运动技能。

2. 运动技能在时空结构上具有不变性

从运动技能的外部结构来看，应是由若干动作按一定的顺序组织起来的动作体系。任何一种动作技能都具有在时间上的先后动作顺序和一定的空间结构，动作的顺序是不变的，例如，原地推铅球这一动作技能，从持球、蹬腿、转体到最后出手用力的动作顺序是不变的。

3. 运动技能的运用主要由任务所始动

人对运动技能的运用是主动的，它主要由当前的任务所始动，也就是说，当任务需要时才表现出某种运动技能。例如，篮球场上带球的队员是进行运球还是传球或者投篮，是依据比赛场上的任务需要而决定的。

4. 熟练程度越高，运动技能越自动化、越完善

运动技能是通过练习，从低层次的感知系统与运动系统的协调关系向高层次的协调关系发展，最终达到高度自动化和完善的熟练程度。熟练程度越高的运动技能，越能自动化地轻松敏捷且完善地完成。例如，单手肩上投篮，随着熟练程度的提高，投篮的技能越完善，投篮的命中率越高，而且意识的参与和控制的程度越少。自动化并非没有意识的参与，只是意识的程度较低。

（三）运动技能的种类

运动技能一般有三种分类方法：一是根据运动技能进行过程中对环境因素的依赖程度，划分为封闭技能和开放技能；二是根据动作是否连贯，划分为连续技能和非连续技能；三是根据肌肉参与的不同，划分为精细技能和粗大动作技能。

1. 封闭技能和开放技能

运动技能的完成主要依靠内部的、由本体感受器输入的反馈信息来调节时，这种技能叫封闭技能，如体操、游泳、急行跳远、掷铁饼等。这种技能一般具有相当固定的动作模式。因此，掌握这种技能就要通过练习，使自己的动作达到某种理想的定型。

运动技能的完成主要依赖于周围环境提供的信息，而正确地感知周围环境成为运动调节的重要因素时，这种技能就叫开放技能，如篮球、排球、棒球等。开放性技能要求人们具有处理外界信息变化的应变能力和对事件发生的预见能力。

2. 连续技能和非连续技能

连续技能指以连续、不间断的一系列动作方式所完成的技能，如跑步、竞走、

游泳、划船、骑自行车、滑冰等。这些技能中动作的持续时间一般较长；动作以周期式的形式完成，动作过程重复较多。非连续技能指完成这种技能的时间相对短暂，动作以非周期式的形式完成，各环节之间无重复，如投掷标枪、推铅球、跳高跳远、跳水、发球、踢球等。多数非连续性技能是由突然爆发的动作组成的。

3. 精细技能和粗大动作技能

技能局限在较狭窄的空间内进行并要求较精巧的协调动作时，这种技能称为精细技能。它一般由小肌肉的运动来实现，如射击、射箭、网前吊球、台内轻搓短球等；相反，粗大动作技能运用大肌肉群，而且经常要求全身肌肉的参与，如跑步、游泳、网球发球、排球大力扣球、足球远距离射门等。

（四）运动技能形成的不同阶段

运动技能的形成是有阶段性的，不同的阶段具有不同的特点。运动技能的形成可划分为三个阶段。

1. 认知阶段

认知阶段也称知觉阶段。这一阶段主要是理解学习任务，并形成目标意象和目标期望。目标意象主要是指学习者对自己解决问题反应的目标模式和动作形式，在头脑中形成一个表象，即明确解决问题的目标模式。而目标期望则是对自己的作业水平的估价，即明确自己能做得如何。学习者在学习的起始阶段，首先要通过对示范动作的观察，对刺激情景的知觉来形成一个内部的动作意象，以作为实际操作时的参照。而要形成这样一个意象，则需对线索和有关信息进行适当的编码。儿童通常利用视觉表象进行编码，而成人则能够将视觉表象和词语联系起来，共同编码。

在形成目标意象过程中，学习者不仅借助于对现有任务的知觉和有关线索的编码，也借助于先前的有关经验，依据自己的能力和目前任务的难易，形成自己作业水平的期望。学习者通常还从长时记忆中激活有关信息，并将之有效地检索、提取出来。一般说来，有明确目标期望的学习，较之于目标期望模糊的学习更有效。在认知阶段，初学者的动作显得呆板、迟缓、不稳定、不协调，多余动作较多，需要对动作有意识地进行控制。做法主要是通过把自己的动作与示范的动作进行对照，来校正自己的错误动作。

2. 联系形成阶段

联系形成阶段重点是使适当的刺激与反应形成联系。即使是一个简单的动作，所包含的刺激和反应也非常复杂，必须排除过去经验中的习惯的干扰，所以联系的形成比想象要复杂得多。在动作技能的形成中，新的技能会受到已有技能的影响，这种影响有两种情况：一种是积极的影响，叫正迁移，即在学习新的技术动作时，旧的技术动作可以起到帮助掌握新技术的作用，使新动作的学习速度加快；有些新动作的学习受到旧动作的干扰，使新的技能学习速度减缓，这是旧技能对新技能的干扰现象，也称为负迁移现象。

由于技能还处在初步形成的阶段，练习者常常忘记动作之间的联系，在动作转换和交替的地方，会出现短暂的停顿；之后完成动作的紧张度已大大缓和下来，但没有完全消失，稍微分心，还会出现错误的动作；最后，在前一阶段经常出现的多余动作已逐渐减少，这时候，练习者的头脑中已形成比较清晰而牢固的动作表象，他们能够评价自己的动作，并根据自己的动作表象来校正自己的技能。

3. 自动化阶段

技能学习进入这一阶段时，技能逐步转变为由脑的较低级中枢控制，长串的动作系列似乎是自动流出来的，无须特殊注意和纠正。人们可以一边从事熟练的活动，一边考虑其他的事情。如有经验的司机，在正常开车时，可以顺利地与别人交谈。上面所论述的熟练操作的特征就是动作技能的学习进入第三阶段的特征。

自动化阶段是技能形成的最后阶段。练习者学习的各个动作及其环节能够在时间和空间上彼此协调起来，构成一个连贯的稳定的动作系统。在完成动作时的紧张状态和多余动作都已完全消失，意识对动作的控制作用减小到最低限度，整个动作系统从始至终几乎是一气呵成的。动作的连贯主要由本体感受器提供的动觉信号来调节，随着新任务的出现，又会产生掌握新技能的要求，技能也从一个水平向更高的水平不断发展。因此，任何运动技能的掌握都是相对的。国外对明星运动员给以重奖或高报酬，就是为了促使他们不断研究新技术，不断创造新的运动纪录。

二、大学生技能体适能的管理

动作技能是一系列动作的灵活准确的运用，是心理愿望驾驭动作的能力，表现为身体一定肌肉、骨骼运动和与之相应的神经系统部分的活动。动作只有达到一定的精确性、定时性、协调性和稳定性水平，才能在生产实践和社会生活中起作用。

在高校体育教学中，应突出攀爬、耐力跑、球类游戏、跳跃及户外运动等内容，培养大学生的耐力和吃苦精神，以及在困境中独立解决困难的能力。让他们真实地走进大自然，并掌握一些关于自然灾害、生产事故、交通事故等方面的知识，学会一些营救方法及处理措施，并形成应变所需要的能力。让他们学会适应一些恶劣的环境，培养生存意识，把社会需求和个人发展的知识、技能以及心理健康等内容有机地结合起来，以完善生存教育的内容。

（一）运动知识的掌握

一般知识的掌握经历了感知、理解、巩固和运用等过程，运动知识的掌握过程则包括了运动感知形成、运动表象建立和动作概念掌握等阶段。

1.运动感知形成

运动感知是由运动感觉和运动知觉构成的。运动感觉是指大脑对肌肉收缩程度和四肢、躯干位置变化的反应，而运动知觉是指大脑对当前运动的物体或自身动作的空间位移和位移速度的反应。从反映的对象看，运动知觉包括两个方面：一是对外界物体或他人运动的知觉，由对运动物体的运动方向、距离、速度、高度、幅度等感觉因素组成，通过视、听、触、肌肉等感官有分析的联合活动实现；另一个是对自身运动的知觉，由自身动作的方向、用力大小、用力时机、速度、幅度、节奏、躯干状态、肢体位置、提升、下降等感觉因素组成。

运动技能的进一步发展，可形成专门化运动知觉，而专门化运动知觉是保证运动技能运用和完成质量的关键因素之一。专门化运动知觉是某一运动专项所特有的知觉，在运动技能学习的初期，练习者要进行大量的运动知觉与专门化运动知觉的练习，从而发展相应的专门化知觉。它是运动者对运动器械、场地、运动媒介物质（水、空气等）以及专项运动中的时间、空间特性的高度敏锐的感知和精细、准确的分化反映。与某一运动专项相关联的分析器的组合活动以及各分析器差别感受性的提高是专门化知觉得以形成的条件。球类运动员的"球感"、体操运动员的"器械感"、田径运动员的"场地感"、游泳运动员的"水感"、射击运动员的"枪感"等,都是长期训练过程中形成的不同专项运动员的专门化知觉。

2. 运动表象建立

运动表象是指在运动感知的基础上形成的,在头脑中重现出来的动作形象和运动体验。它反映某个动作技能在一定时间、空间和力量方面的特点。运动表象与过去的运动感知紧密相连,重现时可能唤起多种感觉活动,不仅能够产生过去的动作形象,而且能够产生肌肉运动的体验。因此,运动表象主要是由视觉表象和动觉表象组成的,其中动觉表象占更大的成分。

运动表象具有直观性和概括性的特点,它与知觉获得的动作形象相似,但又反映着一类动作形象的共同特征。因此,它是运动感知向动作概念过渡的中间环节。运动技能练习的目的之一是促使学习者形成和巩固运动表象,因为运动表象是独立完成运动技能的"蓝本",是运用运动技能的"先导",只有形成了正确的运动表象,练习者才能准确、熟练、自如地表现出相应的运动技能。当练习者能够初步完成动作时,表明视觉表象在技能完成中所起的作用相对减弱,动觉表象成分逐渐增强。随着技能练习的进一步深入,肌肉运动感觉逐渐清晰,练习者的动作越来越熟练,动觉表象也越来越明确。它以两种形式表现出来:一种是概括表象,它是练习的执行形象,包括动作的主要时机和基本环节;另一种是细节表象,是指运动技能各环节所特有的时机和时间、空间、力量等因素的精细分化与协调、配合。概括表象和细节表象指导着练习者独立、完整和准确地完成运动技能。当运动技能已经巩固,神经系统和肌肉用力之间建立了稳定的联系时,练习者在进行运动技能表象时,就会出现"念动动作",即在头脑中呈现某个动作的运动表象时,能够唤起相应的神经冲动和微弱的肌肉活动。念动动作的出现,标志着运动表象的明确。

3. 动作概念掌握

动作概念是运动动作的实质或动作完成必须遵循的规律在头脑中的反映。它是以运动表象为基础，经过思维加工，并以词的形式反映出来的。动作概念是运动表象的升华，只有当运动表象的细节都得到了相应的语言表达时，才能使运动表象更加清晰、完善和稳固。动作概念对练习者技能的学习与形成起着定向和调节的作用，只有掌握了动作概念的知识才能有意识地主动调节和控制自己的动作。在初步掌握动作阶段，要注意讲解各环节的要求与细节，练习者对运动感知进行思维加工，提倡"想、练结合"，用脑发现动作环节之间的联系，提炼出动作的本质和内在联系，强化正确术语所表达的动作本质与运动感知、运动表象之间的联系。

（二）运动技能的训练

体育动作技能是一种复杂的、连锁的运动条件反射，其形成过程是锻炼者通过反复的顽强的科学锻炼，在高级神经中枢——大脑皮层中逐步建立动力定型的过程，是一个艰苦的学习过程。因此，学习体育动作技能同学习其他本领一样，必须具有严格的科学态度。运动技能从低层次的感知系统与运动系统的协调关系向高层次的协调关系发展，最终达到高度自动化和完善的熟练程度。动作技能形成的标志是达到熟练操作，所谓熟练操作指动作已达到较高速度，准确、流畅、灵活自如，且对动作组成成分很少或不必有意识注意的状态。

1.运动技能练习顺序

动作技能形成是有层次和阶段性的，是由简单到复杂、由单个到系统、由低级到高级发展的，其层次表现突出、清晰。动作技能的形成并非单纯的身体活动，它受到原有的认知水平、自身情绪变化及周围环境等多种因素的影响。同样，一旦动作技能形成，就会对练习者的观察能力、思维方式、知识巩固有很大的促进作用。经常进行体育锻炼的人，大脑皮质神经细胞的兴奋性、灵活性和耐久力都会得到提高，表现出机灵、敏捷的特征，一旦出现天灾人祸则会有拼搏求生的更大可能。体育技能是人的综合素质的基底，是一种万能资本，不为工作却可以高效率地工作，不为学习却可以高强度地学习，不为享受却可以高质量地品味生活。

2.影响运动技能形成的因素

动作技能的形成是一种复杂的、连锁的、本体感受性的运动条件反射，是神经、肌肉系统协调工作的结果。因此，针对神经系统和肌肉系统功能的建立，不断强化、逐步加深有效通路的痕迹，能够促进运动技能形成。

（1）反馈对运动技能形成的影响

引起运动技能形成的刺激信息，是由人体的感受器肌梭、肌腱、高尔基腱将肌肉活动接收，通过传入神经将输入的信息传到大脑，经大脑对信息进行处理后，将信息传给效应器。肌肉信息与自大脑皮层的指令信息在小脑耦合，两种信息在此通过比较，了解实际完成的动作偏离目标的程度，然后由小脑红核发出信息，返回到大脑皮层发出指令信息的代表点，从而及时发出纠正动作的指令信息。

反馈就是效应器在反应过程中产生信息又传回控制部位，并影响控制部位的功能。运动技能形成的信息反馈通道，实际上是一种人体自我控制系统。运动技能正确概念储存于大脑的一定部位——记忆，通过反馈时刻监视完成动作的过程，一旦发现与正确动作概念不符合，则及时反映到中枢进行调整。因此，训练中必须先使练习者建立正确的动作概念，否则初学者在练习中便发现不了错误。如果教练或同伴能够指出练习者练习过程中需要改进的地方，不断给予反馈，并指导练习者及时对学练计划、内容、方法进行调整，练习者将能更快地掌握运动技能。

（2）应激水平对运动技能形成的影响

大脑皮质机能的当前状态对运动技能发挥的熟练程度起着重要的决定作用。大脑皮质兴奋性过低或过高，都会限制运动技能水平的发挥。一般情况下，刺激强度增大，条件反射活动也加强，但刺激强度过大反而使大脑皮层的活动被抑制。在应激水平适度的时候运动成绩最好，应激水平过低被认为是兴奋性不够，对比赛呈无欲状态，应激水平过高被认为是兴奋性过高，在这两种皮层机能状态下都不会取得好的运动成绩和锻炼效果。

（3）动机与运动技能

动机是能引起维持个体的活动，并将该项活动导向某一个目标，以满足个体某种需要的愿望、理想等。动机与运动技能形成的关系是很复杂的，动机是个体的内在过程，行为是这个内在过程的结果，它们呈倒 U 形的曲线关系，不呈线性关系。因此，在教学、训练和比赛中，锻炼者要学会动机的自我调控，使之处于最佳水平。

3. 练习曲线

在运动技术的学练过程中，练习曲线是一种表示练习期间动作学习成绩一般趋势的曲线。随着练习次数的增加，完成动作所花费的时间逐渐缩短，所出现的错误动作数量日益减少，单位时间内完成的工作量不断上升。运动技能的形成，不仅取决于练习的数量和质量，而且也取决于学习者本身的特点和条件。运动技能形成中出现个别差异的原因有：练习者的个性特点不同、练习者态度不同、知识经验不同、准备状况和努力程度不同、练习方式不同等。

（1）练习曲线的几种共同趋势

①练习进步先快后慢。

在大多数运动技能的形成中，技能在练习初期进步较快，以后就逐渐缓慢。其主要原因是：在学练开始时，练习者可以利用过去的一些运动经验，所以初期进步较快；后期这种可以利用的经验逐步减少，任何技术改进都需要改造旧的动作习惯，所以成绩提高慢。同时，前期以分解简单动作进行练习为主，比较容易掌握，但是在学练后期是以建立动作协调阶段为主，这种协调动作并不是若干个别动作的简单总和，所以成绩提高慢。

②练习进步先慢后快。

在游泳、投掷等少数技能的学习中，在练习的开始阶段运动技能提高缓慢，而之后成绩提高和技能进步趋势逐渐加强。出现这种情况的原因可能是在练习的初期需要花费很大功夫来掌握技能的基础知识、基本要领，进步速度就比较慢，但经过一段时间的练习，进步速度就明显加快。在学习和掌握这类运动技能时，应特别加强学练初期的基础知识学习和基本动作技术的学习和练习。

③高原现象。

在运动技能形成过程中出现进步的暂时停顿甚至有些下降的现象称为"高原现象"。练习者兴趣降低、出现厌倦等消极情绪、身体状况欠佳等，都会导致出现暂时停顿现象。但高原期产生的主要原因是需要建立新的活动结构和完成活动的新方法，改变旧的活动结构和完成活动的方式方法。在练习者没有完成活动结构的改造以前，成绩就会处于停顿状态。所以在改造初期，成绩不但没有提高反而可能会有所退步。高原现象并不具有普遍性，如果运动技能结构比较简单，又没有上述主观原因，在练习曲线上是不会产生这种现象的。

（2）练习对形成运动技能的重要性

运动技能都是经过学习而形成的，练习是运动技能形成的基本途径。练习不同于机械的重复，它是有目的、有步骤、有指导的活动。在练习过程中，活动的结构和内容要发生变化，完成活动的方法和手段也要做必要的调整。

①完整练习与分解练习。

采用完整练习法和分解练习法可能都有效，一般学习简单动作技能最好采用完整练习法，学习复杂的动作技能最好采用完整—分解—完整练习法。另外，学习者的学习能力差，较适合多采用分解练习法，反之采用完整练习法较为有效。采用完整练习法还是采用分解练习法的最主要依据，取决于运动技能学习的难度。动作技能的各部分动作之间相互联系的密切程度高、复杂性小的动作技能，适合采用完整练习法；动作技能的各部分动作之间相互联系的密切程度低、复杂性大的动作技能，适合采用分解练习法。

②持续练习与间歇练习。

练习时间的合理安排对于练习效果有着重大影响，一般连贯的运动技能采用间歇练习比持续练习的效果好，不连贯的动作技能采用持续练习优于间歇练习。持续练习的效果之所以不如间歇练习好，主要是由于疲劳，而且甚至会使人出现反应抑制现象。间歇练习的量、间歇时间都必须根据运动技能的复杂程度和练习者的体能、技能水平而定。但对于初学者采用间歇练习更为有效，而且应当注意合理地分配练习时间，在开始阶段每次练习的间隔时间要短一些，随着技能的进一步掌握，间隔的时距可渐次增加。

③想象练习。

想象练习又称为表象训练，是借助语言暗示、放录音引导和看录像等方法唤起已有运动表象的一种心理训练方法。人在想象动作的时候会伴随着微弱的，但可以测量到的，并与实际动作相似的神经肌肉活动。在体育教学、训练和比赛中多次激发神经肌肉反应可以完善和巩固动作的动力定型。

4. 促进运动技能形成的因素

身体素质、心理素质、技术水平、教学和训练方法、动作的难易程度、场地、器材等因素都会影响运动技能的形成与发展。因此，在练习运动技能时应尽可能地利用有利的因素，排除和克服不利因素。

（1）练习目标

明确的目标是提升技能练习效率最重要的因素。确定技能练习的目标会使练习具有强烈的动机和巨大的热情，会将练习者的期望和注意力引向动作练习的重要方面，使个体对练习的结果产生积极的期待。同时，增加了成功和行为强化的机会，为检查和校正练习的结果提供依据。练习在明确的目的支配下，指向改进动作的方式与方法，效果显著。如果机械地重复动作，没有提出改进技能动作的明确目标，则对运动技能改进甚微。

（2）调整大脑皮层的兴奋状态

大脑皮层的兴奋性过高，兴奋容易扩散；兴奋性过低，条件反射的联系不易接通。因此，在运动技能的学习中大脑皮层处于适宜的兴奋状态，有利于改善学习效果。

（3）充分利用多种感觉信息

运动技能学习中充分利用多种感觉信息，建立正确的运动感觉，尤其是本体感觉，对运动技能的形成促进非常重要。在实践中，除了强化本体感觉外，还应重视视觉、听觉、位觉等与本体感觉的联系。

（4）合理利用反馈信息

只有当练习者从他们的操作或动作的结果中得到正确的反馈时，练习才能对学习起到促进作用。在学习动作的初期，神经活动处于泛化阶段，应充分利用视觉的反馈作用，加强示范与模仿，不断强化视觉与本体感觉之间的联系。在巩固阶段，由于动作已能熟练完成，肌肉运动的表象更清楚，感觉和意识对动作的控制相对减弱，应多利用语言和肌肉运动觉的反馈信息，强化动作与思维的沟通。

（5）消除防御反射

初学者对难度较大的动作，经常有害怕心理而产生防御性反射。在初学时应适当降低动作难度或高度，及时过渡到按动作要求练习，消除练习者的害怕心理，以防形成错误动作。通过逐步过渡，在练习者对动作有了初步体验时，方可进行高难度动作的练习。有些高难度动作要加强保护措施进行练习，以增强完成动作的信心。

（6）运动技能之间的影响

各项运动中都有很多基本环节相同的动作或附属细节相同的动作，在练习中彼此会产生影响。运动技能之间的良好影响是指学习几种运动技能时，可以彼此促进，原有的运动技能可以促进新的运动技能的形成。学习与原有动作结构相似的新动作时，大脑皮层内原已形成的运动条件反射中的基本环节，只需补充一些附属环节的运动条件反射，即可形成新的运动动力定型。运动技能之间的不良影响是指几种运动技能主要环节不同，而附属环节相同，彼此之间产生不良影响。

（7）认知方式与技能复杂性的匹配

动作学习过程是双向和多向、不断循环加工的，是视觉表象、言语、思维和知觉过程之间相互作用的表现。简单的技能通过观察就能发现动作的结构和特征，并经过头脑中的演练形成一定的技能；复杂动作技能必须通过言语提示和思维加工的调节，正确领会动作要领，才能在头脑中简化动作的结构，使动作变得容易掌握。因此，应当根据技能结构的复杂程度，采用不同的练习和指导方法，动员练习者不同的认知加工方式，才能改善学习技能的效果。

（三）身体熟练技能的测量

弗莱希曼把运动技能分为身体熟练技能和操作熟练技能。可以用各种测定法对这两类技能中的诸因素进行测量。各种测定方法一般都简便易行，可供运动能力评定方面做参考。这里仅对身体熟练技能的测量进行简要阐述。

1.力气

（1）爆发力，可用跳远、跳高、掷球等来测定；

（2）动态力，可用单杠引体向上、双杠、爬杆等来测定；

（3）静态力，可用手、臂、腿、背等肌肉的动作来测量。

2. 弯曲速度

（1）动力弯曲程度，用下蹲和深膝弯曲来测定；

（2）改变方向的速度，用往返快跑、躲闪快跑等来测定；

（3）跑步的速度，用50米和100米短跑来测定；

（4）四肢活动的速度，用接球、打苍蝇等动作来测定。

3. 平衡

（1）静态平衡，用单脚站立来测定；

（2）动态平衡，以站在大球上保持平衡或骑单车、溜冰等来测定；

（3）托物平衡，用手背上平衡一球或竖直棍子来测定。

4. 协调

（1）肢体协调，以打字、弹风琴等来测定；

（2）全身协调，用跳绳、踢毽子、踩高跷等来测定。

5. 操作熟练技能

（1）精确控制，用复杂的协调、旋转追踪及拉小提琴来测定；

（2）肢体协调，用对舵的控制、骑自行车、踩缝纫机来测定；

（3）反应定向，用选择反应时间及方向控制来测定；

（4）反应时间，用选择反应时间来测定；

（5）手臂活动速度，用二线互击来测定；

（6）随机控制，用动靶射击来测定；

（7）腕手灵活，用珠算比赛来测定；

（8）手指灵活，用制作小手工艺、操作精密仪器来测定；

（9）臂手稳定，以修理手表、做医疗手术等来测定；

（10）腕指速度，用转击法来测定。

第四章　大学生健康体适能实践

第一节　有氧运动对大学生健康体适能的影响

体适能是指个人除足以胜任日常工作外，还有足够的精力享受余暇活动和足够应对压力与突如其来的变化的身体适应能力。体适能可以分为健康体适能和技能体适能两大类。健康体适能与健康有密切的关系，主要包括心肺耐力、肌肉力量、肌肉耐力、柔韧性和身体成分五类要素。

随着生活水平的提高，人们越来越重视健康，健康已经成为人们生活中必不可少的一部分。大学生作为国家未来的建设者和接班人，他们的健康也是尤为重要的。当前大学生近视率、肥胖率居高不下等问题，应引起足够重视。本节就有氧运动对大学生健康体适能指标的影响进行研究，为大学生健身提供理论依据。

一、研究对象及方法

（一）研究对象

选取某大学 60 名学生（30 名男生、30 名女生）作为研究对象，要求测试者身体健康、无疾病、无规律运动习惯。

（二）研究方法

1.实验方案

受试者进行 8 周的有氧运动（慢跑＋跳绳），每周 3 次，时间控制在 90 分钟。运动强度为 70%~80% HR-MAX。运动时间为下午 5 点到 6 点。

2.测试指标与测试仪器

运动干预前后对受试者健康体适能指标进行测试，要求测试仪器、测试人员、测试时间相同。测试指标包括身体成分（体重、体脂百分比、肌肉量、BMI），肌力（握力、背肌力、腹肌），柔韧（坐位体前屈），耐力（800 米、1 000 米）。

测量仪器：人体成分分析仪、握力计、背力计、坐位体前屈测试仪等。

3. 统计学分析

运用 SPSS17.0 软件对数据进行分析与处理。

二、结果

（一）受试者运动干预前后身体成分比较

与干预前比较，体重、BMI、体脂百分比有所下降（$P < 0.05$）；肌肉量的变化差异不明显，无统计学意义（$P > 0.05$）。

（二）受试者运动干预前后健康体适能比较

与干预前比较，握力、仰卧起坐、背肌力量、坐位体前屈、800 米、1 000 米的成绩均有所提高（$P < 0.05$）。

三、讨论

健康体适能主要由与健康水平密切相关的体适能要素组成，包括身体成分、心肺耐力、肌肉力量、柔韧性、爆发力等。

身体成分是指身体脂肪组织和非脂肪组织含量在体重中所占的百分比，主要包括脂肪、肌肉、骨骼等。这也是实现人体成分均衡和维持身体健康状况的最基本条件。

有研究表明，运动有助于改善身体成分。该研究经过 8 周运动干预，明显降低了大学生体重、体脂百分比、BMI 指数等。前期多项报道证实，有氧运动、高强度间歇性运动、抗阻运动等均可改善身体成分，与该研究一致。但该研究中肌肉量没有明显增加，还需要就这一点进行针对性练习。

也有研究表明，运动干预后心肺功能、肌肉力量、耐力、柔韧均有明显改善。该研究采用"跑步＋跳绳"的有氧运动方式明显改善了心肺功能及柔韧、力量素质等指标，因此规律运动可增强健康体适能。

8 周的有氧运动（慢跑＋跳绳），明显提高了大学生身体成分、肌肉力量、心肺耐力、柔韧性等。因此，长期坚持有氧运动，可以改善大学生的健康状况，促进其健康生活，有效提高大学生的健康体适能水平。

第二节　舞蹈瑜伽对女大学生健康体适能及心理健康影响的研究

近年来，舞蹈瑜伽凭借其独特的魅力，已成为世界上许多大学的一项新的体育课程。北京体育大学、清华大学、中国农业大学等学校已尝试开设新的舞蹈瑜伽课程或通过俱乐部将舞蹈瑜伽课引入大学体育教学体系，这都充分体现了大学体育课程建设和小组活动的创新性。但是仅有这些是不够的，因为舞蹈瑜伽本质上是一种健康的生活方式，从各个方面来讲，舞蹈瑜伽可以和女大学生的生活相关联。我们有必要从舞蹈瑜伽对于女大学生健康体适能及心理健康影响的角度进行探讨分析，从而了解舞蹈瑜伽对女大学生身体心理健康发展的影响。

一、女大学生身体状况方面的问题

（一）亚健康状况堪忧

相关调查显示，现在不少女大学生的身体都处于亚健康状态。尤其是在走向大学生活之后，离开了父母的照顾，女大学生们没有办法很好地去掌握自己的生活节奏。没有了父母做的健康饮食，她们开始去尝试那些高热量、高脂肪的食品，并且也无法做到规律饮食；再加上韩剧和综艺节目的爆火，也都极大地占据了大学生的日常生活，甚至整夜都在追剧等。这些都导致女大学生的生理功能受到影响，身体状况自然不如以前。

（二）肥胖比例有所上升

为了更好地监控大学生的身体健康状况，2014年以来，我国开展了例行的身体健康调查。调查范围很广泛，基本覆盖了全国所有高等学校，因而可以对目前大学生的身体健康状况进行全面而直观的分析。然而，最终的调查结果是令人想不到的，谁都没有意识到现在大学生的身体素质会这么差，肥胖率这么高。这与没有规律的生活和不健康不卫生的饮食习惯有着直接的关系。由于体质差、体重比不协调，女大学生整体素质评价呈下降趋势。许多女孩在短距离跑步、跳跃之后都会出现心跳加快、呼吸急促等症状。这些与女大学生长期缺乏运动有关，必须引起足够的重视。

二、当代大学生心理现状

大学生本身缺乏社交经验，心理方面相对敏感和脆弱，缺乏对社会的了解，容易受到外界影响，并产生一定的心理困扰。更何况许多大学生都是第一次离开父母在另一个地方学习。当他们第一次离开父母并面对一个完全陌生的环境时，离开了父母的 24 小时全天候服务，他们就会不可避免地变得不舒服，并且处在孤立的尴尬境地。那么，这就会产生相应的心理问题。当心理问题积累得足够多的时候，学生就会觉得自卑、沮丧甚至自闭，从而导致一系列身心疾病。

三、舞蹈瑜伽练习对女大学生身体健康的影响

（一）舞蹈瑜伽对女大学生身体形态的影响

身体质量指数（BMI），又称体重指数，是目前常用于衡量人体胖瘦程度以及是否健康的一项重要指标。经过舞蹈瑜伽锻炼后，实验组的体重、身体质量指数和腰围显著降低，说明舞蹈瑜伽教学可有效改善女大学生体形。可能因为舞蹈瑜伽是一项柔和舒缓的中等强度有氧运动，教学全程都有舞蹈和音乐的融入，加大了运动强度和运动负荷，在练习过程中能消耗大量的脂肪，避免过多脂肪的积累，从而改善了人的身体形态，使之变得更加匀称、健美和挺拔。

（二）舞蹈瑜伽对女大学生心肺耐力和肌肉力量的影响

心肺耐力适能也称有氧适能，即心、肺及循环系统能够有效地为肌肉运送足够的氧气及能量物质。舞蹈瑜伽练习可以提高普通高校女大学生的心肺耐力。可能因为舞蹈瑜伽采用腹式呼吸和胸式呼吸相结合的完全式呼吸，肺的上、中、下三部分都参与呼吸。而且在练习的过程中要求动作与呼吸很好地配合以及呼吸法的合理运用，因此通过长期的练习能提高肺通气量和肺组织的活性，使肺活量增大，最终有效地改善呼吸系统的机能。大量研究证明，经过瑜伽的练习后可以使心肺功能增强，肺活量、心功能指数都有显著性改变，心率下降，可以使肺活量、最大吸氧量、安静时的脉搏等身体机能都有所改善。对照组的 800 米跑实验前与实验后相比差异显著，成绩显著降低，可能跟她们平时没有规律的身体锻炼有关。肌肉适能是指机体依靠肌肉收缩克服和对抗阻力来维持身体运动的能力。教学实验前后腰腹肌肉的力量显著提高，这可能与瑜伽本身的运动方式有关，所有的体

式做到位之后都要求停止不动一段时间，这对肌肉耐力的训练很有效。而且很多瑜伽体式都会提升腰腹部肌肉的力量，如船式、上伸腿式、犁式等。另外，舞蹈瑜伽课程在结束部分还设计了大量的核心力量练习，这对腰腹部肌肉力量的提升也是非常有效的。但腿部肌肉的力量没有明显的变化，在今后的舞蹈瑜伽教学中，还应增加一些腿部肌肉力量的练习，如深蹲、箭步蹲等，更加全面地提高大学生健康体适能的水平，切实有效地提高大学生的身体素质。

（三）舞蹈瑜伽对女大学生速度、柔韧和平衡素质的影响

瑜伽运动通过各种姿势的伸、拉、仰、屈、挤、压和扭转等，使得练习者的肌肉、韧带和关节都能得到很好的伸展，从而有效提高练习者的柔韧素质。经 17 周舞蹈瑜伽练习后，实验组坐位体前屈和劈叉水平与实验前相比显著提高，说明坚持舞蹈瑜伽练习可有效提高女大学生的柔韧性。汪敏、钱强等的研究也表明，经过 15 周的练习后，女大学生的劈叉、转肩和坐位体前屈训练后与训练前比均有非常显著的差异。究其原因，一方面，受益于课程准备部分安排的肌肉韧带拉伸热身舞，整套瑜伽热身舞由天鹅式、新月式、束角式和坐角式等组成，可以很好地提高韧带、肌腱、肌肉及皮肤的伸展性。另一方面，与舞蹈瑜伽本身的运动特点有关，瑜伽的大部分体式是以拉伸为主，如三角伸展式、三角侧伸展式、单腿背部伸展式、圣哲玛里琪第一式、拜日式和拜月式等体式，均能使肌肉、韧带、肌腱得到充分的拉伸，使其具有良好的弹性和伸展性。学生柔韧素质得到提高的同时，平衡能力也会逐步提高，所以舞蹈瑜伽练习对提高柔韧素质和平衡素质有着积极的作用，对女大学生的生长发育也起到积极的促进作用。实验结果显示，舞蹈瑜伽练习对受试者的速度素质影响不大，可能是瑜伽练习时以静态保持为主，动作舒缓柔和，没有明显的爆发力动作。因此，在以后的舞蹈瑜伽教学中，应提醒学生课后多选择提高速度素质的练习，对其进行有益补充，更全面地提升大学生的体质健康。

（四）舞蹈瑜伽对女大学生心理健康的影响

有关瑜伽的健心效应已被越来越多的科学研究证实。杜熙如、廖枚、杨茜等人的研究证明，健身瑜伽可以降低焦虑、减轻抑郁、改善饮食睡眠，尤其在改善

轻度、中度抑郁症状倾向方面效果显著。采用中等强度的有氧舞蹈瑜伽练习的研究结果支持了杜熙如等人的研究，舞蹈瑜伽对缓解女大学生的抑郁、焦虑、饮食及睡眠都有积极的影响，但躯体化与对照组相比显著提高，而且对照组的躯体化实验后显著低于实验前。这可能是因为对照组没有规律的身体活动，身体不会有感觉，也不会觉得肌肉酸痛，躯体化的得分有所降低也是正常的。参与舞蹈瑜伽的学生在练习的过程中，身体要进行大量的拉伸、扭转、挤压、前屈、侧屈、后仰和倒立等，同时还要进行身体各部位的力量练习，练完之后肌肉感觉酸痛是不可避免的，不过长期坚持下去，疼痛感会慢慢消失，运动后的舒畅感会慢慢增加，这也提示在今后的教学中要注重结束部分的放松练习，尽量减轻参与者肌肉的酸痛。但舞蹈瑜伽对心理健康的积极促进作用还是可以肯定的，它可以增加积极的情绪，如精神振作感和积极参与感等，减少消极的情绪，如人际关系敏感、焦虑、抑郁等。研究对实验组的进一步调查也表明，实验组女大学生的精神振作感和积极参与感均得到了明显的提升，安静感有所下降，疲劳感略有上升，她们对参与舞蹈瑜伽练习的评价是积极的，当时的心境状态是正向的，这说明舞蹈瑜伽练习对提升她们的心理健康水平是有积极作用的。这可能与练习瑜伽体式时，前屈、后仰、扭转、倒立等姿势的变化可以挤压、按摩和刺激内脏和内分泌腺体，改变激素的分泌，从而调节人的情绪有关。也可能是舞蹈瑜伽练习一直强调动作与呼吸的协调配合，呼吸缓慢而深长，而深呼吸有安定情绪的效果。还有可能是舞蹈瑜伽动作舒缓柔和，舞蹈动作美轮美奂，伴奏音乐优美动听，随着练习的深入，练习者的神经系统慢慢平静下来，身心也慢慢地放松，从而摆脱紧张焦虑的情绪。舞蹈瑜伽练习的过程中要求心境平和、排除杂念、净化自我，注重精神世界，这个过程有利于大学生抚平内心的浮躁，恢复身心健康与活力。

四、舞蹈瑜伽练习对女大学生心理健康的影响

（一）能有效缓解女大学生的抑郁焦虑

通过权威机构的调查结果，我们不难发现舞蹈瑜伽中的冥想可以减轻人们的压力。通过冥想，我们可以放松身心、缓解压力。通过冥想，我们可以减轻焦虑，并从另一个角度思考问题。然而，我们不能完全依靠舞蹈瑜伽。舞蹈瑜伽只是情感康复的一种方法，不是药物治疗。如果出现更严重的抑郁症状，仍然需要尽快就医，以免延误病情。

（二）改善女大学生的人际关系

通常情况下，也因为性别差异，一般女孩都有很强的自我保护意识，在向外界充分展现自己的内心之前，她们是不愿和他人交往的，经常就是沉浸在自己的小世界中。所以从长远来看，这样发展下去必将和社会脱节。因此，我们可以通过舞蹈瑜伽来打开女大学生的心理防线，让女大学生在相对舒缓的环境中放下警惕，开放她们的心，树立信心，改善女大学生的人际关系，从而达到优化大学生身心健康的目的。通过学习舞蹈瑜伽，女大学生可以实现身体和心灵之间的统一。通过舞蹈和瑜伽运动的训练，女大学生可以在增强身体素质的同时塑造美丽的体态。当然，最重要的是减轻压力和净化心灵，释放不良情绪。

舞蹈瑜伽是一项综合性的身体运动，普遍受到大学生尤其是女大学生的喜爱。舞蹈瑜伽锻炼有助于提高女大学生的身体素质，经常参加舞蹈瑜伽锻炼可以有效帮助女大学生减肥或保持体重，对塑造体形有积极作用；同时，对提高大学生的审美能力和自信心也有一定的作用。舞蹈瑜伽还可以改善心血管系统和呼吸系统的功能，对女大学生的身体力量如肌肉力量和耐力有极好的锻炼效果。长期的舞蹈瑜伽练习可以帮助大学生提高身体素质，提高学习和生活质量。目前来看，女大学生的身体素质不高，所以大学体育改革迫在眉睫。因此，我们需要加快舞蹈瑜伽在大学中的传播速度，以促进女大学生的身心健康。

第三节　网球运动对大学生健康体适能影响的研究

体适能可以分为与健康相关的体适能、与技能相关的体适能、与代谢相关的体适能等。其中，健康体适能是与个体健康有着直接且密切关系的体适能，包括心肺功能、肌肉能力、身体形态、柔韧性等方面。网球运动是一项能够有效提升健康体适能的运动，且对大学生健康体适能有着直接影响。因此，基于大学生身体素质发展现状，明确网球运动对大学生健康体适能的影响，有着重要的现实意义。

一、网球运动提升大学生健康体适能的背景

在复杂的时代背景下，大学生面临的种种压力导致其健康状况日益下降，很多大学生都存在着肥胖、心肺功能较差、肌耐力不足等情况。产生这一现象的原因除了外在客观环境之外，也与学生自身的锻炼主动性较差、学校对大学生身体素质锻炼没有足够的重视有着一定的关系。近些年，我国各大高校都相继开设网球运动课程，且在网球运动员明星的带动下，网球运动在大学校园内掀起了一阵热潮。网球运动本身具有较强的娱乐性，能够提升参与者的兴趣；同时，网球运动也能够有效提升学生的健康体适能，包括其心肺功能、肌肉适能、柔韧性以及身体成分等。

二、网球运动对大学生健康体适能的影响分析

对于大学生来说，以健康体适能相关指标作为基础，分析网球运动对不同指标的影响，对提升大学生身体素质有着重要的促进作用。

（一）网球运动对心肺功能的影响

1. 对安静心率的影响

安静心率通常是指心脏安静跳动的时候每分钟的心跳次数，该指标容易受到个体差异的影响，如年龄差异、性别差异、心理差异、环境差异以及生理差异等。通常情况下，长时间坚持运动的人的心率要比不经常运动的人的心率慢一些。

从供能上来看，网球运动属于一种混合式的供能方式。网球运动的时间通常比较长，且多数时间都是无氧运动，当进行无氧运动的时候，通常糖酵解系统会分解并释放出能量，用以供能。在大学生进行网球运动的过程中，多数时间都是学习网球运动的基础技能，且教师在整个课堂上占据着主导地位，学生的有效训练时间较少，多数学生的动作不够标准和熟练，因此，在高校内，大学生网球运动多数还是以有氧运动为主。当学生有规律地进行有氧运动的时候，心脏泵血功能会有所增强，那么向肌肉组织进行供氧的功能就会更强，自然而然脉搏的跳动次数会随着体能的增加而适当减少。

2. 对肺活量的影响

肺活量在一定程度上可以反映出个体呼吸机能的潜能，与安静心率一样，肺活量也受到年龄、性别以及实际身体状况之间差别的影响。通常情况下，男性的肺活量较大而女性肺活量要小一些，年纪小和年老的群体肺活量也较小。经常参加锻炼的人肺部的通气效率要更高，肺活量较大，但是对于当前的大学生来说，由于其长期缺乏锻炼，其肺活量水平较该年龄段的正常肺活量水平偏低。

在高校网球运动过程中，由于训练过程通常是以有氧运动为主，在有氧运动的过程中，肺部功能运作并将氧气转化为能量传递给肌肉组织以及全身的器官，如果心肺功能较好的话，那么就会在整个运动中对氧气进行有效利用，改善呼吸系统，通过呼吸系统来配合网球运动相关动作和技能的进一步完善。随着学生网球运动相关技术动作的熟练，训练的过程中会涉及快速跑位、大力击球、全身协调转体等动作，高强度的动作要求全身的器官、肌肉组织等进行大量的氧气供能，那么随着长时间的训练，肺部对氧气的摄入会从慢、浅逐渐转向快、深，肺部的通气量也会随着网球运动训练强度的增加而增加，肺部组织的弹性也会随之提高，进而提高学生自身的心肺功能。

3. 对最大摄氧量的影响

最大摄氧量通常是指人体出现力竭并且无力再继续运动的时候所摄入的氧含量，可以反映出个体运动能力的强弱。该指标会受到很多因素的影响，包括年龄因素、遗传因素、性别因素、环境因素、运动因素等，且在多种影响因素中，运动以及遗传两种因素是影响最大摄氧量最为主要的两种因素。因此，适当的训练，能够提升个体的最大摄氧量，进而提升对摄氧量的利用率。高校大学生长期缺乏锻炼，导致学生个体的最大摄氧量普遍偏低、技能水平较差。而通过网球运动，随着学生运动量的提升、动作熟练程度的提升、全身协调运动等，运动强度变大，肌细胞对氧的需求也增加，那么随着氧代谢动能的增强，最大摄氧量也会随之增加，对学生健康体适能的提升有着一定的积极作用。

（二）网球运动对体适能的影响

1. 对身体形态的影响

BMI 是体现身体质量的指数，与疾病、个体身体外形等有着一定的关系。大学生的身体普遍已经发育完成，即使加强锻炼，其 BMI 数值也不会发生较大的变化，只能是在正常的范围内朝着更加健康的方向发展。通过网球锻炼，虽然 BMI 数值没有较大的变化，但是 WHR 数值却有了明显的变化，女生下降得更加明显，说明核心部位的脂肪含量在不断减少，男生下降得稍慢一些是因为脂肪含量变少的同时，肌肉的含量也在明显增加。因此，长期的网球锻炼能够有效减少学生身体多余脂肪的含量，达到良好的塑形效果，对身体形态的塑造有着一定的影响。

2. 对身体成分的影响

身体成分是脂肪含量与瘦体重的比例，通常情况下人体的脂肪主要会堆积在腰腹、内脏等部位。肌肉与脂肪的分布不尽合理是当今大学生身体成分的主要体现，同时也反映出大学生健康程度没有达到理想状态。通过网球运动，学生会在训练的过程中练习到各种技术，包括准备阶段的技术、引拍阶段的技术、挥拍击球阶段的技术、击球随挥阶段的技术等，在整个运动过程中从下肢开始协调整个身体来进行运动，身体各个部位之间进行有氧以及无氧运动的结合，能够调动全身进行运动，从而起到良好的减脂效果。此外，经过一段时间的网球训练，在脂肪含量方面男女生都会有所下降，在瘦体重方面男女生都有一定的上浮，在肌肉含量方面男女生也都有一定的增长。因此，定期且长期的网球运动能够改变大学生身体的成分分布状态，帮助其减掉多余的脂肪，适当增加肌肉的含量，促进大学生身体素质的健康发展。

（三）网球运动对肌肉适能的影响

肌肉适能主要包括肌肉力量、肌肉耐力、爆发力等方面的内容。其中，肌肉力量包括背力、握力等方面的内容。背力是通过整个躯干进行协调发力，握力是通过前臂肌群来进行控制的，二者都是可以反映出个体肌肉力量变化的指标。网球运动的整个训练过程中，力量的传递是通过下肢蹬地到腰腹转体再到手臂，击球的过程中，可以充分用到腰腹部的力量，并锻炼到背部的肌肉群，长时间的锻炼能够有效提升肌肉力量，提升肌肉适能。爆发力是在整个网球运动中体现出来的，如正手击球、反手击球等，并且可以通过运动后的运动来进行测试，如立定跳远能够对下肢的爆发力进行测量。对于男生来说，网球运动能够提升其爆发力，且经过长时间训练能够得到大幅度提升。对于女生来说，网球运动对其爆发力的提升并没有男生提升得多，甚至由于生理原因、运动意识等方面的原因，女生的爆发力变化并不大。在肌肉耐力方面，由于网球运动训练通常具有较强的灵活性，不仅对技术有一定的要求，同时也对快速制胜有着一定的要求，因此，在训练或是比赛的过程中通常会击球十几个回合甚至是更多。这就要求大学生具有持久的肌肉耐力，尤其是腰腹部肌肉的耐力、手臂和肩膀的肌肉耐力等，因此，经过了长时间的训练，大学生的肌肉耐力会得到明显提升。

（四）网球运动对柔韧适能的影响

柔韧适能通常与各个肌肉组织的弹性和伸展性、关节活动幅度、韧带的弹性等方面有着直接的关系。具有较好柔韧性的人，通常在各种运动中都能够更快地掌握运动技能的要点，也能够促进身体的协调与舒展，避免身体出现运动损伤。上文中已经提到，网球运动与学生身体的脂肪量有着直接的关系，长期的训练能够降低脂肪的含量，而脂肪含量降低后，其对关节的约束程度也有效降低，进而提升了关节的柔韧性。在运动的过程中，体温的升高也促进了新陈代谢，有效降低了肌肉的黏滞性。但是在实际情况中，大学生网球运动训练所接触到的内容是相对简单且初级的，运动前后的拉伸情况虽然能够避免肌肉黏滞，但是运动不够充分，导致肌肉组织的伸展性和弹性无法得到有效的锻炼，进而导致无法有效提升学生身体的柔韧性。

总之，大学生身体素质偏低的情况已经成为常态，为了提升大学生的身体素质，应当要加强他们的运动训练。网球运动作为一种"时尚"的运动类型，其对提升大学生健康体适能有着直接的影响。高校相关教师应当要明确网球运动对学生体适能的影响，进而在教学过程中更好地利用网球运动。

第四节 6～12周篮球运动对大学生健康体适能 影响的研究

大学生是国家重点培育对象，肩负着实现中华民族伟大复兴的责任，大学生要有强健的体魄和坚强的人格，才能够迎接未来的挑战和困难。目前通过国家大学生健康体质测试数据可以看出，大学生的身体素质在力量、速度、灵敏等多方面有下降趋势。篮球运动是大学生喜闻乐见的运动项目，学生参与度较高，随着篮球运动的发展，各种级别篮球赛事影响力不断提升。

运用实验法、数理统计等研究方法，对137名学生进行6~12周篮球运动干预后体适能中肺活量指标和身体成分指标变化因素进行研究。干预后肺活量指标有不同程度的提升，干预后相比干预前学生整体肺活量及格率增长35%，不及格率降低35%；在身体成分指标上，学生身体BMI指数降低、体脂肪率减少、腰臀比有所下降、左右上肢肌肉含量增加。结论：篮球运动有助于学生肺活量和身体成分指标提升，能够有效改善大学生身体素质和身体形态，提高大学生健康体适能状况。

通过6~12周篮球运动干预后，根据学生的数据变化，首先让同学们对自己本学期篮球课后身体机能变化情况有进一步了解，激发同学们的运动热情，养成积极锻炼的习惯和科学锻炼的意识，还可以培养学生们团结意识和凝聚力。其次，通过不同学生的数据分析，探究篮球训练干预对大学生健康体适能的影响因素，旨在提升学生的身体素质和增强学生的健康状况，为大学生增强健康体适能状况提供科学的理论指导和方法，改善学生身体机能。

一、研究对象与方法

（一）研究对象

以某学院2019级篮球公体课137名男生作为研究对象，分4组进行。学生纳入标准为：无专业篮球训练的经历、无影响运动的疾病史、身体健康状况良好、无身体缺陷。

（二）研究方法

1.实验法

运用体成分测试仪、肺活量测试仪，在某学院 2019 级篮球选项课程中选取 137 名男生为研究对象，干预过程分三个阶段：篮球运动干预前、干预后第 6 周、干预后第 12 周。主要练习内容包括运球、投篮、三步上篮、防守以及身体素质、力量耐力、柔韧等多方面内容，每周一次练习，每次 120 分钟。对 137 名学生肺活量指标和身体成分指标两方面进行测试，将各阶段数据进行对比。

2.数理统计法

用 Excel 2010 软件进行数据整理，用 SPSS 21.0 软件进行均值配对样本检验。

二、结果与分析

（一）学生篮球运动干预前后肺活量指标变化

在篮球运动干预前，学生肺活量情况达到优秀标准 1 人，良好标准 3 人，及格标准 69 人，不及格标准 64 人；在干预后第 6 周，肺活量指标相比干预前优秀增长 1 人，良好人数增长 3 人，及格人数增长 19 人，不及格人数减少 23 人；在干预后第 12 周，肺活量指标相比第 6 周良好人数增长 1 人，及格人数增长 24 人，不及格人数减少 25 人。

说明学生经过 6~12 周篮球运动的干预后，肺活量指数均有不同程度提升，改善了学生心肺功能，增强学生运动时完成中等强度运动的能力，减少学生运动时呼吸不顺畅的现象，提升学生整体运动机能，但在学生中存在肺活量数据变化下降或变化不明显的情况。其原因分析如下：首先是学生在课堂表现方面，缺乏体能训练的刺激，学生对篮球课中体能训练方面的教学内容兴趣不强，课上不能全力以赴按要求做到；其次，自身生活习惯方面，除了相关体育课上运动，其余时间都在宿舍打游戏、刷手机等，缺乏锻炼的意识，只有少部分学生在课后主动进行运动；最后，还有一些学生有吸烟、喝酒的习惯，在查阅相关资料发现，伴随年龄增长有吸烟习惯的人肺活量会比正常人每年至少降低 20~50 毫升，甚至严重者会降低 50~70 毫升，同时会增加呼吸阻力，严重者会引起肺部感染以及肺功能受损，而喝酒也对身体有巨大影响，会破坏学生身体中的营养成分，如蛋白质、维生素等，经常饮酒还会影响身体各个器官功能，因此吸烟饮酒是影响肺活量下降的一个重要因素之一。

（二）学生篮球运动干预前后 BMI 指数变化

在运动干预对学生身体成分影响研究中，将身体成分中 BMI 指数、体脂率、腰臀比、左右上肢肌肉量等 5 项指标确定为分析指标，观察篮球运动干预前后数据变化，并分析影响因素。通过 6~12 周篮球运动干预，学生在干预后第 6 周 BMI 指数比干预前变化呈中度明显（P < 0.05）；学生在干预后第 12 周 BMI 指数比第 6 周变化差异性明显（P < 0.01）。这表明 6 到 12 周篮球运动干预对学生 BMI 指数降低具有很好的效果，BMI 指数的变化和学生体重有直接关系。由于篮球运动干预促进学生身体中热量的消耗，提高能量代谢能力、降低学生体重、促进 BMI 指数的降低，因此，篮球运动干预可以有效降低学生 BMI 指数。

（三）学生篮球运动干预前后体脂肪率变化

通过 6~12 周篮球运动干预，干预后第 6 周学生体脂肪率对比干预前无明显差异性变化；在干预后第 12 周学生体脂率对比第 6 周变化差异性明显（P < 0.01）。由此可见，篮球运动可以促进学生身体内脂肪消耗，篮球运动具有一定对抗性，充足的力量才可以适应运动中激烈的对抗，篮球运动能够使全身各部位参与运动，提高脂肪的代谢能力，通过 6 到 12 周篮球运动干预对降低体脂肪率有很好的效果。合理的负荷强度要求会促进学生身体脂肪代谢、降低脂肪率，不同学生通过运动刺激后机体的反应程度和能量代谢也不同。

（四）学生篮球运动干预前、干预后第 6 周、第 12 周腰臀比变化

通过 6~12 周篮球运动干预，干预后第 6 周腰臀比指标对比干预前无明显差异性变化；干预后第 12 周腰臀比指标对比第 6 周指标变化明显（P < 0.01）。可以看出，腰臀比可以衡量学生肥胖状况，经过查阅资料发现，肥胖不仅和脂肪量的多少有关，还与身体不同部位脂肪多少有关。在运动过程中持续性的跑动、跳跃、对抗可以有效地对学生身体脂肪形成刺激，能够带动全身肌肉和脂肪的活动，篮球训练干预对降低学生腰臀比有效果。

（五）学生篮球运动干预前后左右上肢肌肉量变化

通过 6~12 周篮球运动干预，干预后第 6 周左上肢肌肉量指标对比篮球运动干预前无明显差异性变化；在干预后第 12 周左上肢肌肉量指标对比第 6 周变化差异性明显（P < 0.01）。同时，干预后第 6 周右上肢肌肉量指标对比篮球运动干预前变化差异性中性明显（P < 0.05）；在干预后第 12 周右上肢肌肉量指标对比第 6 周变化差异性明显（P < 0.01）。

综上所述，在运动干预前到干预后第 6 周，学生左上肢肌肉量无明显变化，右上肢肌肉量变化呈中度明显。篮球运动是一项需要左右手进行运球、投篮等技术动作，通过上课观察发现，学生以右手为惯用手居多，经常用右手完成技术动作，使学生右上肢肌肉量变化更显著；再经过 6 周篮球运动干预，课上加强学生弱侧手运球、三步上篮、投篮等技术动作练习的比重，有效刺激学生弱侧手臂力量提升，促进学生左右上肢肌肉量和力量的均衡发展，提高左右手完成技术动作的能力，说明篮球训练干预可以有效提升左右上肢的肌肉含量。

三、结论与建议

（一）结论

通过 6~12 周篮球运动干预，学生体适能状况有了进一步改善。在肺活量指标上，均有明显增加；在身体成分指标上，学生身体 BMI 指数降低、体脂率减少、腰臀比下降、上肢肌肉含量增加。

从学生肺活量指标上看，学生在不同阶段肺活量均有增长，但不同学生增幅不同，在篮球运动干预前，学生整体肺活量指标合格率为 53.3%，不合格率为 46.7%，通过 6~12 周篮球运动干预，学生整体肺活量指标及格率为 88.3%，不及格率为 11.7%，6~12 周篮球运动干预后相比干预前学生整体肺活量及格率增长 35%，不及格率降低 35%，可以表明，篮球运动干预可以促进学生肺活量指标提升。

学生通过 6~12 周篮球运动干预后，随着运动负荷强度刺激的增加，一些学生大量运动后促进体内脂肪代谢，使体重减轻、脂肪含量降低，学生 BMI 指数下降，体脂肪率有所降低、腰臀比下降，篮球运动还能够改善学生身体形态并能提升学生身体素质，对学生健康发展具有很好效果。

从左右上肢肌肉量指标来看，6~12 周篮球运动对学生左右臂肌肉量都有提升，运动干预 6 周后学生左上肢肌肉含量变化较小，这是由于运动负荷、强度大小以及学生惯用右手习惯等，在接下来的 6 周运动干预中，通过训练负荷和强度增加，提高学生弱侧手运球、投篮等技术动作练习频率，在运动干预后第 12 周，左右臂肌肉量有了明显变化，左右手臂的协调性和力量得到提高。可以表明，篮球运动干预可以促进左右上肢肌肉量的提升和力量均衡发展。

（二）建议

第一，建议高校篮球选修课提高运动强度和负荷，每周可以安排三节篮球课程，这对促进学生身体健康发展具有良好的促进作用。第二，体育教师可以多结合篮球游戏、增加比赛的次数，提升学生的运动兴趣，激发学生的竞争意识和团队精神，有效促进学生课堂学习的效果。第三，在篮球课教学实践中，应该增加学生协调素质和力量素质方面的教学内容，可以有效提高篮球技术动作学习质量和避免伤病发生。

第五节　肥胖女大学生健康体适能全面增进实践研究

现代大学生越来越重视自己的健康和体形，而肥胖问题正是影响女大学生身心全面发展的重要因素之一。研究表明肥胖会引发心理问题，并导致情绪与内分泌的不稳定，而情绪的不稳定会对各价值观产生影响，自尊中的自我价值感和身体状况两个维度的变化与 BMI 有线性关系。因而，科学减肥增进健康对大学生而言意义重大。在科学运动与减肥研究方面，以往的研究显示有氧结合无氧运动对身体形态类指标（体重、BMI、腰臀比）的优化具有显著影响。本研究旨在对肥胖女大学生进行科学运动减肥的基础上，全面增进其健康体适能，并通过专业的健身课程学习，让该部分大学生在减肥塑形的同时懂得运动的基本原则和方法，并学会一定的运动技能，为后期建立自主锻炼的良好生活方式奠定基础。

本节以某学院 19 名肥胖女大学生为研究对象，从全面增进健康体适能角度出发制订科学的减肥方案，比较方案实施 2 个月后健康体适能各维度相关指标的变化情况。结果发现，与训练前相比，肥胖大学生在身体成分、心肺耐力、肌肉力量等各适能上均有所改善。以健康体适能全面增进为核心的减肥方案能有效增进肥胖大学生的健康体适能水平，为今后肥胖大学生科学减肥方案的制订提供实践参考。

一、研究对象与方法

（一）研究对象

在某学院公共体育学生中选取相对较胖的 25 名在校女大学生为本次研究初选对象，对其进行 Inbody720 身体成分检测，并通过体脂百分数、内脏脂肪面积等指标对其进行肥胖分析，最终确定 19 名女生肥胖者为本次研究对象。实验前向受试者询问身体健康状况与疾病史，确保运动安全性，并详细介绍本研究的目的和实验方法，签署志愿者协议书。

（二）实验设计

实验形式采用被试内实验设计。本次以健康体适能全面增进为核心的减肥方案为期 2 个月，其间受试者需按设置的训练方案执行。所有受试者均需在实验前后进行"心肺耐力""力量适能""体成分""柔韧性"等健康体适能基本要素相关指标的测试。训练计划结束后，对前后数据进行比较分析。

（三）测试方法与考察指标

身体成分测试采用韩国 Inbody720 身体成分分析仪，考察指标包括：基础代谢率、内脏脂肪面积、体脂百分比；心肺耐力测试采用 EC-1200 功率车二次负荷法检测，得到心脏功能能力指标 F.C.；力量方面主要测试握力；柔韧性采用坐位体前屈测试法。

（四）数据统计与分析方法

研究数据采用 SPSS 19.0 统计软件进行分析，其中平均数 ± 标准差用（x±s）表示，实验前后的数据分析采用配对 t 检验，将 $P < 0.05$ 作为具有显著性差异的标准。

二、结果与分析

（一）身体成分测量与分析

1. 基础代谢率实验前后分析

基础代谢率（basal metabolic rate，BMR）是指人体在清醒而又极端安静的状态下，不受肌肉活动、环境温度、食物及精神紧张等影响时的能量代谢率。基础代谢率高说明能量消耗大，随着年龄的增长，机体基础代谢率会下降，而经常进行肌力训练，能使基础代谢率提高 6.8%~7.8%。实验前后基础代谢有显著性差异。说明通过 2 个月的干预实验，基础状态下的能量代谢增加，有利于减肥。

2. 体脂百分比实验前后分析

体脂百分比是衡量肥胖与否的重要指标之一，女性体脂百分比 > 30% 通常被确定为肥胖。体脂百分比实验前后存在显著差异性（$P < 0.05$）。表明本次综合干预后，受试者体内脂肪被消耗。

3. 内脏脂肪面积实验前后分析

体重指数 BMI 虽然能简单地评价身体的肥胖程度，但无法得知个体脂肪的实际含量及体表脂肪与内部脂肪的分布情况。本研究利用生物电阻抗法测量得出内脏脂肪的面积，内脏脂肪积累过多的向心性肥胖被认为具体较高的心血管患病风险，是影响健康的重要因素之一，在全身性减肥过程中，本实验方案还专门融入了减少内部脂肪的针对性练习，如举腿练习、平板支撑、卷腹、腹部拉伸这一系列动作对腹部脂肪的消耗和代谢起到了重要作用。

（二）心肺耐力测量与分析

本实验用功率车二次负荷试验测量心脏功能，它是指机体在有氧范围内，所能达到的最大强度活动的 MET 值，1MET 是指安静状态下的能量消耗水平，相当于耗氧量 3.5 毫升 /（千克·分钟）。为了达到更好的效果，运动处方根据实验前的心脏运动能力从练习强度、形式、运动负荷、持续时间、频率等因素上因人而异地分成几组进行设定。2 个月的体适能全面增进方案表明，肥胖大学生实验前后心脏功能能力存在显著性差异（$P < 0.05$），表明通过该方案的干预，肥胖者的心肺功能得到了明显提高。

（三）肌肉力量测量与分析

实验中除了一般性的有氧运动外，还专门增加了抗阻力量练习，实验干预后，受试者握力与实验前相比明显增强（$P < 0.05$）。这表明在传统的有氧运动基础上，适当增加抗阻力量练习，可以使得肥胖者在减脂的同时产生增肌的效果。

（四）柔韧性适能测量与分析

在健康体适能中，柔韧性适能是一个重要指标。它是对关节活动范围的测量，通常用检测关节的柔韧性强弱来表示。在该实验中，采取坐位体前屈的数值对研究对象进行柔韧性评定。动静结合的拉伸运动方式，可以增强柔韧性，在跳有氧操时，全身的肌肉都处于活跃的状态，各个关节间的弹性也增强，从而身体在活跃中去拉伸时，比平时的拉伸度都要大。在不断的训练中，肌肉慢慢适应身体的需要。肥胖大学生通过训练后，坐位体前屈指标显著高于训练前（$P < 0.05$），表明综合性训练明显提高了受试者的柔韧性水平。

三、结论

本研究表明在一般性有氧运动基础上，增加适量的抗阻力量训练、核心稳定性训练、动静结合的拉伸练习，这种体适能全面增进的减肥方案，使得肥胖女大学生在基础代谢、减脂、增加肌肉力量及提高心肺耐力和柔韧性方面均产生了积极的效应。

近些年，大学生的体质健康抽测数据表明男女生心肺耐力水平及肌肉力量普遍低下，肥胖人数也不在少数，体质健康水平并不乐观。这与互联网、智能手机的发展密切相关，使得大学生坐式生活方式蔓延，体力活动及运动量减少。有资料显示，中国发达地区采取学生肥胖综合防治措施已刻不容缓。而正确的体育运动能对身体产生积极的影响，体育锻炼能改善和提高中枢神经系统的工作能力，促使中枢神经系统及其主导部分大脑皮层的兴奋增强、抑制加深，使兴奋和抑制更集中，从而改善和提高中枢神经系统对内部器官的调节作用，使各器官和系统更加灵活协调，提高机体的工作能力。因而建议大学生加强运动促进健康的意识，对于肥胖的女大学生而言，应树立正确的健康观、审美观，要运用科学的手段进行减肥，切不可盲目减肥。本研究中的健康体适能全面增进减肥方案对肥胖女大学生在降脂增肌、提高心肺耐力及柔韧性方面均起到了良好的效果，因而建议肥胖女大学生参照该方案，结合自身特点，科学减肥，在每周的锻炼中，应涉及心肺、力量、柔韧等基本健康体适能的锻炼。在减肥塑形的同时懂得运动的基本原则和方法，并学会一定的运动技能，从而全面增进其健康体适能。

第六节 快速伸缩复合训练对改善大学生健康体适能的研究

大学生是国家宝贵的人才资源，大学生的健康工作是全民健康工作的重中之重。如何在大学体育健康课上设计、创新健康促进手段，对提高大学生的健康水平至关重要。本研究运用快速伸缩复合训练的方法对常州某高校男大学生进行为期 15 周的干预，观察其健康体适能各指标的变化，探讨大学生提高体质健康水平的途径和方法。

目的：探讨快速伸缩复合训练对大学生健康体适能的影响，为促进大学生健康提供合适的锻炼方法。

方法：选取某学院 136 名男生为研究对象，随机分为实验组和对照组，实验组进行 2 次 / 周，30 分钟 / 次的快速伸缩复合训练，为期 15 周；对照组仅进行常规的体育课教学。实验前后测试学生的体质健康指标。

结果：经过 15 周干预后，对照组体重、肺活量、50 米跑、立定跳远、1 000 米跑 5 项指标实验前后无明显变化，差异均无统计学意义（P 值均 > 0.05）；引体向上、坐位体前屈成绩略有提高，差异均有统计学意义（P 值均 < 0.05）。实验组体重明显下降，肺活量、50 米跑、1 000 米跑、立定跳远和引体向上均有明显的提高，差异均有统计学意义（P 值均 < 0.01）；坐位体前屈无明显提高，差异无统计学意义（P > 0.05）。

结论：15 周快速伸缩复合训练是提高大学生身体素质和健康水平的重要手段，可作为体育课的教学内容。

一、对象与方法

（一）对象

选取某学院 2017 级机械设计制造专业全部 136 名男生为研究对象，采用区组随机化分组的方法，将学生的体重从轻到重编号，体重相近的配成 1 个区组，从随机数字表中任一行任一列开始，抽取 136 个随机数字；在每个区组内将随机数字按大小排序，将各组内序号为奇数的分为一组，序号为偶数的分为一组，分别为实验组和对照组，每组各 68 人。2 组研究对象在年龄、体重和身高分布上基本一致，具有可比性。

（二）方法

1. 实验方法

实验时间为 2017 年 9 月至 2018 年 1 月。对照组 2 次 / 周，每次 90 分钟体育课按照教学大纲进行常规教学和训练；实验组在每次 90 分钟体育课的前 60 分钟进行常规的体育课教学，后 30 分钟进行快速伸缩复合训练，以替代常规体育教学课中的身体素质训练。实验组和对照组学生进行锻炼的过程中，通过团队心率采集系统对部分学生进行实时心率采集，根据心率情况调控运动的负荷强度。其他教学内容实验组与对照组完全相同，教学方法基本一致，无其他因素干扰。实验前后依照 2014 年《国家学生体质健康标准》测试要求同时对 2 组学生进行肺活量、坐位体前屈、立定跳远、50 米跑、引体向上、1 000 米跑等指标测试。

2. 快速伸缩复合训练的内容设计

快速伸缩复合训练计划结合了下肢、上肢和躯干的训练。根据大学生身体特点选择动作组数、重复数和练习的次数。进行 4~8RM（RM 为一次最大重复次数）的练习项目，每次做 2~4 组动作，重复 6~10 次。按照实验期间的运动量和动作组数，休息时间 30~90 秒不等。教练会给出语言提示和示范动作，以保证训练方法的正确性。在进行完 30 分钟的快速伸缩复合训练之后进行 5 分钟的放松运动。

15 周快速伸缩复合训练包括 3 个部分：第一，下肢快速伸缩复合训练，主要提高下肢动作的力量与爆发力，强化下肢肌肉的弹性力量，提高力的产生速率。主要采用双脚跳、蹲跳、分腿蹲跳、换腿蹲跳、单腿纵跳、后蹬跑、正 / 反向—跳箱—

双脚纵跳、左/右向—栏架—双脚横向跳、正/反向—栏架—单腿交换纵跳、左/右向—栏架—单腿交换横向跳。第二，上肢快速伸缩复合训练，主要为提高上肢动作的力量与爆发力，有助于增强肩关节的稳定性，强化胸大肌和肱三头肌的力量。采用药球—胸前推球—伸髋双膝跪姿（半跪姿、直立姿），药球—头上扔球—伸髋双膝跪姿（半跪姿、直立姿），药球—过顶砸球—伸髋双膝跪姿（半跪姿、直立姿），拉长收缩俯卧撑。第三，躯干快速伸缩复合训练，提高躯干动作模式的力量与爆发力，有助于强化腹部力量及核心力量，持药球—快速伸缩复合训练—仰卧起坐、药球—快速伸缩复合训练—俄罗斯旋转。

3. 统计分析

利用 SPSS 18.0 统计软件进行数据整理，所得实验数据用（x±s）表示，组间比较使用独立样本 t 检验，组内比较采用配对样本 t 检验，以 P < 0.05 为差异有统计学意义。

二、结果

实验前实验组与对照组健康体适能各指标比较实验组和对照组体重、肺活量、50 米跑、立定跳远、引体向上、1 000 米跑、坐位体前屈等测试指标差异均无统计学意义（t 值分别为 0.85, -1.82, 2.16, -0.37, -0.53, -0.26, -0.05, P 值均 > 0.05）。

实验前后实验组、对照组健康体适能各指标比较经过 15 周的常规体育课教学，对照组的体重、肺活量、50 米跑、立定跳远、1 000 米跑 5 项指标与实验前比较差异均无统计学意义（P 值均 > 0.05）；引体向上和坐位体前屈成绩有提高，与实验前比较差异均有统计学意义（P 值均 < 0.05）。

实验组干预后的体重明显下降，肺活量、50 米跑、立定跳远、引体向上和1 000 米跑 6 项指标均有明显提高，差异均有统计学意义（P 值均 < 0.01）。坐位体前屈成绩与实验前比较差异无统计学意义（P > 0.05）。

干预后，实验组各项测试指标除坐位体前屈外均优于对照组，差异均有统计学意义（t 值分别为 -4.26, 4.62, -5.72, 4.87, 6.55, -8.95, P 值均 < 0.01），对照组坐位体前屈成绩优于实验组，差异有统计学意义（t=-3.28, P < 0.05）。

三、讨论

快速伸缩复合训练的本质是利用肌肉拉长缩短周期（stretch-shortening cycle，SSC）运动来发展肌肉力量和爆发力的方法。其通过预先拉长肌肉、反向运动、助力运动等方式，利用肌肉和肌腱的弹性势能和牵张反射，实现更快速有力的向心运动。本节按照身体部位制定了上肢、躯干和下肢的快速伸缩复合训练，通过15周的干预，代表上肢和肩带肌力的引体向上成绩明显提高。本节以上肢快速伸缩复合训练，通过提高肱二头肌、肱三头肌、胸大肌、背阔肌的力量与爆发力，增加力的输出速率，增强肩关节稳定性提高引体向上成绩。反应下肢爆发力的立定跳远、50米跑成绩也明显提高，该训练方法除增加下肢肌群的力量与爆发力等肌源性因素外，还促进肌肉与中枢神经系统相互作用，减少肌肉离心收缩与向心收缩之间的时间，使身体做出更有力量的运动，是提高身体素质和运动能力的重要手段。虽然本研究设计了躯干快速伸缩复合训练，但并没有在测试指标中反映出来，这是本研究局限性所在，但本节推测该训练提高了旋转躯干肌群的力量与爆发力，有助于强化腰腹和背部力量等核心区肌肉力量，使上下肢之间的动作形成完整动力链，在整个运动链中，某个原发关节的运动可向不同方向产生"波浪效应"，其结果是身体产生的力和能量得到有效传递。

通过为期15周的实验干预，实验组有氧工作能力也明显改善，肺活量和1000米跑的成绩较干预前明显提高，干预后与对照组相比也明显提高，差异均有统计学意义；而采用常规体育课教学的对照组，有氧耐力有提高的趋势，但无统计学意义。其原因可能是躯干的快速伸缩复合训练激活膈肌和呼吸肌群，使呼吸容量增大，肺活量测试值提高；快速伸缩复合训练有助于锻炼人体的灵敏性、跑步经济性以及核心稳定力量等竞技运动能力，提高1000米跑的运动成绩。

但在躯干柔韧性测试中，干预后实验组增加的幅度有限，仍小于对照组，其原因可能是实验组训练安排中更侧重肌肉力量锻炼而忽视身体柔韧性训练，而常规的体育教学中有适当的身体柔韧性训练的内容，因此这也是本节动作设计的不足之处，在今后的教学中应添加牵拉或柔韧性练习，以期达到更全面的锻炼效果。

除上述健康体能的指标外，在衡量学生速度素质的重要指标50米跑，2组成绩均有提高，但实验组提高更明显，可能是由于在 15 周训练计划中设计了后蹬跑和跨步跑等练习，不仅提高下肢爆发力，还提高 50 米跑节奏，改善学生跑步时抬腿送髋的动作，从而提高 50 米跑成绩。同时，适宜的快速伸缩复合练习可提高肌肉在一定负荷内拉伸的能力，提高反应速度、快速变向能力和减少运动时能量的消耗，在提高短跑成绩的同时还有助于伤病预防。

综上所述，体育课的练习内容、方式和练习强度是影响体育课质量的重要因素，15 周快速伸缩复合训练是改善大学生健康体适能和运动素质可供选择的训练方案，是提高大学生健康水平的重要刺激手段。

第七节　核心力量训练对男大学生健康体适能的影响

核心力量训练最早起源于美国的康复界，体适能是 20 世纪 60 年代末由美国人提出的。体适能是"健康"概念某种程度的扩展与延伸，常作为国际上通行的运动康复及健身领域评价机体健康指数的一项重要指标。它可分为健康体适能和运动体适能，健康体适能是与健康有密切关系的体适能，是指心血管、肺和肌肉发挥最理想效率的能力，它是机体维持健康水平、抵御疾病侵袭以及获得高于日常工作、学习与生活质量水平所必备的体适能内容。当今大学生的身高、体重均呈增长趋势，但体适能水平却呈下降趋势。因此，本研究通过在大学体育课中加入核心力量训练，了解并分析大学生体适能变化情况，寻找提高学生健康体适能的方法，继而制定出较为科学的体育教学方案。

研究通过教学实验对比分析传统力量训练和核心力量训练方法对大学生健康体适能的影响。结果表明，实验组和对照组在分别采用不同训练方法后，两组的健康体适能指标均比训练前有显著提高。训练后实验组在肺活量、立定跳远指标上提高的幅度显著高于对照组，其他指标均不存在显著差异。所以，在教学中，核心力量训练和传统力量训练应互补共有。传统力量训练主要集中在身体大肌肉群，对机体绝对力量的提升较为明显，而核心力量主要对人体核心区肌肉进行锻炼，有助于机体的稳定和力量的传递，可有效弥补传统力量训练对人体核心区肌肉训练的不足。核心力量训练应选择性地引入大学体育课，应在教学中不断开发新型的训练方法、技术动作、训练模式等以调动学生的积极性。

一、研究对象和方法

（一）研究对象

本研究以某校区在校大一男大学生为研究对象。

（二）研究方法

1. 教学实验法

运用整群随机抽样的方法随机抽取4个自然班（共80名男生）作为实验对象。其中2个班为实验组，2个班为对照组。对照组体育课采用传统力量训练教学方法，主要有小步跑、高抬腿、跨步跳、仰卧起坐、俯卧撑等；实验组体育课采用核心力量训练教学方法，主要有卷腹、平板支撑、仰卧支撑等，利用器械有瑜伽垫、瑞士球、拉力带等。实验周期为14周，每周1次，每次力量练习时间20分钟。测试指标为身体质量指数（BMI）、坐姿体前屈、一分钟屈膝仰卧起坐、立定跳远、1 000米跑等。

2. 数理统计法

测试数据通过SPSS 16.0统计软件和Microsoft Excel 2017软件进行分析。实验数据组间进行独立样本t检验和组内进行配对样本t检验，分析两种教学方法训练前后，学生健康体适能的变化情况。

二、结果与分析

（一）核心力量训练对大学生身体质量指数（BMI）的影响

身体质量指数（BMI）是目前国际上常用的衡量人体胖瘦程度以及是否健康的一个指标，是一个中立而可靠的指标。成人的BMI数值正常范围是18.5~24.99，低于18.5为过轻，高于25为过重，超过32为肥胖。实验组和对照组在实验前后BMI指标变化不大，实验组和对照组在实验后指数值均增加0.2左右，增加幅度相当。实验组和对照组BMI绝大部分在19~22.73范围内，均属正常。通过实验组和对照组的组内、组间的训练前后比较，均不存在显著性差异。由于研究对象的年龄范围为 18.8 ± 0.9 岁，身高已经基本发育完成、体重相对较为稳定，所以训练前后 BMI 的影响不明显。

（二）核心力量训练对大学生柔韧性适能的影响

柔韧性适能是人体关节活动幅度以及关节韧带、肌腱、肌肉、皮肤和其他组织的弹性和伸展能力，即关节和关节系统的活动范围，通常用坐位体前屈来衡量。实验组在训练前后分别为 16.18 ± 4.80 厘米、18.12 ± 6.34 厘米；对照组训练前后分别为 15.38 ± 5.10 厘米、17.47 ± 6.03 厘米。通过实验组和对照组的组内、组间训练前后比较，均没有显著性差异。在教学中，核心力量训练和传统教学法对大学生柔韧适能均有促进的作用，两者的作用效果不存在显著性差异（P > 0.05）。柔韧性练习均集中在准备活动阶段，准备活动部分两组内容相同，从而可以解释实验组和对照组对大学生柔韧适能的效果相同的原因。

（三）核心力量训练对大学生肌适能的影响

肌适能是人体肌肉的适应能力，它包括肌力和肌耐力。肌力是指肌肉对抗某种阻力时所发出的力量，通常认为是肌肉在一次收缩时所能产生的最大力量。肌耐力是指肌肉维持使用某种肌力时，能持续用力的时间或反复次数。一般用立定跳远来评价肌肉的爆发力，立定跳远能反映肌肉快速做功的能力。实验组在训练前后分别为 215.55 ± 14.47 厘米、219.20 ± 18.50 厘米，提高了 4 厘米左右；对照组训练前后分别为 215.75 ± 18.56 厘米、217.15 ± 19.1 厘米，提高 1.5 厘米左右。核心力量训练提高了被试者腰部的爆发力，因为立定跳远除了需要大腿的力量还需要腰部力量，因此实验组训练后立定跳远成绩有了显著性提高，核心力量练习有利于核心区肌力的增强，在跳远项目中起到一定的效果。50 米跑是用来测量机体快速移动的能力，可以间接反映出肌肉的爆发力和快速收缩时肌肉的耐力。实验组和对照组训练前后均有显著性提高（P < 0.05），实验组和对照组组间对比均不存在显著迟性差异，核心力量训练和传统力量训练效果在 50 米跑步项目中效果相当。

（四）核心力量训练对大学生心肺耐力的影响

成年男子的肺活量约为 3 500 毫升，长期坚持体育锻炼的人，其肺活量会相应地增加，肺活量的大小与胸廓的扩张与收缩的宽舒程度有关。研究表明，体育锻炼可以有效增加胸廓的容积，增强胸廓的弹性，长跑、足球、游泳运动员的肺活量可达 6 000 毫升以上，游泳运动员菲尔普斯肺活量高达 15 000 毫升。肺是完成气体对外交换的重要器官，人体气体对外交换场所越大，越有利于体内 CO_2 的排除和 O_2 的摄入。研究表明两种训练均有利于肺活量的增加，实验组增加幅度 238.3 毫升，训练前后呈显著性差异（$P < 0.05$）；对照组增加幅度 132.6 毫升，这可能由于核心力量训练对肋间肌、肋间外肌、肋间内肌、膈肌等呼吸肌锻炼效果较好，能有效增加呼吸肌的力量，增大胸廓体积。传统力量训练主要是对四肢大肌肉群和躯干部表层大肌肉群的训练，对核心区深层肌肉的锻炼相对较弱，所以核心力量训练对肺活量指标的效果优于传统力量训练。1 000 米跑是大学生心肺耐力的综合外在表现，实验组和对照组在训练后，1 000 米跑的成绩均提高了 5 秒左右，实验组和对照组组间对比均不存在显著性差异，说明两种训练在 1 000 米跑项目中，效果没有显著性差异，两种训练对心肺耐力的综合影响相当。

三、结论与建议

（一）结论

核心力量训练引入体育课后，有效提高了男大学生的健康体适能，它的引入弥补了传统力量训练对人体核心区力量训练的不足，尤其是在肺活量和腰腹部核心力量方面。从上课效果来看，核心力量的练习具有较新的训练理念，更容易调动学生锻炼兴趣，在实际操作中更容易调动学生的积极性。传统的力量训练主要集中在身体大肌肉群的训练，方法较为陈旧，在实施过程中，学生存在抵触情绪。由于受课程安排的影响，训练时间和训练次数较少，部分指标训练前后没有出现显著性差异，从数据上可以看出训练后大学生健康体适能整体水平均有提高。实验组和对照组训练效果相当，均有明显提高，在立定跳远和肺活量两指标上实验组效果明显高于对照组。

（二）建议

应根据教学目标、特点，科学地改进核心力量训练的方法，将其有效引入大学体育课教学中。在力量训练方面，建议把传统力量训练和核心力量训练相结合，优势互补，更加全面地进行身体锻炼。建议开发新型的训练方法、动作、训练模式，用新颖的教学方法，调动学生的积极性。

第八节　滑冰课程对女大学生健康体适能的影响

高校应通过冬季冰上教学活动，提高学生的健康体适能，使其健康状况、学习效率和生活质量得到改善。针对高校女大学生对滑冰课程的参与积极性低于男生这一问题，运用实验、问卷与教师谈话等多种方法，了解女大学生的健康体适能、滑冰运动的兴趣，通过对比实验前后的测试数据，实验后女大学生在心肺耐力、肌力和肌耐力、柔韧素质都得到显著性改善。实验结果表明课内外互相结合的滑冰练习对女大学生的健康体适能指标会产生积极的影响，这为高校一线体育教师引导女大学生积极参与滑冰运动提供可资借鉴的依据，使女大学生对滑冰运动改善其健康状况有了正确的认识，激发了她们体育课学习的兴趣。

东北冬季气温低、结冰期长，为各类冰上运动的开展提供了良好的外部条件，每年 11 月中下旬至次年 1 月上旬大约 6 周的时间，大专院校均将滑冰作为体育必修课。在滑冰课的教学组织过程中，教师按照教学计划开展教学活动，在教学组织、教学方法、课余活动上力求创新。由于冰上课教学存在着教学时数少、技术动作复杂且衔接性强、学生个体差异较大等问题，因此往往收不到预期的教学效果。特别是女大学生群体，因畏惧严寒，不喜欢冬季户外上课，担心受伤等种种因素，不愿积极参与到滑冰教学过程中。滑冰的课堂教学对女大学生而言不仅体育隐性功能得不到有效实现，甚至最根本的增强体质健康的本体功能也很难达到。

体适能的概念最早由美国科学家提出，多数中国学者将其翻译为"体适能"，也有译作"体能""身体素质""体力"。世界卫生组织对体适能的定义是，体适能是指应对日常工作之余，身体不会感到过度疲倦，并且还有余力去享受休闲及应对突发事情的能力。通过查阅体适能定义相关的文献资料，国内学界基本认同世界卫生组织的这一定义，或以其为基础进行延伸。体适能因保持身体健康状态或获取竞赛成绩的个人需求不同可以分为健康体适能与运动体适能两类。健康体适能指人在身体健康状态下的这是普通人为了改善健康状况，提升工作效率和生活质量所追求的体适能。运动体适能主要指人在竞技比赛中夺取最佳成绩所需具备的速度、反应、爆发力、协调性和灵敏性等素质，即为竞技提升运动成绩所追求的体适能。本节在健康体适能理念下侧重于研究冬季如何提高女大学生体质健康状况。根据女大学生身体素质发展的需要，激发其学习兴趣，丰富滑冰课堂、课余学习内容和锻炼目标，采集训练前后两个时间节点的数据，对比分析滑冰运动对女大学生健康体适能指标的影响，并对今后滑冰课教学提出建议。

一、研究对象与研究方法

（一）研究对象

某校区 2016 级体育公选课的学生均在大一学年对滑冰运动进行了初步的学习，对滑冰运动有了初步的感受，大二学年需要其滑冰技术动作进一步巩固、提高，运动量进一步加大，这些要求会对其健康体适能指标的变化产生更为直观的影响，故此次研究对象选定为某校区 2016 级体育公选课 5 个班中的女大学生为研究对象，随机选取其中的 80 名。

（二）研究方法

1. 文献资料法

笔者通过在中国知网、万方数据等学术期刊平台查阅滑冰、体适能的相关文献资料，收集研究《国家学生体质健康标准》等有关文件，为做好此次研究奠定理论基础。

2. 实验研究法

（1）测试指标与测试仪器

《国家学生体质健康标准（2014 年修订）》中包含了健康体适能所要求测定、评价的内容，可以作为测定健康体适能指标的依据，测试指标主要有：身高（厘米）、体重（千克）、心率（次/分钟）、肺活量（毫升）、立定跳远（米）、坐位体前屈（厘米）、50 米跑（秒）、800 米跑（秒）、1 分钟仰卧起坐（次/分钟）。用同方健康科技（北京）有限公司生产的体质测试仪测试身高、体重、心率、肺活量、坐位体前屈；用皮尺测量立定跳远；用秒表测量 50 米跑、800 米跑。

（2）实验设计与数据采集

随机从某校区 2016 级体育公选课 5 个班中选取 80 名女大学生于 2016 年冬季进行滑冰教学、练习，平均每星期 2 学时，滑冰课堂教学采用"因材而练"的教学方式，分析每个学生的特点，发现她们的兴趣和疑难，有针对性地开展分层次教学；利用每周六下午的课余时间组织学生进行 1 小时的巩固练习，强化专项体能练习，组织学习小组，小组间进行竞赛或开展多种形式冰上游戏。为研究滑冰课程对女大学生健康体适能指标具体产生的影响效果，在本学期滑冰课程开始前和本学期滑冰课程结束两个时间节点进行健康体适能指标测试，通过测试获取参与滑冰锻炼前后女大学生健康体适能指标的数据。

（3）统计分析法

对滑冰锻炼前后女大学生健康体适能指标的数据按照一般统计方法利用 SPSS 统计软件进行分析处理，并进行平均数差异检验，对比分析滑冰锻炼前后女大学生健康体适能指标变化情况。

（4）问卷与谈话调查法

问卷调查法主要指：通过问卷，调查女大学生对于滑冰课程的参与动机、身心感受变化的情况；通过举办座谈会、个别交流等不同的沟通形式，提高我们对滑冰课的认知程度。

二、研究结果与分析

（一）心肺耐力

心肺耐力是指人在一定运动强度下持续运动的能力。心肺耐力越好的人，在一定的运动强度下持续运动的时间越长，在平时的生活中，学习工作时精力更为充沛，患心血管疾病的概率较低。女大学生在冰面上持续滑行一定的时间后，为了适应人体需求，心跳频率会加快，增加心输出量，促进了身体的有氧代谢活动，人体耗氧量和产生的二氧化碳随之增加，二氧化碳会刺激到人的呼吸中枢，呼吸频率会加快，使心肺得到有效的锻炼。每周多次进行滑冰练习，持续一段时间后，心脏容积和肺部容量都会增加。女大学生经过长时间滑冰锻炼后，日常生活中的安静心率频次比没有参加滑冰锻炼前有显著性下降，肺活量却有所增加，说明滑冰作为一项有氧运动对女大学生心肺功能的改善，提升其持续运动能力具有明显的效果。

（二）肌力和肌耐力

肌力指人体主动运动时的力量、幅度和速度。肌耐力指肌肉持续工作的能力，也就是抗疲劳能力。女大学生在进行滑冰练习时，站立与平衡、小步走、单脚支撑、双脚滑行、前双曲线滑行、八字停止法等滑冰基本动作技巧，均需通过调动身体各部位的肌肉群来完成，并对肌肉力量有一定的要求。在连续滑行时，各种技术动作反复使用，通过摆臂来保持身体平衡，通过下肢控制蹬冰的频次、力度、角度，这能使练习者上肢、下肢肌肉得到有效锻炼，使肌肉的力量持续增强。

在人体滑冰过程中，需要不断地克服疲劳感以保证滑冰的速度和动作质量，长时间的练习会让练习者对运动负荷的承受能力和抗疲劳能力得到强化。女大学生经过长时间滑冰锻炼后，50 米跑速度提升和立定跳远距离增长，说明了女大学生腿部肌肉力量明显增强。而 800 米跑速度提升和 1 分钟仰卧起坐次数增加除了说明女大学生的腿部、手臂、腰腹等部位的肌肉力量得到了改善，还能够说明她们的运动负荷能力和耐力也得到了提升。这些都说明滑冰运动对女大学生提高肌力和肌耐力具有积极的作用。

另外，滑冰运动对于增肌减脂有很好的作用。长时间的滑冰运动会使大量的热量消耗于腿部和臀部肌肉的反复运动过程中，会减掉腿部和臀部多余脂肪，有关研究认为同等强度条件下，30 分钟滑冰燃烧的热量要大于 30 分钟长跑。

（三）柔韧素质

柔韧素质指人体关节和关节系统的活动范围。柔韧素质的概念在体育舞蹈中常常被提及，而许多学生觉得滑冰运动与柔韧素质关联不大。实际上，人体的关节和周边组织最容易受到运动损伤，例如速度滑冰的过弯动作，花样滑冰的旋转跳跃动作，都需要十字韧带和腿部肌肉组织对膝关节进行有效支撑，稍有不慎就会损伤十字韧带、半月板就会受损，柔韧素质好的人能完成难度大的动作并降低受伤概率。

女大学生长时间坚持滑冰练习，体温会升高，肌肉间或肌肉群间的黏滞性会降低，肌肉反复收缩的频率加快，能提升肌肉弹性，防止肌肉拉伤。同时，滑冰练习会增加人体骨骼、关节的负荷，使骨质得到改善、韧带延展性加强、关节更加柔韧。测试数据显示，女大学生经过长时间滑冰锻炼后，坐位体前屈距离增加，直接体现了她们的柔韧性得到改善，说明滑冰运动能增强女大学生的柔韧素质。

三、结论与建议

长时间坚持滑冰锻炼，能够有效改善女大学生的心肺耐力、肌力和肌耐力，提升其柔韧素质，体重也会有所减轻，促进身体素质的提升，使其在日常的学习生活中保持健康的状态。

冬季滑冰课教学时要围绕终身体育的目标，引导女大学生积极参与到滑冰运动中来，消除她们的畏难畏苦情绪，特别是滑冰项目的考核不应仅限于硬性的速度达标，考核时要考虑学生个体的差异和进步幅度，让女大学生从内心喜欢上滑冰这一项目，激发其学习兴趣。

目前，开展滑冰课程的高校一般都是每周 2 学时，在这有限的教学时间内，让女大学生去切身感受其健康状态的变化，一般很难见到明显的效果，建议普通高校重视女大学生体育习惯的培养，适当增加滑冰课的课时，经常组织课余的游戏类、竞赛类冰上活动，使滑冰运动对女大学生健康体适能状况产生积极的影响。

第九节　论健美操训练对大学生健康体适能的影响

一、健美操运动对健康体适能影响的研究

健美操始于欧美，盛行于全球，健美操以健身为基础，既注重外在形体美的锻炼，又强调内在的修养，是融合了健身、健心于一体的综合的体育锻炼模式，健美操的引入在我国体育界受到了广泛的关注。1984 年，全国多所体育院校先后成立了健美操教研室，以竞技健美操为主体的竞技比赛项目开始在体育院校专业中盛行，以大众健美操为主要形式的大众健身项目通过各大院校的推广在社会上也得到了健身爱好者的积极响应，由此，健美操运动在国内广泛普及。通过文

献检索可以发现，对健美操的科学研究在近二十年的时间里呈大幅上升趋势，随着健美操运动的发展，我国的学者无论是从理论方面还是从技术方面都做了很详尽的阐释。但健美操运动对人体机能影响的研究相对较少，而且多集中于针对大众人群，尤其是普通高校大学生群体参加健美操运动后身体机能变化的相关研究并不多见，且评价指标也不够全面。

陈玉凤等人的《健美操和体育舞蹈对非体育专业女大学生心肺功能影响的实验对比研究》中以坚持练习三个月的健美操的非体育专业女大学生为研究对象，通过测量他们身体的各项指标分析得出：健美操组的肺活量指数与运动前相比具有显著性提高，说明健美操可改善呼吸系统功能。

葛小芝在《不同音乐节奏的健美操对女大学生身体成分及心肺功能的影响》研究中指出：健美操属于急性有氧运动的一种，对身体成分的改善大有裨益，可以有效地预防中年时期高发的文明病。健美操可消除体内和体表多余的脂肪，维持人体吸收与消耗的均衡，有效地降低体重，保持健美的体形，对于女大学生来说，通过健美操的练习来改善体形，备受她们的青睐。她的研究数据表明经过 10 周的锻炼后，女大学生的身体成分各指标具有明显的变化，这说明 10 周健美操锻炼具有减少脂肪和减轻体重的作用。继续训练 30 周后，身体成分各项指标无显著性变化（ p > 0.05 ），所以经过实验对比说明，继续长时间的训练并不能使体重等各指标继续下降，但是可以使体重稳定在一定的水平上。

李建英在《藏族锅庄舞对西宁地区老年女性健康体适能的影响》一文中指出，经过长时间的藏族锅庄舞锻炼后的收缩压较锻炼前显著降低，但舒张压下降幅度不明显，可以改善老年女性心率，可增强健康体适能水平，老年人的易发性疾病率有效降低，经常从事藏族锅庄健身舞锻炼可以降低肥胖率，有效改善老年女性的健康状况，提高其心血管适能。

黄勇前、付国安等在《健身跑对增进大学生身体健康的研究》一文中指出经常性的长跑练习者与缺少长跑练习者的身体机能有显著差别，长跑可有效提升肺活量。实验结果还说明长跑对改善高练习者的呼吸机能与心血机能均有良好效果和作用，经常参加长跑的锻炼者的心肺耐力明显好于缺少长跑锻炼的锻炼者。

冯云辉在《武术课程对高校大学生体适能影响的研究》一文中证明了对大学一年级学生进行九周武术训练后学生的体适能有非常明显的增进,尤其在柔软度、肌耐力与心肺耐力方面,说明武术运动是能有效增进大学生健康体适能的运动项目之一。

资料显示,由于健康体适能概念引入我国的时间相对较晚,在众多的文章中以健美操运动为主要载体直接深入研究健美操运动对女大学生健康体适能影响的研究相对较少。从健康体适能角度来看,体育运动对人体影响方面的研究有十余篇,其中包括啦啦操、篮球、田径、武术、排球、羽毛球等运动项目,而健美操运动对女大学生健康体适能影响方面的研究屈指可数。仅有 2001 年张颖等在《浅析健美操对健康体适能的影响》中,对健美操的特点与其对健康体适能的作用进行了分析。从 1998 年开始,与健美操课程中实施教学改革的相关文章才逐步增加,而且多数是以培养学生独立创编为主。易淑梅在《培养大学生健美操创编能力的实验研究》中,主要是通过对传统的教学形式、教学方法、考试方法等进行研究从而培养学生的创新能力。《健美操课发展创造能力教学过程模式》一文阐述了在健美操教学中通过"学习—创编实践—再学习"的过程,培养学生的创造能力,使学生的个性得以充分发挥、综合能力得以提高,从而使学生在欢快的气氛中强身健体、掌握技术、提高能力。直到 2003 年毕春佑等在《健康体适能教学的实验观察》中指出后,人们才开始关注健康体适能教学这一研究,但是在健美操教学领域,尚未引起广大教师的关注。教师仍然以传授技术为主,人们参加健美操锻炼时所关注的是身体三围的变化和肌肉的某种改变,而美国人更注重他们体适能水平的提高。

鉴于此,本节将针对普通高校女大学生心肺耐力与肌力、肌耐力、柔韧性、身体成分 4 个指标,探究进行健美操运动训练后指标变化的情况,以揭示健美操运动对女大学生健康体适能的影响,进而指导女大学进行科学的健身,为提高女大学生健康体适能提供理论依据。

二、健美操训练对大学生健康体适能的影响

健美操逐渐成为现代社会各年龄阶段人群都比较喜爱的运动项目,尤其是当

代大学生。大学生进行健美操训练可以大大提高身体素质，对自身能力和艺术表现有一定的帮助。从当代的社会人才需求动态来看，只有具备良好的身体素质和综合技能水平才能够得到用人单位的青睐。体适能则是从体育学的角度来对人身体综合指标进行评价分析，通常是指人体机能有效和高效执行的有机能力，同时也是指一个人适应当前环境的一种能力，从另一个角度也可以看作人的身体健康指标。

（一）实验对象与措施

1. 实验对象

笔者对常州某艺术学院的健美操训练队 80 名队员进行实验。根据性别将其分为男、女生 2 个组，其中男生组 40 人，女生组 40 人。

2. 实验方式和相应的测试指标

每周进行 3 次、每次 3 小时，一共为期 4 个月的健美操专业训练。80 名大学生在训练的初期主要是以身体素质和技能能力训练为主，即力量、柔韧、耐力和协调力等方面的训练，其中力量、柔韧性将大大提高大学生的身体素质。根据健美操训练早期对大学生进行改变的特点，本节对训练者前、后 3 个月的运动指标进行纵向平衡对比，其主要比较内容包括 15 秒立卧撑、反映人体平衡性的鹤立实验、立定跳远和 2 分钟的仰卧起坐，另外还通过体重数据计算得出人的体脂比。

3. 实验设备

人体指标的测验分析使用国产的学生体质测试系统来进行，人体体脂测试仪器为 Inbody 4.5 人体成分分析系统。

4. 测验数据的处理

健美操训练前、后的数据均使用统计学软件 SPSS 14.0 来进行处理分析，对其进行均值和标准差的计算分析，计算过程使用 $X \pm SD$ 来表示。男、女生两组训练前、后指标差异性在组内使用配比样本 t 来检验，并且用 $P < 0.05$ 作为训练前后体质数据的显著差异水平。

（二）健美操训练前后结果对比分析

1. 训练前后的灵敏度对比变化

健美操训练通常都是在音乐的伴奏下进行的，通过完成难度不一的健美操动作，进而展示出大学生连续表演难度不一动作时的身体协调能力，所以健美操的训练对大学生的身体灵敏性和协调性都有较高的要求。一旦大学生的身体灵敏度与协调性得到提升，那么大学生的身体素质也会得到一定的提高，对大学生身体健康有着极大的作用，尤其是大学生能在健美操训练中十分轻松地完成一些高难度动作，这样一来，不仅能增加健美操训练的难度，也能提高健美操的观赏程度。

从训练前后的对比数据则可以看到，反映男、女生两组大学生训练前、后身体灵敏性指标之一的 15 秒立卧撑数据有了明显的变化，数据对比具有显著性差异，P < 0.05。尤其是女生组训练之后的幅度约比训练之前增强了 14.6%，同时也明显大于男队的训练增幅 12.7%。从这一项训练前后数据对比可以明显看出，经过为期 4 个月的健美操训练，无论男、女大学生的身体灵敏性都有了较为明显的改变，数据变化较为明显具有显著的统计学意义。由此可见，健美操训练对强化人的身体灵敏度有着极高的实践意义，而这方面的训练对比不仅可以为大学生的身体数据调研分析提供可靠的参数，还可以为我国的儿童成长素质提供相应的线性参考数据。

2. 健美操训练前后人体平衡性的对比

健美操训练中包含了难度不一的支撑、跳跃、转体等健美操动作，这就对人体的平衡性提出了极高的要求，而人体良好的平衡性就是促进人体正确姿势保持和推动生活工作高效化发展的重要因素。在健美操训练中，平衡力尤其重要，其对于大学生练习一些高难度动作有着很大的帮助，只要大学生具备了基本的平衡能力，那么自然也就能得到好的发展。男、女生两队训练前后的平衡性数据对比较为显著，P < 0.05。而女生在训练之后的鹤立实验就提高了 110%，训练涨幅明显高于男生，男生在训练之后的鹤立时间为 61.6 秒，训练之前为 43.6 秒，训练涨幅只有 42.3%。因此，女生经过健美操训练后的鹤立时间远远大于男性受试者的平衡能力。健美操训练大大提高人体的平衡能力，这对大学生的发展是非常

有益的。

3. 大学生健美操训练前后的爆发力变化对比

对于健美操训练来说，只有让肌肉力量和速度这两个方面的水平得到提高，才能够让大学生的力量得到充分的提高，进而让其与一些专项运动保持一致。一套健美操训练的音乐节拍速度为每 27~33 拍 /12 秒，所有的健美操动作都应在此速度下完成，一套健美操训练中的跳跃类训练就要求大学生要具备良好的弹跳能力和爆发力。在测试过程中，立定跳远是测试大学生爆发能力最佳的方式。

4. 大学生健美操受训者肌肉耐力训练前后的对比

跳跃、转体等动作对大学生各部位的肌肉将会产生较大的影响，同时也对其有着较高的能力要求，可以说所有的健美操训练动作都要依靠良好的肌肉耐力作为支撑，进而才能够让健美操动作足够标准，最终达到提高生活学习效率的目的。2 分钟的仰卧起坐测试，主要目的是检测受试者的腹部肌肉能力和腹肌耐力，同时还可以间接分析得出受试者的背肌反应能力和耐力水平。男性大学生在接受 4 个月的健美操训练后，2 分钟内平均的仰卧起坐数量为 79 个，而在训练之前却只能做 40 个，训练前后涨幅数据具有显著的差异性，$P < 0.05$。而女性大学生的涨幅效果则小于男性大学生。总体来说，80 名大学生在训练之后的各部位肌肉能力和耐力均有所提升，这主要是对大学生的下肢运动能力有较大的益处。

5. 健美操训练前后体脂比的变化对比

脂肪是人体当中最为重要的一项指标，是保障人体身体健康和生命活动的基础要素，这对提高人体的运动水平来说非常重要，对于身体较为瘦弱的大学生来说更为重要。根据健美操技术、形体、运动中代谢供给的实际需求，为了达到健美操训练的各项指标要求，大学生在进行健美操训练时就应适当控制自身的体重、适当增减自身的体脂、提高人体的相对比重，随之让自身的弹跳力和爆发力有所提高，最终充分展示健美操训练的体育魅力。

三、结论与建议

经过为期 4 个月健美操运动后，受试者安静心率回落（$P < 0.05$）、肺活量、1s 率、MVV、VO2max 有显著性加强（$P < 0.05$），说明健美操运动能够使女

大学生心肺耐力健康体适能得到提高。

经过为期 4 个月健美操运动后，受试者背力、握力、纵跳、仰卧起坐有显著性增强（P < 0.05），显示肌力、肌耐力得到改善，说明健美操运动能够增强女大学生肌力、肌耐力适能。

经过为期 4 个月健美操运动后，受试者坐位体前屈测试指标有显著性变化（P < 0.05），说明健美操运动能够改善女大学生柔韧健康适能。

经过为期 4 个月健美操运动，受试者身高增加（P > 0.05），体重、BMI 指数、WHR 指数下降（P < 0.05），说明健美操运动能够塑造女大学生身体形态，改善身体成分健康适能。

在健美操教学中，可增加形式多样的教学手段，辅助健美操运动更科学更合理地促进女大学生健康体适能的发展。高校应拓宽健美操运动的发展，为高校学生提供更多适宜锻炼健美操的场馆、场地，使更多喜爱健美操的女大学生加入健美操运动的行列当中，同时，增设健美操选修课程，加强健美操师资力量。高校体育教师要完善自身健美操教学方法、教学体系等相关知识，更新教育观念，理论结合实践应用丰富教学手段，引导女大学生自觉参加健美操运动。丰富健全体适能方面的探索手段，并长期跟踪测试该项运动对女性同学健康体适能作用的综合因素。

第十节　规律性健身活动对大学生健康体适能影响的实验研究

21 世纪以来我国现代化发展迅速，社会经济发展迅猛，人们的生活与工作方式发生了转变，生活节奏加快，工作压力也随之增加。人们业余时间缩短，导致身体运动量的减少，国民体质呈现下滑趋势。近些年，国家在不断提升对国民体质健康的重视程度。全民健身被放到了突出位置，并上升为国家战略。为增强国民体质，提高国民健康水平，2014 年 10 月 20 日国务院印发的《国务院关于加快发展体育产业促进体育消费的若干意见》中表明要重视体育产业规划、支持体育事业发展、营造良好社会氛围，并在促进人民群众积极参与日常体育活动方面做出了政策引导，激发人民群众参与到能够促进健康生活的体育活动中去，由此推进我国健康关口的前移。目前我国环境城镇化、人口逐渐老龄化、疾病偏普遍化、生态环境恶化的趋势使维护和促进健康变得日渐困难，《"健康中国2030"规划纲要》（以下简称《纲要》）于 2016 年 10 月 25 日由中共中央、国务院印发，《纲要》表明我国健康服务供给总体不足与人民群众需求不断增加之间的矛盾逐渐加剧，需要提升健康领域发展与经济社会发展的协调性，要从国家战略层面统筹解决与健康关联的重大和长远问题。2019 年 9 月 2 日由国务院办公厅印发实施的《国务院办公厅关于印发体育强国建设纲要的通知》明确了建设体育强国的进一步目标、任务及措施，充分发挥我国在实现社会主义现代化国家建设新征程中体育发挥的重要作用。

当今社会，"健康"是大众广泛关注的热点话题，拥有健康的身体是其他任何财富都无法代替的，健康的身体状态对提高工作与学习效率、提高生活品质具有重要意义。增强体育锻炼是提升居民健康水平的重要方式之一，而参与传统武术体育运动项目正是良好的锻炼方式之一。为普及和推广我国传统武术项目，促进武术产业快速发展，2019 年 7 月 29 日，体育总局等多部门研究制定并印发《武术产业发展规划（2019—2025 年）》，规划体现了群众项目的重要地位，并提倡对其进行普及和推广。在具体举措方面，要广泛开展和推广各式太极拳、器械等适合大众的项目。太极拳健康工程的建设与实施，使得传统武术体育太极拳运动将得到大力推广，且形式规范、简单易学、受众面广，利于各类人群强身健体。太极拳项目有利于弘扬传播中国传统文化，太极拳运动在我国属于民族传统体育运动项目，属于国家级非物质文化遗产。太极拳以自己独特的运动模式和动作结构，迅速成长为我国传统体育武术中一项特色拳种且地位突出的项目，从发展初期的保守到如今的开放推广，逐渐融入人们日常生活中，传统体育项目在我国发展日渐受到重视。

自新中国成立以来，人们练习太极拳的身影到处可见，大众对太极拳这种身心统一、促进身体健康的群众项目的喜爱程度不断加深，这种不分性别与不受年龄阶段限制的传统体育运动项目发展迅速。国家层面已将太极拳作为一项重点推广的项目来开展，参与太极拳锻炼的人已遍布全国各地。在我国面临新型冠状病毒感染疫情严峻考验的时期，人们意识到增强体质锻炼提升免疫力尤为重要，推广太极拳等体育锻炼活动是提升居民体质的良好方式之一，"动静协调、虚实分明、连贯圆活、松紧结合、呼吸自然"正是对作为传统体育项目太极拳的特点的高度概括。在对人民身体素质影响层面，太极拳锻炼能够对人体的心肺功能产生积极影响，对人体肌力和平衡方面能力的增强也有积极意义；从对人体心理方面影响层面，太极拳锻炼对神经系统功能有一定的改善作用，对心理状态能起到相应调节。除此之外，太极拳项目相比其他运动项目来说，安全性好、流派风格种类多，不同年龄层次的人基本都能找到并选择适合自身特点、符合自身需求的太极拳种类进行锻炼，且其运动灵活轻盈，强度总体偏向于中等，练习者可以根据自身具体情况进行灵活调整。太极拳锻炼时外部的动作活动与身体内部的气息相配合，有助于促进太极拳对练习者的正向效果，比如在促进身心和谐、气血通畅、经络顺通等方面具有重要作用。有报道指出，新型冠状病毒感染患者在隔离区常出现的诸如睡眠质量差、内心焦虑、腹部胀痛等症状，在练习八段锦或太极拳后得到了较为明显的缓解。由此可见八段锦、太极拳对患者身体健康的积极意义，较为明显地促进了患者体质的增强，加速了患者的康复。医护人员变身教练，"先教太极拳，再教八段锦、五禽戏"，可见我国民族传统体育在特殊时期亦发挥着重要作用，显示了重要价值和意义。

经济社会的发展推动了我国主要社会矛盾的转变，人们在物质层面的满足感不断提升，对更高层次的健康文明方面的追求也变得更加迫切。顺应时代发展且拥有渊博文化知识的同时，拥有健康体魄的全面发展的人是当今素质教育对人才的培养趋势所在。"健康问题"是当今社会重点关注的问题之一，青少年作为国家未来的接班人和建设者，在社会中占据极其重要的地位，健康状况自然引起社会的关注和重视，大学生作为民族的未来和促进国家发展的中流砥柱，是较为特殊的一大群体，其健康水平的地位不言而喻。全国青少年学生体质健康调查结果及心理调查相关数据统计显示，我国现阶段大学生身体素质状况及心理健康水平呈逐年下降趋势，大学生应该积极向上充满青春活力，大学生的未来发展与国家未来的建设关系重大，但当今日益激烈的学业竞争、日益紧迫的就业压力、不良的生活习惯、缺乏体育锻炼等生活方式，加上当代大学生主观锻炼意识较差、学校安排体育锻炼时间较少等诸多因素，我国大学生目前普遍出现了体质下降和健康受损的状况，身体素质水平及心理健康状态都不理想，当今大学生的身心健康状态及未来发展趋势成为社会焦点。

现阶段，许多高校的体育与健康课程中增添了太极拳课程，该课程主要以由国家体育总局为推广太极拳运动，在 20 世纪 50 年代组织太极拳方面的专家，汲取太极拳精华编制而成的简化太极拳为主。它以传统的杨式太极拳为主要基础，提取典型动作组合而成，共有 24 个动作，在内容编排上更加精练，在动作形式上更规范，在此基础上仍然能够充分体现太极拳的运动特点。作为国家未来的当代大学生身体状况出现日趋下滑的趋势，目前提高大学生身心健康水平已经成为整个社会需要刻不容缓去解决的问题。同时，通过不同方式的体育活动来提高大学生健康水平，对各高校体育教学的落实应用也提出了迫切要求。

一、研究目的及研究意义

（一）研究目的

当今社会大学生身心健康状况呈日渐下滑趋势，同时各类国家政策对高校体育教学的应用提出了明确要求，所以本研究选择某院校学生为研究对象，通过三个月 12 周简化太极拳运动干预后，对大学生健康体适能相关数据进行分析，研究简化太极拳运动能否对现如今大学生的健康体适能方面产生积极促进作用，为今后高校学生在进行体育运动项目时提供多种选择，并为参与进行简化太极拳的锻炼的人群提供科学性与理论性的指导依据。

（二）研究意义

1. 现实意义

本研究通过健康、健康体适能、心境状态相关理论概念，通过简化太极拳运动干预，从大学生身体成分、心肺适能、柔韧适能、肌肉适能和心境状态入手，对大学生参与 24 式简化太极拳前后的身体状况和心理状态进行对比分析。从学生角度来看，一方面能够增强大学生对身心健康、体适能和健康体适能内涵、评价作用等相关理论知识的了解；另一方面，心境状态是反映大学生心理健康程度的重要依据，对大学生进行心境状态的调查，有利于引导其树立正确的心境状态观念，帮助他们全面了解并判断自身的心理健康状况，促进其明确自身在身体与心理健康方面存在的不足，实现对身体及心理健康方面的全面管理，促使其身心健康发展。从学校角度来看，现如今许多学校存在体育器材匮乏、场地不足、设施缺乏等问题，既不利于促进学生参加体育锻炼，也不利于调动大学生参与体育运动项目的积极性。而简化太极拳几乎不需要任何体育器材，且所需场地小的运动特点，对解决上述问题具有积极意义。

2. 理论意义

通过检测并对比分析某院校学生健康体适能相关指标及情绪状态方面的数据在实验前后的变化，明确简化太极拳对健康体适能相关指标及心境状态的影响，探究和验证简化太极拳的健康价值。一方面能够为简化太极拳的教学和训练提供理论依据，提升学校在简化太极拳相关课程方面的教学质量，提高教学效率；另一方面能够为大学生参与简化太极拳锻炼活动提供更加科学的理论指导，丰富大学生科学锻炼的理论依据，在其体育活动的参与方面提供更多更科学的引导。

3. 实践意义

本节选取某院校的学生为研究对象，该学校开设医类专业教育已有近 70 年历史，是我国第一所中医药高等专科学校。学校坐落在历史文化名城荆州，学校设有近 15 个医学类专业，现有在校学生近万人，自学校成立以来，已向各级医疗单位输送了近十万名医学实用型人才。简化太极拳作为一种内外兼修的拳术，其形成过程中，吸取了古典哲学和传统的中医理论，将其作为课程开设于专门培养医疗人才的学校，有利于促进医疗体育发展、推动医体结合发展。同时，太极拳作为国家级非物质文化遗产，通过对简化太极拳的动作进行探究，有利于弘扬国粹、发扬传统武术精神。

二、研究对象与方法

（一）研究对象

在某院校选取无系统锻炼史、无代谢系统疾病及相关运动禁忌的男学生 40 名、女学生 40 名，共 80 名大二学生为实验对象。将实验对象分为实验组与对照组，其中实验组与对照组均是男、女生各 20 人。

（二）研究方法

1. 文献资料法

通过对中国知网以及万方数据库相关学术期刊进行检索与有关著作的查阅与分析，收集中外相关资料，学习与阅读大量相关著作和文章，为题目的确定、研究目的和研究意义进行充分的准备。另外，通过查阅长江大学图书馆相关文献资料，结合实际情况，确定健康体适能测试的内容与测试指标，为研究打下坚实的理论基础。同时，全面了解相关课题研究现状以及结论建议，为本节撰写提供了理论参考与依据。

2. 量表测量法

实验前后对实验对象进行心境状态测试，心境状态测量工具研究一直是心境状态研究中最核心的问题之一。只有合理正确地选取测量工具，才有助于对参与实验的对象的心境状态进行合理的评价分析，真实、全面地了解受试对象的心境状态能。在一定程度上，心境状态研究结果的信效度受心境状态测量工具选择的影响。通过献检索发现，BFS 心境量表和简式 POMS 心境量表是目前检测信度较高、使用较多的心境状态测量工具。

通过检索运动干预对心境状态影响的研究相关文献时发现，如《瑜伽锻炼群体的心境状态及影响因素研究》《散打训练对普通大学生心境状态影响的研究》《探究不同体育运动项目对大学生心境状态的影响——以上海师范大学为例》《花样跳绳对高中女生身体成分及心境影响的实验研究》等此类研究在探究运动干预对心境状态影响的效果时，都是采用 POMS 简式心境量表作为测量工具。根据研究需要，本研究采用简式 POMS 心境状态量表对大学生进行 3 个月共 12 周的实验前后的心境状态相关指标数据进行测量分析，探究简化太极拳运动作为调整心境状态的干预方案对改善大学生心境状态的影响是否具有正向促进意义，为今后简化太极拳与心境状态相关的研究提供科学理论依据。

简式心境状态量表（profile of mood states，POMS）是国外学者 Mc Nair 于 20 世纪 70 年代编制，后经 Grvoe 等研究学者于 20 世纪 90 年代初对初始的 POMS 心境量表进行了修改，增加了"与自尊心有关的情绪"分量表，并简化了原有量表的调查题项，最终形成包含 7 个分量表、40 个形容词的心境量表。20 世纪末，华东师范大学的祝蓓里教授将 POMS 心境状态量表进行了简化，并制定了中国常模 POMS 量表，简化 POMS 心境状态量表共 40 个形容词。其中维度包括紧张、疲劳、愤怒、慌乱、精力、抑郁及与自我有关的情绪 7 个分量表。其中：第 1、第 8、第 15、第 21、第 28、35 题，共 6 项代表的是紧张分量表内容；第 2、第 9、第 16、第 22、第 29、第 36、第 37 题，共 7 项代表的是愤怒分量表内容；第 3、第 10、第 17、第 23、第 30 题，共 5 项代表的是疲劳分量表内容；第 4、第 11、第 18、第 24、第 31、第 38 题，共 6 项代表的是抑郁分量表内容；第 5、第 12、第 19、第 25、第 32、第 39 题，共 6 项代表的是精力分量表内容；第 6、第 13、第 20、第 26、第 33 题，共 5 项代表的是慌乱分量表内容；第 7、第 14、第 27、第 34、40 题，共 5 项代表的是与自我有关的情绪内容。其中积极情绪或积极心境内容指精力与自尊两个因素，消极情绪或消极心境内容指紧张、愤怒、疲劳、抑郁、慌乱 5 个因素，通过对比祝蓓里教授制定的中国常模，将自量表的原始分数与每个分量表的 T 分数进行计算，根据量表的自评结果，积极心境得分是自我有关的情绪、精力两种情绪的得分之和，消极心境得分是紧张、愤怒、疲劳、抑郁、慌乱 5 种情绪的得分之和，TMD 数值等于 5 个负面情绪得分之和减去两个正面情绪得分之和 +100（常数）代表整体的情绪纷乱指数，分值数值与心境状态好坏呈负相关关系，数值越高代表心境状态越差，分数越低代表心境状态越好。该量表的信度不低于 0.62、不高于 0.82，平均 R 值约为 0.7。

3. 实验法

（1）实验对象选取

大学生的身体与心理状况基本处于发育后期，各方面生理、心理指标逐渐稳定成熟，因此在某院校的学生中招募 80 名男、女各半的大二学生为实验对象，要求参与对象身体健全、发育正常、无运动禁忌征、生活状态良好、无系统锻炼史、无疾病史且以往没有进行简化太极拳相关的练习。将实验对象分为实验组 40 人与对照组 40 人（均为男 20 人、女 20 人）。实验对象在整个实验周期内应听从实验计划安排，了解实验内容与目的。其中对实验组的参与学生进行实验控制，为保证实验科学性，实验周期内只进行简化太极拳运动，干预不得参与其他运动项目。对照组学生，除日常学习外，不进行任何体育活动。在实验周期内实验对象保持正常饮食。

（2）实验时间、地点、要求

本研究的研究时间主要集中在大二第一学期，考虑到学校教学安排及 2020 年新冠病毒感染疫情等因素影响，确定开展 12 周的教学实验，实验从 2020 年 10 月初开始，持续到 2020 年 12 月末结束。实验周期共 12 周，每周进行两次锻炼，每次 90 分钟的简化太极拳练习。实验地点选取某院校的田径场，实验前、后学生按照教学进度和内容每次太极拳练习课程进行考勤记录。

（3）实验设计

实验计划：实验干预手段是简化太极拳，共训练时间 24 次。简化太极拳又称二十四式太极拳，全套动作共 24 式，其中包括：第一组动作（1. 起势，2. 左右野马分鬃，3. 白鹤亮翅）；第二组动作（4. 左右搂膝拗步，5. 手挥琵琶，6. 左右倒卷肱）；第三组动作（7. 左揽雀尾，8. 右揽雀尾）；第四组（9. 单鞭，10. 云手，11. 单鞭）；第五组（12. 高探马，13 右蹬脚，14 双峰贯耳）；第六组（15. 转身左蹬脚，16. 左下势独立，17. 右下势独立）；第七组（18. 左右穿梭，19. 海底针，20. 闪通臂）；第八组（21. 转身搬拦捶，22. 如封似闭，23. 十字手，24. 收势）。根据动作教学安排训练时间。

实验教案：简化太极拳每次训练时长为一个半小时，每次训练内容主要包括：

①准备活动。一般时间 5~10 分钟，通过围绕田径场慢跑两圈进行热身和做第九套广播体操的方式进行身体伸展，并组织好队形使实验对象进入练习状态。在开始前告知实验对象本次训练的教学内容、教学目的及任务，一般教学内容包

括了基本功练习、对前次训练内容的复习和新内容的学习和掌握。

②基础部分。基础部分是训练的主要部分，时长一般控制在 60~70 分钟，基础部分是对新动作的教学，在学习和练习新动作前，教学老师先将本次训练动作进行讲解示范，告知动作难点、注意事项和易犯错误，然后将动作分解逐一讲解，由教学老师在队形不同方位通过背面和镜面示范带领实验对象学习。以简化太极第三次训练课程教案为例，课程要求对二十四式简化太极拳的动作名称进行记忆，熟练掌握二十四式简化太极拳的第三组动作技术要领，要求动作柔和缓慢圆活连贯和速度均匀，重心平稳，运动量适中。复习简化太极拳前两组动作，口令引导分解练习前两组动作，音乐引导完整练习前两组动作。第三次新授课程内容为简化太极拳中代表动作（第七与第八个动作：左揽雀尾、右揽雀尾）。教师先讲解动作名称和要领与动作完整示范，左揽雀尾动作接第六个动作倒卷肱动作结束进行分解：a.转体撒手，b.收脚抱球，c.转腰上步，d.弓步棚手，e.转体跟掌，f.摆掌后捋，g.搭手转腰，h.弓步前挤，i.下引后移，j.弓步前按。第七动作左揽雀尾与第八个动作右揽雀尾动作一致、方向相反。教师在完成动作示范后，进行单个动作分解口令示范与讲解。多组带领示范后，安排学生分组练习，在练习过程中发现问题、解决问题，从而使学生掌握正确的动作姿势。二十四式简化太极拳锻炼时需要运用独特呼吸的锻炼方式，在进行练习的过程中，教学老师对简化太极拳练习时节奏的控制与呼吸配合进行讲解，需要进行每个动作时与吸气吐气次数相结合，呼吸与动作协调一致。随着练习进程的推移，使实验对象进入练习状态，从而提高训练效果。

③结束部分。时长在 10 分钟左右，教学老师会对教学内容提出讨论，了解实验对象在学习和练习过程的掌握情况，同时做好此次训练的总结，告知下次训练的基本内容。在简化太极拳运动中，对练习者的下肢力量要求较高，在结束部分会安排太极步和站桩练习。

（4）测试指标

结合考虑实验测试的场地、时间、测试人员等综合因素，根据研究目的与意义，通过查阅相关文献，在确定具有可操作性的情况后，最终确定健康体适能测试指标。

（5）测试仪器及方法

测试指标的相关测试仪器采用某院校测试大学生身体素质数据专用仪器。所有仪器设备在测试前后严格按照要求调试校对准确，由经过培训的测试人员严格按照测试的标准和流程进行测试。身体成分中身高体重测试采用 TSN200-ST 身高体重测试仪，实验对象将赤脚站在测试仪器上，双脚踏在底板固定的区域，身体保持直立，目视前方；身高测试过程中身体保持直立不要晃动，双眼平视前方；测量前后时间与地点固定，身高测试结果以厘米（cm）为单位进行记录，体重测试结果以千克（kg）为单位进行记录，均计至小数点后两位，采用四舍五入法。

为了确保测试身体重量数值准确，身体成分中身体质量指数、体脂率、腰臀比采用型号 InBody370 身体成分测试仪，测试前要求受试者不要进食测试时轻装上阵，检测过程时不携带任何金属物品，赤脚站在测试指定区域，躯体保持直立，目视前方，保持自由呼吸，经测试人员许可后输入相关数值开始进行测试；等待检测仪得出数据后被测试人员方可离开检测仪。

心肺适能测试指标中肺活量采用 TSN200-FH 肺活量测试仪，实验对象在进行测试时均使用一次性吹嘴，实验前实验对象应保持心平气和的状态，实验对象直立准备，听从测试人员详细讲解注意事项，在测量前通过酒精把测试设备安装口嘴处消毒，按照操作方法打开测试仪器，当实验对象听到语音提示后，测试人员输入实验对象相关信息，再根测试设备的语音提示进行测试。实验对象提前调整气息，心神宁静，然后最大限度地吸气，再对着吹气嘴均匀地将气息吐出，使吹气嘴与面部贴合，防止气息漏出，吹气过程中间不能停顿，保持持续连贯，直至气息吐完不能再呼出为止。结束后实验对象的肺活量数值自动显示在测试仪屏幕上。人均 2 次测量，最终取最高数值作为记录。测试单位是毫升（ml）。

心肺适能中 800 米 /1 000 米测试，测试前被测试人员轻装上阵，充分做好热身活动，测试场地为某院校田径场，为确保测试数据准确性与测试过程流畅顺利，长跑测试时采用 TSN 系列长跑测试手持终端机。测试开始前，因男、女生研究对象测试项目不同，将实验对象按照性别分成两组，其中 800 米 /1 000 米起跑时均采取站立式起跑，女生／男生测试者用最短的时间到达距离起点 800 米／1 000 米的终点处停止并由测试人员记时间。中长跑测验只需要进行一次即可，检测人员使用 TSN 测试手持终端机，根据参与测试对象信息进行测试数据的录入，800 米／1 000 米的测量单位为秒（s），测试结果小数点后保留两位小数。测试后补充适量水分和糖分，做好拉伸放松活动缓解肌肉酸痛。

肌肉适能测试指标选取一分钟仰卧起坐与立定跳远两种测试方式。其中仰卧起坐采用海绵垫、秒表进行操作。仰卧起坐测试标准：实验对象平躺于测试用垫上，双腿保持微屈，双脚稍开略与肩同宽，保持头部、肩部、腰部、臀部完全与海绵垫贴合，防止受试者颈部发力，需双手轻放耳边，由腹部带动头部肩部卷起，背部以上部位离开地面起来到下落算完整一个，测试过程中保持腹部紧缩，记录 1 分钟内起落个数。立定跳远测试采用跳远专用塑胶垫，实验对象在测试前充分做好关节伸展活动，在起跳线前充分屈膝、屈髋、摆臂，从起跳线到跳起落地后，距离起跳线最近脚的后脚跟的测试距离即为最终测试成绩。两个测试项目每人测试两次，取最好成绩作为最终测试结果并记录。测试单位为厘米（cm）。

柔韧适能采用 TSN200-TQ 坐位体前屈测试仪。检测人员提前打开测试仪器，游标卡尺提前拉回起点测试位置，实验对象赤脚坐卧准备，双腿保持平直，脚掌与测试脚踏垫的蹬踏板保持完全贴合，当听到设备提示"请开始"语音提示后，实验对象坐在测试垫上，弯腰屈髋双臂向前，利用双手指尖缓慢匀速往前伸直，指尖向前、掌心朝下，直到游标卡尺不再推进为止，结束后保持姿势两秒后测试设备自动显示测试成绩，测试两次，取最大值作为记录。测试单位是厘米（cm）。

对实验组进行各项指标检测应在规定时间内独立完成，完成数据录入后，测试设备由检测人员当场收回，各类测试均在同一时间段进行，实验对象在各类测试前应保持良好的状态。另外为确保实验数据的准确性，防止测试过程中出现纰漏，保持测试仪器和测试人员相对固定。所有测试在进行前，对操作测试设备的人员统一培训流程与方法，严格按照仪器操作指南的要求，提前对仪器进行校准。

4. 数据统计法

本次实验将测试者前后两次所测得的实验数据输入计算机进行统计，利用数据输入 Microsoft Excel 存储，并建数据库，数理统计用 SPSS 统计与计算，并且加以整理。根据测试者实验前后数据采用独立样本 T 检验、配对样本 T 检验进行比较分析，并以此结果分析简化太极拳运动对健康体适能与心境状态的影响效果，得出 p > 0.05 具有统计学意义上无显著性差异，p < 0.05 具有统计学意义上显著性差异，p < 0.01 具有非常显著性差异。

三、研究结果与分析

（一）简化太极拳运动对大学生身体成分影响的结果与分析

1. 简化太极拳运动对大学生身体成分影响的数据分析

身体成分的测量有直接测量法和间接测量法，直接测量的原理是通过化学成分进行分析，此类测试方法不适合人体指标测试。间接测量的方法有多种，常用的有测腰臀围比、皮褶厚度测量法、计算身体质量指数、生物电子阻抗测量法等。通常人的身体成分测试采用间接测量的方法。本实验采用间接测量方式的身体成分分析仪，该测试设备利用生物电子阻抗的原理进行测量，该设备测试原理是因为人体的体液有很多离子具有导电性，利用设备产生的微弱电流通过人体这一不均匀的导体时，电流会在电阻小、传导性较好的体液中传输，人体不同的组织成分电阻大小不同，在电流经过各成分时传导速度也会不同，因为脂肪中水分含量较低，电流速度越快，表明脂肪含量越多。此类测试方式在测量过程中对实验对象的身体机能没有任何伤害，所以不会导致参与测试者身体不适，且测试方式便捷、数值准确。此次周期 3 个月共 12 周的实验设计，身体成分各内容测试采用 TSN200-ST 身高体重测试仪和 InBody 体成分测试仪进行测试。

在 12 周实验周期内，对照组只进行日常生活学习，不进行其他体力运动，在实验周期结束后测得身体成分各数据情况基本不变，无差异性。

实验组经过为期 12 周的太极拳训练，参与实验的某院校学生的身高、体重没有显著变化，所以身体质量指数 BMI 也就没有较明显的变化，实验前后数据没有显著性变化（P > 0.05）。其中腰臀比 WHR 数据和体脂百分比数据与实验前相比，女生比男生有较明显的变化，其中对比实验前女性参与者腰臀比 WHR 数据下降较明显，有明显差异性（P < 0.05）。而男生测试数据分变化不明显，

没有差异性（P > 0.05）；体脂百分比数据女生下降较明显，有明显差异性（P < 0.05），而男生下降不明显，没有差异性（P > 0.05）。

经过 12 周的简化太极拳的练习，根据身高、体重、身体质量指数（BMI）、体脂百分比、腰臀比（WHR）的数据，男大学生的身体成分无显著的改善，其中男性大学生的体脂百分比、腰臀比（WHR）有细微变化；由身高、体重、身体质量指数（BMI）反映，女大学生的身体成分无显著改善，但体脂百分比、腰臀比（WHR）反映的女大学生的身体成分有显著改善。

2. 简化太极拳运动对大学生身体成分的影响结果分析

组成人体各组织、器官的总成分即身体成分，身体成分作为健康体适能的重要指标也是基础指标，是人体内各种结构成分的比例或者含量。从构成内容看，水、蛋白质、脂肪和无机盐是人体的四种主要构成成分；从测算方法分类看，有组织系统和身体两个层次的分类方法。以组织系统的分类方法为准，将身体分为脂肪体重及去脂肪体重两个层次，把骨骼、骨骼肌、内脏以及其他结缔组织这些脂肪以外的人体体重称为去脂体重；以身体的分类方法为准，通过分析身体组成，包括人体身高、体重、BMI、身体密度、皮质厚度等，根据测算这些身体组成相关指标来分析身体成分。通过这些方法对人体相关成分进行分析，可以明确作为判断肥胖程度的指标——人体的脂肪含量。性别、年龄、种族、基因、体型等因素对个体生理功效的变化有一定影响，人体健康状况的强弱与身体各成分部分的分布和数量密切相关，不合理的增加和分配会影响身体的健康水平。本研究通过身高（cm）、体重（kg）、BMI（kg/m2）、体脂百分比、腰臀比（WHR）五项指标对简化太极拳运动前后大学生身体成分健康体适中身体成分能进行测试评估。

（1）身高

身高最直观的解释是人体从头顶水平高度到地面的垂直距离。身高反映的是人体骨骼纵向生长发育的水平，遗传因素对其有较大的影响。营养供给是否充足、体育锻炼是否合理与生活环境等客观因素都会影响最终的身高。实验数据表明经过 12 周简化太极拳锻炼后男、女生身高基本没有改变，因受试对象是平均年龄20 岁的大学生，身体已基本发育完成，身高发展也趋于顶峰。排除遗传因素，后天对人体的营养供给、睡眠质量，以及环境因素、心理因素、科学合理的体育运动频次等也是影响身高的重要因素。

（2）体重

体重是人体质量的总和，合理的体重是反映和衡量机体健康状况水平的一个重要标志，体重的总体成分包括人体内部各种组织器官，体重是否标准也是体现一个人是否肥胖，体重过大或过低都不利于健康。健康成年人的体重应该在合理范围内波动，波动的指数范围受机体近阶段摄入与消耗能力等一系列因素影响，若机体体重指数在某阶段急剧增加或下降，可能预示机体代谢紊乱或疾病的发生，实验数据表明经过 12 周简化太极拳锻炼后，男女生体重变化不大，主要原因是简化太极拳自身的运动特点。简化太极拳虽然属于有氧运动，但每次的运动训练量并不大，无法形成大的消耗使体重发生明显的改变。

（3）身体质量指数（BMI）

BMI 是一种全球性的测量方法，是评价人体胖瘦的重要权威标准。不能片面地去理解人类个体的肥胖和消瘦程度，要结合人体整体情况，通过相对科学的数据来解释。在这方面，身高和体重成为测量和获取的重要基础数据，而测量方法正是以此为基础的。该指标的结果等于重量与高度平方的比值，即 kg/m^2，这是目前国际通行的测量标准。身体质量指数 BMI 的正常范围区间数值为 $18 \sim 25$，当 BMI 超过 25 的时候，表示测试人员有肥胖趋势。测试结果表明受试者的身体质量指数均在正常范围值，由于实验对象的身高与体重没有显著变化，所以身体质量指数没有变化，由此可见经过 12 周简化太极拳锻炼后男、女生受试者 BMI 值均没有改变。

（4）体脂百分比

体脂百分比表示身体脂肪占总体重的百分比。合理的体脂比是人体健康状态必要条件之一。人体脂肪种类分必需脂肪和储存脂肪两种，维持人体的正常生理功能依靠必需脂肪完成，脂肪含量过高或过低都会对健康水平造成不利的影响。从脂肪分布来看，它主要集中在身体的四个部位，即皮下脂肪、肌内脂肪、肌内脂肪和胸腹脂肪。对机体保温、对冲撞的机械缓冲、能量储存、为机体供能是脂肪主要功能。过高的体脂率在一定程度上会造成肥胖，一胖生百病，高血糖、高血脂、高血压、脂肪肝等多种疾病的引起大多是由脂肪过多导致，同时体脂率过高还会引起内分泌失调、代谢紊乱、阻碍营养物质被人体吸收、使机体健康状态受损。在青少年发育过程中，去脂体重和瘦体重的增长率以及脂肪组织的向心分布变化较为明显。男性比女性较晚发育，腹部脂肪堆积早于臀部。青春期前后，脂肪会由腰部集中转移到臀部集中。腰臀比反映机体的总脂肪和脂肪分布的综合指数情况，它是指的是腰围和臀围的比值，髋骨和肌肉的发展情况在臀围数值上可以体现。当腰腹部脂肪堆积过多时，腰臀比数值越大，当腰臀比数值越接近 1 或大于 1 时，表明肥胖程度越高、越危害健康。

（二）简化太极拳运动对大学生心肺适能影响的结果与分析

在健康体适能的心肺适能实验中，将男子 1 000 米 / 女子 800 米中长跑测试结果作为评价心肺适能的指标。心肺适能是心血管适能心肺适能的简称，又称有氧能力，是机体拥有健康身体的重要元素，代表了人体心肺、血管和血液循环系统将氧气转化成能力的能力，经常参加运动可以提升健康状态、改善心肺功能状态。心肺适能反映出人体综合供氧系统的优缺点。由于社会经济的快速发展及现代生活的需要，大多人的工作方式都是坐在办公桌前，身体普遍缺乏活动锻炼，导致心肺素质下降，健康出现危机，心肺素质差容易使人疲劳、精神涣散，运动后恢复缓慢，患哮喘、心血管疾病的可能性也会增加。

肺活量是心肺健康的重要标准之一。肺活量受多种因素的影响。一般来说，它表示的是一次呼吸的最大通气量。一般情况下，男性的肺活量要高于女性，成年女性的肺活量不低于 2 500 毫升，成年男性肺活量不低于 3 500 毫升。受试者肺活量的测试结果都处于正常范围值，经过 12 周简化太极拳锻炼，男、女生肺活量均有显著性变化。形成这种显著性变化的原因是简化太极拳独特的呼吸方式与运动特点。研究表明太极拳对心肺功能的影响主要是源于两个因素：第一，太极拳缓慢柔和，舒展开合的动作和独特的呼吸方式是提升心肺功能的主要因素。练习时心境平和、呼吸自然，气沉丹田，有助于增强心肌能力提高心肌功能在运动时的表现。第二，太极拳呼吸讲究平缓均匀连续深长，各个器官得到充足的氧气，深吸慢呼的过程使每次吸气时氧气的供应量都有所提高，使器官得以健康地工作，这种供应充足、平缓柔和呼吸氧气的呼吸方式，可以对内脏起到"按摩"调理的作用，减缓内脏器官衰老的速度，并且在运动开始时有助于消除与克服内脏器官的惰性，激发其活力，这种呼吸方式对慢性疾病的预防与神经系统和运动系统的调节功能起到积极的促进作用。

中长跑（男 1 000 米 / 女 800 米）项目进行时，机体心肺系统的强弱在进行有氧运动时能充分地体现出来，同时，乳酸大量的消耗在机体较长时间做有氧运动时表现出来。男、女生中长跑测试成绩均有显著性变化，其变化主要原因是简化太极拳独特的呼吸方式和功法特点。人体参与有氧运动时，通过血液循环系统将氧气运输到全身器官及肌肉组织，心肺功能需要将摄入的氧气转化为能量为机体持续运动提供支撑。经过 12 周简化太极拳锻炼，受试者心肺功能得到了有效提高，还使参与锻炼者的呼吸深度得到提高，从而提升肺部通气效率，加上简化太极拳练习使得受试者的下肢力量得到提升，所以在中长跑项目中男、女生测试结果具有显著差异性。

简化太极拳锻炼，从动作学习到正确掌握与呼吸的配合运动方式，再过渡到念动一致，需要长期的锻炼，这是一个循序渐进的过程。简化太极拳的腹式呼吸方式使人体心肺功能得以提升，从起势到收势，二十四个动作都要求与呼吸相协调。如果在进行简化太极拳锻炼时参与者心肺功能太差或呼吸方法不当，会造成锻炼者心肺功能衰弱，导致体内呼吸系统紊乱。更重要的是若出现此类情况，练习者需要停止，不能继续简化太极拳的练习。因此，呼吸系统缺少或心肺功能较弱的人群可以进行长期规律的简化太极拳锻炼来提高机体的心肺功能。

（三）简化太极拳运动对大学生肌肉适能影响的结果与分析

肌肉适能包括肌肉的两大能力，即肌肉力量和肌肉耐力。拥有良好的肌肉适能有利于防止身体损伤，有利于提高工作效率。本节试验中以立定跳远和仰卧起坐为测试指标，主要反映下肢肌肉爆发力，是评价人体健康和个体腿部瞬时收缩能力最常见、最简单的标准。立定跳远通过测试学生跳远的有效距离来反映下肢肌肉的力量；仰卧起坐主要反映腰腹肌的力量，测试学生身体核心部位的肌肉耐力。

肌力是健康体适能的基本要素，它代表单位时间内肌肉通过收缩产生的能力。通常，对不同部位的肌肉能力测试的方法不同。不同部位的肌力大小取决于肌肉纤维的粗细即肌肉横截面的大小，因肌纤维的数量和每根肌纤维的厚度不同，所以不同部位的肌肉能力不同。拥有一定的肌力是维持日常生活工作学习的基础，如行走、跑步、举物等都需要有一定的肌力。加强肌力也有助于身体姿势的调整，有利于运动技能的发挥，增强关节和骨骼的稳定性，提高日常生活中应对突发事件的能力，对生活和工作都有很强的实用价值。经过12周简化太极拳锻炼后，男、女受试者的立定跳远数据变化具有非常显著性差异的变化，形成这个结果的主要原因是简化太极拳的功法特点，在练习过程中基本功"太极步"的练习具有提升下肢与臀部力量作用，"如履薄冰、如临深渊"的步伐中要求练习者腿部持续收缩，在一定周期的练习中，提升练习者下肢的肌肉质量。

肌耐力是维持正常生活和工作的基本要素，也是健康体适能的基础，它是指在一定的适当负荷下，肌肉能重复的次数或连续锻炼的时间长度。一般来说，它是肌肉使用时的耐力水平，肌肉耐力是肌肉健康的重要组成部分，与肌力相比，它在体育锻炼中起着更为重要的作用。一般来说，肌肉耐力和肌肉力量同时起作用，也就是说，锻炼时慢肌和快肌交替使用。持续时间较长、运动量较小，在过程中心率保持一定水平的活动通常指有氧运动，进行有氧运动时慢肌使用较多，可以培养肌肉耐力；对比之下，强度大、节奏快、短时间或者瞬间的用力性质的运动或者动作大多属无氧运动类型，运动中的快肌参与较多，是发展肌力的最佳方式。在12周的简化太极拳练习后，受试者的一分钟仰卧起坐测试数据发生显著性差异变化，仰卧起坐过程中需要腿、臀、腰腹协调发力，在简化太极拳练习中"含胸拔背、立身中正"的特点使得练习中腰腹力量得到提升，简化太极拳每个动作都能充分体现对肌肉能力的要求。

简化太极拳练习中需要充分圆活自然、松紧结合、协调连贯，以意引动、气沉丹田、调动肌力，强调上下动作的完整统一、协调一致才能顺利完成此套拳。其中简化太极拳典型动作，左右揽雀尾、左右野马分鬃、左右搂膝拗步、倒卷肱、左右穿梭、云手等，动作进行时，通过腰部的发力扭转，带动上肢在身体周围空间内以圆弧运动，转向定势动作时，以实送虚、虚实结合。身体姿势要求含胸拔背、立身中正，从这些锻炼特征来看，简化太极拳对人体腰腹肌力量的提升，具有积极促进作用，而下肢在虚实转换的过程中，支撑腿一直支撑自重，长此反复，下肢的肌肉力量、肌肉耐力会得到增强。在练习过程中上肢关节虽然跟随步伐一直进行旋转变化，但用意不用力的练习特点使上肢力量不能得到充分练习，对手臂肌肉力量并没有明显的改善作用，因此在做肌肉适能指标测试时，没有将上肢的肌力 / 肌耐力作为测试项目。结合学生自身实际情况通过对实验前后的测试结果分析，本节认为简化太极拳的运动能够有效地提升人体的肌力及肌耐力功能，但是对上肢或肩背的肌力及肌耐力影响甚微。

（四）简化太极拳运动对大学生柔韧适能影响的结果与分析

柔韧适能是人体范围内肌肉骨骼系统的一个重要特征。在某种程度上，它能反映人体相关局部组织的最大运动范围，故又称柔韧性。坐位体前屈是测量柔韧性指数最简单、最直接的方法，它能反映髋关节、腰肌、肌腱和韧带的活动。坐位体前屈可以评估身体后部肌肉的柔韧性，包括腘绳肌、脊柱中部以下的肌肉、脊柱上部周围的肌肉和腿部后部的肌肉的柔韧性。它通常反映了身体中部和背部肌肉在整体合成下的柔韧性，在国民体质监测中柔韧适能作为功能性健康评价指标的方式得到广泛应用。柔韧性的测试指标可以直接或间接地反映关节和肌肉活动范围的能力，如果想轻松灵活地做一些动作，对于一个健康的人来说，拥有良好的柔韧适能是拥有健康身体的基础。机体柔韧性的好坏程度可能不会直接影响健康状态，但如果关节在进行行为动作时受到限制，会导致身体肌肉僵硬、动作缓慢因而对正常生活造成不好的影响。12 周简化太极拳锻炼后，坐位体前屈测试中的男生数据具有非常显著的差异变化，女生具有显著性差异变化。其中男生的变化要大于女性，其原因是男、女生在体质特点方面的差异性，男生的下肢柔韧能力普遍要低于女性，而在完成练习时男生完成程度普遍要好于女性，所以本节实验结果显示在柔韧适能方面男生的变化要大于女生的变化。就运动锻炼而言，不同的体育项目对柔韧适能有着不同的要求，练习简化太极拳要求圆活柔顺、松紧结合、虚实分明，太极拳训练运动轨迹大多是以腰为轴进行运转，身体上下运动遵从太极圆弧特点，并且身体各部分协调运动，以脊柱为轴，通过两腿的虚实转换和左右前后重心的移动产生向心力和离心力，带动四肢做或大或小的弧形。如简化太极拳全动作中的转身左蹬脚、转身右蹬脚与左下式独立、右下式独立等就对下肢柔韧性提出了要求，训练时动作必须标准、准确，此类动作有利于强化训练者的柔韧性。由此可见，进行简化太极拳锻炼对大学生柔韧性的影响主要表现在有助于提升下肢关节的活动范围、提高下肢柔韧能力、增强肌肉的韧性和弹性。整体表现有助于提高参与简化太极拳锻炼人群的柔韧适能。

（五）简化太极拳运动对大学生心境状态影响的结果与分析

实验采用 GroveJR 编制的心境状态测试量表，后由华东师大祝蓓里教授在 20 世纪 90 年代进行修订的简式 POMS 量表。该量表的总克隆巴赫系数为 0.746（P ＜ 0.01），紧张克隆巴赫系数为 0.675 9（P ＜ 0.01），愤怒克隆巴赫系数为 0.778 5（P ＜ 0.01），疲劳克隆巴赫系数为 0.821 5（P ＜ 0.01），抑郁克隆巴赫系数为 0.697 7（P ＜ 0.01），精力克隆巴赫系数为 0.863 0（P ＜ 0.01），慌乱克隆巴赫系数为 0.679 6（P ＜ 0.01）。简式 POMS 中国常模问卷的信度在 0.62~0.82，平均 r=0.71，均采用五级量表，每一份量表的最高得分分别为 24 分、28 分、20 分、24 分、20 分、24 分、20 分，最低得分均为 0 分。其中，情绪纷乱总分（TMD）的计算方法是 5 种消极情绪得分（紧张、愤怒、疲劳、抑郁、慌乱）之和减去 2 种积极情绪得分（精力、自尊感）的总分，再加上校正值 100。TMD 值越高表示心情更加纷乱、烦闷或失调，更具有消极的情绪状态。

由以上数据分析可知大学生的心境状态变化在进行简化太极拳运动干预后具有显著性差异，参与太极拳运动干预的实验组学生结束后，其消极心境水平低于实验前未开始简化太极拳时的消极心境水平，同时积极心境水平比实验前有所提升。具体表现在：参与简化太极拳运动干预的实验后大学生的紧张、慌乱、愤怒等消极心境有较明显的缓解和改善，而精力这一积极心境比进行简化太极拳锻炼前明显要高。由此可见，简化太极拳对改善大学生心境状态具有积极促进作用，表现在减少大学生紧张、抑郁等情绪，使消极心境得到改善与缓解，有利于大幅提高大学生的精力，提升积极心境。简化太极拳的"心神宁静、气沉丹田"使练习者在现在社会快节奏的生活中获得"安宁"，当代大学生在面临各种压力时通过简化太极拳的练习，有助于提升积极心境，减少消极心境。简化太极拳刚柔相兼，强调呼吸自然、心神宁静、运动舒缓协调统一，追求达到"腹有松净气自然，气遍全身不消滞"的境界。肌肉紧张与交感神经系统兴奋性在练习太极拳过程中通过动作与呼吸的协调配合，可以使人对机体心境不利的因素降低，使压力减小从而降低对生理的负面影响。

在传统体育运动项目众多的拳术中，太极拳具有独特的"意气"运动特点，练习过程中以念引动到念动一致。太极拳动作不仅在外形上是独特的，而且内在功法上也具有独特特点，太极拳的内在表现是意识运动，外在上看是气息运动。所以练习太极拳时既要练意，又要练气。太极拳的最高表现形式是"精、气、神"的高度配合与协调的形体运动，需要以内养外、以意引动、以意导气达到内外兼修的作用。同样简化太极意气运动的特点有助于使大脑处于放松宁静的状态，练习时集中意念、以意引动、全神贯注，使大脑与心神处于最佳状态。从健身角度看，在进行简化太极拳锻炼时大脑意识阻止来自外界的干扰因素，使消极意念的产生降低，减少消极情绪对人体的影响，由此可见简化太极拳的"心为令、气为旗、神为帅、身为驱使"和"身心合一，形神兼修"的太极拳运动特点通过对意念、姿势和呼吸的调整，使人体达到心神宁静呼吸自然的状态，有助于提高人体机能积极心境，对人体心理健康有积极的改善作用。

四、结论与建议

研究显示，12周简化太极拳锻炼后，与对照组相比，实验组男生身体成分各测试指标都没有显著差异，但女生腰臀比（WHR）与体脂百分比具有显著性差异，说明简化太极拳影响大学生身体成分，但具体指标改变不大。受试者男、女生心肺适能均具有显著性差异，说明简化太极拳在提高大学生心肺适能方面具有促进作用。12周简化太极拳练习后，实验组与对照组相比，男、女生肌肉适能中，1分钟仰卧起坐均具有非常显著性差异，立定跳远均具有显著性差异，说明简化太极拳能够增强大学生肌肉适能。男生柔韧适能具有非常显著性差异，女生具有显著性差异，说明简化太极拳有利于提升大学生柔韧适能。通过12周简化太极拳锻炼，实验组与对照组相比，男、生心境状态 TMD 指数与积极心境得分具有显著性差异，其中消极心境得分的前后对比没有统计意义，说明简化太极拳可以有效改善大学生心境状态。

简化太极拳练习应长期规律地进行，练习时应注重基本功与呼吸方法正确训练，同时可增加力量训练内容，循序渐进地提高综合体适能水平。

大学生心境的状态可以通过有计划且科学的简化太极拳运动得到改善，这是一个长期的系统的过程，需要循序渐进、持之以恒。今后应将简化太极拳引入大学生普通体育公共课中，为大学生在进行体育运动时提供多种选择。

参考文献

［1］陆保云. 低氧训练对女大学生健康体适能的影响研究［J］. 兰州文理学院学报（自然科学版），2022，36（1）：105-110.

［2］夏秋冬，郑拯. 大健康背景下16周体适能干预课程对大学生体质水平的影响研究［J］. 体育科技文献通报，2021，29（12）：44-48.

［3］余容平. 高校大学生不同身体质量指数的健康体适能差异：以2019年福建商学院为例［J］. 吉首大学学报（自然科学版），2021，42（5）：83-86.

［4］徐百超，孔德志，骆丁，等. 吸烟对在校大学生肺功能及健康体适能的影响［J］. 中华健康管理学杂志，2021，15（4）：379-384.

［5］陈婧，周涛，李仕明. 健康体适能课程对大学生身体素质的影响［J］. 福建体育科技，2021，40（3）：75-77，87.

［6］张敏青，李文平. 运动处方教学模式理论下对开发高校普通大学身体适能课的实证研究［J］. 浙江体育科学，2021，43（3）：50-56，74.

［7］李泽清. 有氧运动对大学生健康体适能的影响［J］. 当代体育科技，2021，11（13）：33-35.

［8］张丽萍，张荣华，付荣. FATmax运动对肥胖女大学生身体成分和体适能的影响［J］. 吉林农业科技学院学报，2021，30（2）：5-6，10.

［9］吴潮培，赵芹，陈柏冰. 运动类APP辅助下大学生体适能课程管理体系构建及实践：以广西大学为例［J］. 体育科技，2021，42（2）：134-135.

［10］顾婷婷，谌晓安. 12周苗鼓运动干预女大学生健康体适能的实验研究［J］. 四川体育科学，2021，40（2）：33-36.

［11］黄东亚，武云明. 羽毛球运动对大学生身体形态和健康体适能的影响

［J］. 体育科技文献通报, 2021, 29（2）: 21-23.

［12］刘丹青. 舞蹈瑜伽对女大学生健康体适能及心理健康影响研究［J］. 科学咨询（科技·管理）, 2021（1）: 147.

［13］杨洪杰, 王艳, 刘善云. 男大学生功能动作表现与健康体适能的关系［J］. 中国学校卫生, 2020, 41（12）: 1863-1867.

［14］覃华生, 李然, 李新通, 等. 中等强度运动对男性大学生健康体适能影响的系统评价［J］. 湖北体育科技, 2020, 39（12）: 1089-1094.

［15］陈强, 任瑛. 6 到 12 周篮球运动对大学生健康体适能影响研究［J］. 体育科技, 2020, 41（6）: 128-129.

［16］逻辑. 新冠疫情期间 12 周"tabata"直播训练对大学生健康体适能的影响研究［J］. 兴义民族师范学院学报, 2020（5）: 105-110.

［17］陈伟. 提高我国大学生健康体适能的研究［J］. 体育科技, 2020, 41（5）: 161-162.

［18］葛盼盼. 俱乐部教学模式对大学生健康体适能及篮球技能的影响［J］. 西昌学院学报（自然科学版）, 2020, 34（3）: 87-91, 116.

［19］李亚星, 韩姗姗. 大学生锻炼行为和有氧体适能促进路径研究［J］. 中国学校卫生, 2020, 41（08）: 1270-1272.

［20］李红霞. 健康体适能与大学生终身体育意识的关联性及干预对策研究: 以新疆农业大学为例［J］. 青少年体育, 2020（5）: 36-37.

［21］卢华燕, 陈岚岚. 肥胖女大学生健康体适能全面增进实践研究［J］. 当代体育科技, 2020, 10（13）: 208-210.

［22］赵磊. 体适能课程对大学生体质健康的影响分析［J］. 才智, 2020（12）: 70-71.

［23］龚云鹏. 高校体适能课多元化教学模式研究［J］. 青少年体育, 2020（3）: 98-99.

［24］肖涛, 甄洁, 王晨宇. 循环训练对肥胖女大学生身体成分体适能和代谢综合征危险因素的影响［J］. 中国学校卫生, 2020, 41（2）: 224-227.

［25］窦丽，陈华卫，章凌凌，等. 12周高强度间歇训练对大学生健康体适能、能量消耗和心率的影响［J］. 中国应用生理学杂志，2020，36（1）：55-59.

［26］宋文波，袁艳朝. 健身运动处方对大学生健康体适能的影响与改善［J］. 体育科技文献通报，2020，28（2）：6，26.

［27］陈庆平，马国锋. 健美操教学对女大学生健康体适能影响的研究［J］. 运动精品，2019，38（12）：105-107.

［28］刘飞. 轮滑运动对大学生健康体适能及相关血液指标影响的实验研究：以承德石油高等专科学校为例［J］. 承德石油高等专科学校学报，2019，21（6）：80-85.

［29］郑佳薇，崔明月. 融入体适能训练公共体育课程对大学生体质健康状况的影响研究［J］. 中国学校卫生，2019，40（11）：1694-1696，1699.

［30］施兰平. 大学生健康体适能干预评价指标的筛选与确定［J］. 体育科技文献通报，2019，27（8）：21-24.

［31］傅芳香，王桂忠，胡永红，等. 舞蹈瑜伽对女大学生健康体适能及心理健康影响研究［J］. 广州体育学院学报，2019，39（4）：86-90.

［32］程晖. 朋友支持提升大学生有氧体适能的路径：身体活动和自我效能的中介作用［J］. 体育与科学，2019，40（4）：114-120.

［33］陈大莺，姚月华. 福建省大学生竞技体适能状况与对策研究［J］. 海南热带海洋学院学报，2019，26（2）：123-128.

［34］陈大莺. 2010—2014年福建省大学生健康体适能动态分析［J］. 福建体育科技，2019，38（2）：59-61.

［35］吴品叶. 哈达瑜伽对女大学生健康体适能影响研究［J］. 宁德师范学院学报（自然科学版），2019，31（1）：73-77.

［36］张璐. 啦啦操教学对大学生健康体适能影响［J］. 当代体育科技，2019，9（9）：50-51.

［37］王婉纯. 瑜伽对发展大学生体适能的研究分析［J］. 体育科技文献通报，2019，27（3）：56-57，60.

［38］陈灵芝，张明军，谭林. 舞蹈啦啦操选项课对女大学生健康体适能的影响［J］. 当代体育科技，2019，9（7）：229-230，232.

［39］童金茂. 我国普通高校篮球体适能训练实验的分析与研究［J］. 贵阳学院学报（自然科学版），2018，13（4）：102-105.

［40］邓云阳. 羽毛球运动对大学生身体形态及体适能的影响［J］. 体育科技文献通报，2018，26（12）：153-154，159.

［41］白杨，傅涛. 快速伸缩复合训练对改善大学生健康体适能的研究［J］. 中国学校卫生，2018，39（9）：1357-1359.

［42］李丽艳. 运动处方实践应用对大学生健康体适能的作用研究：体育游戏课为例［J］. 体育世界（学术版），2018（8）：190-191，185.

［43］温皓. 羽毛球运动对大学生身体形态和健康体适能的影响［J］. 青少年体育，2018（8）：95-96.

［44］卢桂兵. 运动干预对大学生健康体适能的影响［J］. 牡丹江师范学院学报（自然科学版），2018（2）：64-67.

［45］成庆栋，王锋，庞杜海. 核心力量训练对男性大学生健康体适能的影响［J］. 体育科学研究，2018，22（2）：77-79.

［46］王烨. 水中健身运动对女大学生体适能和功能动作筛查影响效果的研究［J］. 西安体育学院学报，2018，35（2）：226-230.

［47］李山，许崇高. 大学生肌肉及心肺耐力适能评价指标与特征［J］. 体育科学研究，2017，21（6）：58-64.

［48］高欣欣. 滑冰课程对女大学生健康体适能的影响［J］. 冰雪运动，2017，39（6）：57-60.

［49］张建宁，刘龙柱，李晓晨. 大强度体力活动对大学生健康体适能影响的实验研究［J］. 体育科技文献通报，2017，25（11）：102-105.

［50］钮薇. 不同运动项目对男大学生健康体适能的影响：以网球和羽毛球为例［J］. 智库时代，2017（10）：194-195.

［51］黄涛，肖红青，范琳，等. 排舞运动对非体育专业女大学生健康体适

能的影响研究［J］．内江科技，2017，38（8）：108-109.

［52］朱丽红，韩梦梦．郑州市普通高校大学生健康体适能的调查与分析［J］．赤峰学院学报（自然科学版），2017，33（15）：170-172.

［53］朱风书，张智锴，颜军．大学生肥胖与体适能水平间的关系［J］．中华行为医学与脑科学杂志，2017，26（7）：641-646.

［54］孙飞．提高大学生体适能健康水平的路径探析［J］．赤峰学院学报（自然科学版），2017，33（8）：121-122.

［55］林玉珊．技巧啦啦操对大学生健康体适能的影响：以广州大学为例［J］．体育科技文献通报，2017，25（4）：78-80，118.

［56］龙波．农林高校大学生生活方式与健康体适能关系的研究［J］．当代体育科技，2017，7（2）：102-103.

［57］刘小明．大步健走对改善肥胖大学生健康体适能的研究［J］．绍兴文理学院学报（自然科学），2016，36（3）：89-94.

［58］王燕．排球运动对大学生体适能的影响与研究［J］．青少年体育，2016（12）：139-140.

［59］石娟．体适能课程对大学生体质健康的影响分析［J］．新西部（理论版），2016（21）：41-42.

［60］张钧华．运动体适能指标优选与评价标准的初步研究：以陕西中医药大学非体育专业大学生为例［J］．西部皮革，2016，38（18）：281.

附录

国家学生体质健康标准（2014 年修订）

一、说明

1.《国家学生体质健康标准》（以下简称《标准》）是国家学校教育工作的基础性指导文件和教育质量基本标准，是评价学生综合素质、评估学校工作和衡量各地教育发展的重要依据，是《国家体育锻炼标准》在学校的具体实施，适用于全日制普通小学、初中、普通高中、中等职业学校、普通高等学校的学生。

2.本标准的修订坚持健康第一，落实《国家中长期教育改革和发展规划纲要（2010-2020 年）》、《国务院办公厅转发教育部等部门关于进一步加强学校体育工作若干意见的通知》（国办发〔2012〕53 号）和《教育部关于印发〈学生体质健康监测评价办法〉等三个文件的通知》（教体艺〔2014〕3 号）有关要求，着重提高《标准》应用的信度、效度和区分度，着重强化其教育激励、反馈调整和引导锻炼的功能，着重提高其教育监测和绩效评价的支撑能力。

3.本标准从身体形态、身体机能和身体素质等方面综合评定学生的体质健康水平，是促进学生体质健康发展、激励学生积极进行身体锻炼的教育手段，是国家学生发展核心素养体系和学业质量标准的重要组成部分，是学生体质健康的个体评价标准。

4.本标准将适用对象划分为以下组别：小学、初中、高中按每个年级为一组，其中小学为 6 组、初中为 3 组、高中为 3 组。大学一、二年级为一组，三、四年级为一组。

5. 小学、初中、高中、大学各组别的测试指标均为必测指标。其中，身体形态类中的身高、体重，身体机能类中的肺活量，以及身体素质类中的50米跑、坐位体前屈为各年级学生共性指标。

6. 本标准的学年总分由标准分与附加分之和构成，满分为120分。标准分由各单项指标得分与权重乘积之和组成，满分为100分。附加分根据实测成绩确定，即对成绩超过100分的加分指标进行加分，满分为20分；小学的加分指标为1分钟跳绳，加分幅度为20分；初中、高中和大学的加分指标为男生引体向上和1000米跑，女生1分钟仰卧起坐和800米跑，各指标加分幅度均为10分。

7. 根据学生学年总分评定等级：90.0分及以上为优秀，80.0~89.9分为良好，60.0~79.9分为及格，59.9分及以下为不及格。

8. 每个学生每学年评定一次，记入《〈国家学生体质健康标准〉登记卡》（附表1~6）。特殊学制的学校，在填写登记卡时可以按规定和需求相应地增减栏目。学生毕业时的成绩和等级，按毕业当年学年总分的50%与其他学年总分平均得分的50%之和进行评定。

9. 学生测试成绩评定达到良好及以上者，方可参加评优与评奖；成绩达到优秀者，方可获体育奖学分。测试成绩评定不及格者，在本学年度准予补测一次，补测仍不及格，则学年成绩评定为不及格。普通高中、中等职业学校和普通高等学校学生毕业时，《标准》测试的成绩达不到50分者按结业或肄业处理。

10. 学生因病或残疾可向学校提交暂缓或免予执行《标准》的申请，经医疗单位证明，体育教学部门核准，可暂缓或免予执行《标准》，并填写《免予执行〈国家学生体质健康标准〉申请表》（附表7），存入学生档案。确实丧失运动能力、被免予执行《标准》的残疾学生，仍可参加评优与评奖，毕业时《标准》成绩需注明免测。

11. 各学校每学年开展覆盖本校各年级学生的《标准》测试工作，《标准》测试数据经当地教育行政部门按要求审核后，通过"中国学生体质健康网"上传至"国家学生体质健康标准数据管理系统"。测试和数据上传时间由教育行政部门确定。

12. 本标准由教育部负责解释。

二、单项指标与权重

测试对象	单项指标	权重（%）
小学一年级至大学四年级	体重指数（BMI）	15
	肺活量	15
小学一、二年级	50 米跑	20
	坐位体前屈	30
	1 分钟跳绳	20
小学三、四年级	50 米跑	20
	坐位体前屈	20
	1 分钟跳绳	20
	1 分钟仰卧起坐	10
小学五、六年级	50 米跑	20
	坐位体前屈	10
	1 分钟跳绳	10
	1 分钟仰卧起坐	20
	50 米 ×8 往返跑	10
初中、高中、大学各年级	50 米跑	20
	坐位体前屈	10
	立定跳远	10
	引体向上（男）/1 分钟仰卧起坐（女）坐（女）	10
	1000 米跑（男）/800 米跑（女）	20

注：体重指数（BMI）＝体重（千克）/身高 2（米 2）。

248

（一）单项指标评分表

附表 1-1 男生体重指数（BMI）单项评分表（单位：千克/米²）

等级	单项得分	一年级	二年级	三年级	四年级	五年级	六年级	初一	初二	初三	高一	高二	高三	大学
正常	100	13.5~18.1	13.7~18.4	13.9~19.4	14.2~20.1	14.4~21.4	14.7~21.8	15.5~22.1	15.7~22.5	15.8~22.8	16.5~23.2	16.8~23.7	17.3~23.9	17.9~
低体重	80	≤13.4	≤13.6	≤13.8	≤14.1	≤14.3	≤14.6	≤15.4	≤15.6	≤15.7	≤16.4	≤16.7	≤17.2	≤17.8
超重		18.2~20.3	18.5~20.4	19.5~22.1	20.2~22.6	21.5~24.1	21.9~24.5	22.2~24.9	22.6~25.2	22.9~26.0	23.3~26.3	23.8~26.5	23.9~27.3	24.0~27.9
肥胖	60	≥20.4	≥20.5	≥22.2	≥22.7	≥24.2	≥24.6	≥25.0	≥25.3	≥26.1	≥26.4	≥26.6	≥27.4	≥28.0

附表 1-2 女生体重指数（BMI）单项评分表（单位：千克/米²）

等级	单项得分	一年级	二年级	三年级	四年级	五年级	六年级	初一	初二	初三	高一	高二	高三	大学
正常	100	13.3~17.3	13.5~17.8	13.6~18.6	13.7~19.4	13.8~20.5	14.2~20.8	14.8~21.7	15.3~22.2	16.0~22.6	16.5~22.7	16.9~23.2	17.1~23.3	17.2~23.9
低体重	80	≤13.2	≤13.4	≤13.5	≤13.6	≤13.7	≤14.1	≤14.7	≤15.2	≤15.9	≤16.4	≤16.8	≤17.0	≤17.1
超重		17.4~19.2	17.9~20.2	18.7~21.1	19.5~22.0	20.6~22.9	20.9~23.6	21.8~24.4	22.3~24.8	22.7~25.1	22.8~25.2	23.3~25.4	23.4~25.7	24.0~27.9
肥胖	60	≥19.3	≥20.3	≥21.2	≥22.1	≥23.0	≥23.7	≥24.5	≥24.9	≥25.2	≥25.3	≥25.5	≥25.8	≥28.0

附表1-3　男生肺活量单项评分表（单位：毫升）

等级	单项得分	一年级	二年级	三年级	四年级	五年级	六年级	初一	初二	初三	高一	高二	高三	大一二	大三四
优秀	100	1700	2000	2300	2600	2900	3200	3640	3940	4240	4540	4740	4940	5040	5140
	95	1600	1900	2200	2500	2800	3100	3520	3820	4120	4420	4620	4820	4920	5020
	90	1500	1800	2100	2400	2700	3000	3400	3700	4000	4300	4500	4700	4800	4900
良好	85	1400	1650	1900	2150	2450	2750	3150	3450	3750	4050	4250	4450	4550	4650
	80	1300	1500	1700	1900	2200	2500	2900	3200	3500	3800	4000	4200	4300	4400
及格	78	1240	1430	1620	1820	2110	2400	2780	3080	3380	3680	3880	4080	4180	4280
	76	1180	1360	1540	1740	2020	2300	2660	2960	3260	3560	3760	3960	4060	4160
	74	1120	1290	1460	1660	1930	2200	2540	2840	3140	3440	3640	3840	3940	4040
	72	1060	1220	1380	1580	1840	2100	2420	2720	3020	3320	3520	3720	3820	3920
	70	1000	1150	1300	1500	1750	2000	2300	2600	2900	3200	3400	3600	3700	3800
	68	940	1080	1220	1420	1660	1900	2180	2480	2780	3080	3280	3480	3580	3680
	66	880	1010	1140	1340	1570	1800	2060	2360	2660	2960	3160	3360	3460	3560
	64	820	940	1060	1260	1480	1700	1940	2240	2540	2840	3040	3240	3340	3440
	62	760	870	980	1180	1390	1600	1820	2120	2420	2720	2920	3120	3220	3320
	60	700	800	900	1100	1300	1500	1700	2000	2300	2600	2800	3000	3100	3200
不及格	50	660	750	840	1030	1220	1410	1600	1890	2180	2470	2660	2850	2940	3030
	40	620	700	780	960	1140	1320	1500	1780	2060	2340	2520	2700	2780	2860
	30	580	650	720	890	1060	1230	1400	1670	1940	2210	2380	2550	2620	2690
	20	540	600	660	820	980	1140	1300	1560	1820	2080	2240	2400	2460	2520
	10	500	550	600	750	900	1050	1200	1300	1400	1950	2100	2250	2300	2350

附表1-4 女生肺活量单项评分表（单位：毫升）

等级	单项得分	一年级	二年级	三年级	四年级	五年级	六年级	初一	初二	初三	高一	高二	高三	大一大二	大三大四
优秀	100	1400	1600	1800	2000	2250	2500	2750	2900	3050	3150	3250	3350	3400	3450
优秀	95	1300	1500	1700	1900	2150	2400	2650	2850	3000	3050	3150	3250	3300	3350
优秀	90	1200	1400	1600	1800	2050	2300	2550	2800	2950	2950	3050	3150	3200	3250
良好	85	1100	1300	1500	1700	1950	2200	2450	2650	2800	2850	2950	3050	3100	3150
良好	80	1000	1200	1400	1600	1850	2100	2350	2500	2650	2750	2850	2950	3000	3050
及格	78	960	1150	1340	1530	1770	2010	2250	2400	2550	2650	2750	2850	2900	2950
及格	76	920	1100	1280	1460	1690	1920	2150	2300	2450	2550	2650	2750	2800	2850
及格	74	880	1050	1220	1390	1610	1830	2050	2200	2350	2450	2550	2650	2700	2750
及格	72	840	1000	1160	1320	1530	1740	1950	2100	2250	2350	2450	2550	2600	2650
及格	70	800	950	1100	1250	1450	1650	1850	2000	2150	2250	2350	2450	2500	2550
及格	68	760	900	1040	1180	1370	1560	1750	1900	2050	2150	2250	2350	2400	2450
及格	66	720	850	980	1110	1290	1470	1650	1800	1950	2050	2150	2250	2300	2350
及格	64	680	800	920	1040	1210	1380	1550	1700	1850	1950	2050	2150	2200	2250
及格	62	640	750	860	970	1130	1290	1450	1600	1750	1850	1950	2050	2100	2150
及格	60	600	700	800	900	1050	1200	1350	1500	1650	1750	1850	1950	2000	2050
不及格	50	580	680	780	880	1020	1170	1310	1460	1610	1710	1810	1910	1960	2010
不及格	40	560	660	760	860	990	1140	1270	1420	1570	1670	1770	1870	1920	1970
不及格	30	540	640	740	840	960	1110	1230	1380	1530	1630	1730	1830	1880	1930
不及格	20	520	620	720	820	930	1080	1190	1340	1490	1590	1690	1790	1840	1890
不及格	10	500	600	700	800	900	1050	1150	1300	1450	1550	1650	1750	1800	1850

附表1-5　男生50米跑单项评分表（单位：秒）

等级	单项得分	一年级	二年级	三年级	四年级	五年级	六年级	初一	初二	初三	高一	高二	高三	大一大二	大三大四
优秀	100	10.2	9.6	9.1	8.7	8.4	8.2	7.8	7.5	7.3	7.1	7.0	6.8	6.7	6.6
	95	10.3	9.7	9.2	8.8	8.5	8.3	7.9	7.6	7.4	7.2	7.1	6.9	6.8	6.7
	90	10.4	9.8	9.3	8.9	8.6	8.4	8.0	7.7	7.5	7.3	7.2	7.0	6.9	6.8
良好	85	10.5	9.9	9.4	9.0	8.7	8.5	8.1	7.8	7.6	7.4	7.3	7.1	7.0	6.9
	80	10.6	10.0	9.5	9.1	8.8	8.6	8.2	7.9	7.7	7.5	7.4	7.2	7.1	7.0
及格	78	10.8	10.2	9.7	9.3	9.0	8.8	8.4	8.1	7.9	7.7	7.6	7.4	7.3	7.2
	76	11.0	10.4	9.9	9.5	9.2	9.0	8.6	8.3	8.1	7.9	7.8	7.6	7.5	7.4
	74	11.2	10.6	10.1	9.7	9.4	9.2	8.8	8.5	8.3	8.1	8.0	7.8	7.7	7.6
	72	11.4	10.8	10.3	9.9	9.6	9.4	9.0	8.7	8.5	8.3	8.2	8.0	7.9	7.8
	70	11.6	11.0	10.5	10.1	9.8	9.6	9.2	8.9	8.7	8.5	8.4	8.2	8.1	8.0
	68	11.8	11.2	10.7	10.3	10.0	9.8	9.4	9.1	8.9	8.7	8.6	8.4	8.3	8.2
	66	12.0	11.4	10.9	10.5	10.2	10.0	9.6	9.3	9.1	8.9	8.8	8.6	8.5	8.4
	64	12.2	11.6	11.1	10.7	10.4	10.2	9.8	9.5	9.3	9.1	9.0	8.8	8.7	8.6
	62	12.4	11.8	11.3	10.9	10.6	10.4	10.0	9.7	9.5	9.3	9.2	9.0	8.9	8.8
	60	12.6	12.0	11.5	11.1	10.8	10.6	10.2	9.9	9.7	9.5	9.4	9.2	9.1	9.0
不及格	50	12.8	12.2	11.7	11.3	11.0	10.8	10.4	10.1	9.9	9.7	9.6	9.4	9.3	9.2
	40	13.0	12.4	11.9	11.5	11.2	11.0	10.6	10.3	10.1	9.9	9.8	9.6	9.5	9.4
	30	13.2	12.6	12.1	11.7	11.4	11.2	10.8	10.5	10.3	10.1	10.0	9.8	9.7	9.6
	20	13.4	12.8	12.3	11.9	11.6	11.4	11.0	10.7	10.5	10.3	10.2	10.0	9.9	9.8
	10	13.6	13.0	12.5	12.1	11.8	11.6	11.2	10.9	10.7	10.5	10.4	10.2	10.1	10.0

附表1-6　女生50米跑单项评分表（单位：秒）

等级	单项得分	一年级	二年级	三年级	四年级	五年级	六年级	初一	初二	初三	高一	高二	高三	大一	大二	大三	大四
优秀	100	11.0	10.0	9.2	8.7	8.3	8.2	8.1	8.0	7.9	7.8	7.7	7.6	7.5	7.4	7.3	7.2
优秀	95	11.1	10.1	9.3	8.8	8.4	8.3	8.2	8.1	8.0	7.9	7.8	7.7	7.6	7.5	7.4	7.3
优秀	90	11.2	10.2	9.4	8.9	8.5	8.4	8.3	8.2	8.1	8.0	7.9	7.8	7.7	7.6	7.5	7.4
良好	85	11.5	10.5	9.7	9.2	8.8	8.7	8.6	8.5	8.4	8.3	8.2	8.1	8.0	7.9	7.8	7.7
良好	80	11.8	10.8	10.0	9.5	9.1	9.0	8.9	8.8	8.7	8.6	8.5	8.4	8.3	8.2	8.1	8.0
及格	78	12.0	11.0	10.2	9.7	9.3	9.2	9.1	9.0	8.9	8.8	8.7	8.6	8.5	8.4	8.3	8.2
及格	76	12.2	11.2	10.4	9.9	9.5	9.4	9.3	9.2	9.1	9.0	8.9	8.8	8.7	8.6	8.5	8.4
及格	74	12.4	11.4	10.6	10.1	9.7	9.6	9.5	9.4	9.3	9.2	9.1	9.0	8.9	8.8	8.7	8.6
及格	72	12.6	11.6	10.8	10.3	9.9	9.8	9.7	9.6	9.5	9.4	9.3	9.2	9.1	9.0	8.9	8.8
及格	70	12.8	11.8	11.0	10.5	10.1	10.0	9.9	9.8	9.7	9.6	9.5	9.4	9.3	9.2	9.1	9.0
及格	68	13.0	12.0	11.2	10.7	10.3	10.2	10.1	10.0	9.9	9.8	9.7	9.6	9.5	9.4	9.3	9.2
及格	66	13.2	12.2	11.4	10.9	10.5	10.4	10.3	10.2	10.1	10.0	9.9	9.8	9.7	9.6	9.5	9.4
及格	64	13.4	12.4	11.6	11.1	10.7	10.6	10.5	10.4	10.3	10.2	10.1	10.0	9.9	9.8	9.7	9.6
及格	62	13.6	12.6	11.8	11.3	10.9	10.8	10.7	10.6	10.5	10.4	10.3	10.2	10.1	10.0	9.9	9.8
及格	60	13.8	12.8	12.0	11.5	11.1	11.0	10.9	10.8	10.7	10.6	10.5	10.4	10.3	10.2	10.1	10.0
不及格	50	14.0	13.0	12.2	11.7	11.3	11.2	11.1	11.0	10.9	10.8	10.7	10.6	10.5	10.4	10.3	10.2
不及格	40	14.2	13.2	12.4	11.9	11.5	11.4	11.3	11.2	11.1	11.0	10.9	10.8	10.7	10.6	10.5	10.4
不及格	30	14.4	13.4	12.6	12.1	11.7	11.6	11.5	11.4	11.3	11.2	11.1	11.0	10.9	10.8	10.7	10.6
不及格	20	14.6	13.6	12.8	12.3	11.9	11.8	11.7	11.6	11.5	11.4	11.3	11.2	11.1	11.0	10.9	10.8
不及格	10	14.8	13.8	13.0	12.5	12.1	12.0	11.9	11.8	11.7	11.6	11.5	11.4	11.3	11.2	11.1	11.0

附表 1-7 男生坐位体前屈单项评分表（单位：厘米）

等级	单项得分	一年级	二年级	三年级	四年级	五年级	六年级	初一	初二	初三	高一	高二	高三	大一	大二 大三大四
优秀	100	16.1	16.2	16.3	16.4	16.5	16.6	17.6	19.6	21.6	23.6	24.3	24.6	24.9	25.1
	95	14.6	14.7	14.9	15.0	15.2	15.3	15.9	17.7	19.7	21.5	22.4	22.8	23.1	23.3
	90	13.0	13.2	13.4	13.6	13.8	14.0	14.2	15.8	17.8	19.4	20.5	21.0	21.3	21.5
良好	85	12.0	11.9	11.8	11.7	11.6	11.5	12.3	13.7	15.8	17.2	18.3	19.1	19.5	19.9
	80	11.0	10.6	10.2	9.8	9.4	9.0	10.4	11.6	13.8	15.0	16.1	17.2	17.7	18.2
及格	78	9.9	9.5	9.1	8.6	8.2	7.7	9.1	10.3	12.4	13.6	14.7	15.8	16.3	16.8
	76	8.8	8.4	8.0	7.4	7.0	6.4	7.8	9.0	11.0	12.2	13.3	14.4	14.9	15.4
	74	7.7	7.3	6.9	6.2	5.8	5.1	6.5	7.7	9.6	10.8	11.9	13.0	13.5	14.0
	72	6.6	6.2	5.8	5.0	4.6	3.8	5.2	6.4	8.2	9.4	10.5	11.6	12.1	12.6
	70	5.5	5.1	4.7	3.8	3.4	2.5	3.9	5.1	6.8	8.0	9.1	10.2	10.7	11.2
	68	4.4	4.0	3.6	2.6	2.2	1.2	2.6	3.8	5.4	6.6	7.7	8.8	9.3	9.8
	66	3.3	2.9	2.5	1.4	1.0	-0.1	1.3	2.5	4.0	5.2	6.3	7.4	7.9	8.4
	64	2.2	1.8	1.4	0.2	-0.2	-1.4	0.0	1.2	2.6	3.8	4.9	6.0	6.5	7.0
	62	1.1	0.7	0.3	-1.0	-1.4	-2.7	-1.3	-0.1	1.2	2.4	3.5	4.6	5.1	5.6
	60	0.0	-0.4	-0.8	-2.2	-2.6	-4.0	-2.6	-1.4	-0.2	1.0	2.1	3.2	3.7	4.2
不及格	50	-0.8	-1.2	-1.6	-3.2	-3.6	-5.0	-3.8	-2.6	-1.4	0.0	1.1	2.2	2.7	3.2
	40	-1.6	-2.0	-2.4	-4.2	-4.6	-6.0	-5.0	-3.8	-2.6	-1.0	0.1	1.2	1.7	2.2
	30	-2.4	-2.8	-3.2	-5.2	-5.6	-7.0	-6.2	-5.0	-3.8	-2.0	-0.9	0.2	0.7	1.2
	20	-3.2	-3.6	-4.0	-6.2	-6.6	-8.0	-7.4	-6.2	-5.0	-3.0	-1.9	-0.8	-0.3	0.2
	10	-4.0	-4.4	-4.8	-7.2	-7.6	-9.0	-8.6	-7.4	-6.2	-4.0	-2.9	-1.8	-1.3	-0.8

附表1-8 女生坐位体前屈单项评分表（单位：厘米）

等级	单项得分	一年级	二年级	三年级	四年级	五年级	六年级	初一	初二	初三	高一	高二	高三	大一大二	大三大四
优秀	100	18.6	18.9	19.2	19.5	19.8	19.9	21.8	22.7	23.5	24.2	24.8	25.3	25.8	26.3
	95	17.3	17.6	17.9	18.1	18.5	18.7	20.1	21.0	21.8	22.5	23.1	23.6	24.0	24.4
	90	16.0	16.3	16.6	16.9	17.2	17.5	18.4	19.3	20.1	20.8	21.4	21.9	22.2	22.4
良好	85	14.7	14.8	14.9	15.0	15.1	15.2	16.7	17.6	18.4	19.1	19.7	20.2	20.6	21.0
	80	13.4	13.3	13.2	13.1	13.0	12.9	15.0	15.9	16.7	17.4	18.0	18.5	19.0	19.5
及格	78	12.3	12.2	12.1	12.0	11.9	11.8	13.7	14.6	15.4	16.1	16.7	17.2	17.7	18.2
	76	11.2	11.1	11.0	10.9	10.8	10.7	12.4	13.3	14.1	14.8	15.4	15.9	16.4	16.9
	74	10.1	10.0	9.9	9.8	9.7	9.6	11.1	12.0	12.8	13.5	14.1	14.6	15.1	15.6
	72	9.0	8.9	8.8	8.7	8.6	8.5	9.8	10.7	11.5	12.2	12.8	13.3	13.8	14.3
	70	7.9	7.8	7.7	7.6	7.5	7.4	8.5	9.4	10.2	10.9	11.5	12.0	12.5	13.0
	68	6.8	6.7	6.6	6.5	6.4	6.3	7.2	8.1	8.9	9.6	10.2	10.7	11.2	11.7
	66	5.7	5.6	5.5	5.4	5.3	5.2	5.9	6.8	7.6	8.3	8.9	9.4	9.9	10.4
	64	4.6	4.5	4.4	4.3	4.2	4.1	4.6	5.5	6.3	7.0	7.6	8.1	8.6	9.1
	62	3.5	3.4	3.3	3.2	3.1	3.0	3.3	4.2	5.0	5.7	6.3	6.8	7.3	7.8
	60	2.4	2.3	2.2	2.1	2.0	1.9	2.0	2.9	3.7	4.4	5.0	5.5	6.0	6.5
不及格	50	1.6	1.5	1.4	1.3	1.2	1.1	1.2	2.1	2.9	3.6	4.2	4.7	5.2	5.7
	40	0.8	0.7	0.6	0.5	0.4	0.3	0.4	1.3	2.1	2.8	3.4	3.9	4.4	4.9
	30	0.0	-0.1	-0.2	-0.3	-0.4	-0.5	-0.4	0.5	1.3	2.0	2.6	3.1	3.6	4.1
	20	-0.8	-0.9	-1.0	-1.1	-1.2	-1.3	-1.2	-0.3	0.5	1.2	1.8	2.3	2.8	3.3
	10	-1.6	-1.7	-1.8	-1.9	-2.0	-2.1	-2.0	-1.1	-0.3	0.4	1.0	1.5	2.0	2.5

附表 1-9　男生一分钟跳绳单项评分表（单位：次）

等级	单项得分	一年级	二年级	三年级	四年级	五年级	六年级
优秀	100	109	117	126	137	148	157
	95	104	112	121	132	143	152
良好	90	99	107	116	127	138	147
	85	93	101	110	121	132	141
	80	87	95	104	115	126	135
	78	80	88	97	108	119	128
	76	73	81	90	101	112	121
	74	66	74	83	94	105	114
	72	59	67	76	87	98	107
及格	70	52	60	69	80	91	100
	68	45	53	62	73	84	93
	66	38	46	55	66	77	86
	64	31	39	48	59	70	79
	62	24	32	41	52	63	72
	60	17	25	34	45	56	65
不及格	50	14	22	31	42	53	62
	40	11	19	28	39	50	59
	30	8	16	25	36	47	56
	20	5	13	22	33	44	53
	10	2	10	19	30	41	50

附表 1-10 女生一分钟跳绳单项评分表（单位：次）

等级	单项得分	一年级	二年级	三年级	四年级	五年级	六年级
优秀	100	117	127	139	149	158	166
	95	110	120	132	142	151	159
	90	103	113	125	135	144	152
良好	85	95	105	117	127	136	144
	80	87	97	109	119	128	136
及格	78	80	90	102	112	121	129
	76	73	83	95	105	114	122
	74	66	76	88	98	107	115
	72	59	69	81	91	100	108
	70	52	62	74	84	93	101
	68	45	55	67	77	86	94
	66	38	48	60	70	79	87
	64	31	41	53	63	72	80
	62	24	34	46	56	65	73
	60	17	27	39	49	58	66
不及格	50	14	24	36	46	55	63
	40	11	21	33	43	52	60
	30	8	18	30	40	49	57
	20	5	15	27	37	46	54
	10	2	12	24	34	43	51

附表 1-11 男生立定跳远单项评分表（单位：厘米）

等级	单项得分	初一	初二	初三	高一	高二	高三	大一大二	大三大四
优秀	100	225	240	250	260	265	270	273	275
	95	218	233	245	255	260	265	268	270
	90	211	226	240	250	255	260	263	265
良好	85	203	218	233	243	248	253	256	258
	80	195	210	225	235	240	245	248	250
	78	191	206	221	231	236	241	244	246
	76	187	202	217	227	232	237	240	242
	74	183	198	213	223	228	233	236	238
	72	179	194	209	219	224	229	232	234
及格	70	175	190	205	215	220	225	228	230
	68	171	186	201	211	216	221	224	226
	66	167	182	197	207	212	217	220	222
	64	163	178	193	203	208	213	216	218
	62	159	174	189	199	204	209	212	214
	60	155	170	185	195	200	205	208	210
不及格	50	150	165	180	190	195	200	203	205
	40	145	160	175	185	190	195	198	200
	30	140	155	170	180	185	190	193	195
	20	135	150	165	175	180	185	188	190
	10	130	145	160	170	175	180	183	185

附表 1-12 女生立定跳远单项评分表（单位：厘米）

等级	单项得分	初一	初二	初三	高一	高二	高三	大一大二	大三大四
优秀	100	196	200	202	204	205	206	207	208
	95	190	194	196	198	199	200	201	202
	90	184	188	190	192	193	194	195	196
良好	85	177	181	183	185	186	187	188	189
	80	170	174	176	178	179	180	181	182
及格	78	167	171	173	175	176	177	178	179
	76	164	168	170	172	173	174	175	176
	74	161	165	167	169	170	171	172	173
	72	158	162	164	166	167	168	169	170
	70	155	159	161	163	164	165	166	167
	68	152	156	158	160	161	162	163	164
	66	149	153	155	157	158	159	160	161
	64	146	150	152	154	155	156	157	158
	62	143	147	149	151	152	153	154	155
	60	140	144	146	148	149	150	151	152
不及格	50	135	139	141	143	144	145	146	147
	40	130	134	136	138	139	140	141	142
	30	125	129	131	133	134	135	136	137
	20	120	124	126	128	129	130	131	132
	10	115	119	121	123	124	125	126	127

附表1-13 男生一分钟仰卧起坐、引体向上单项评分表（单位：次）

等级	单项得分	三年级	四年级	五年级	六年级	初一	初二	初三	高一	高二	高三	大一大二	大三大四
优秀	100	48	49	50	51	13	14	15	16	17	18	19	20
	95	45	46	47	48	12	13	14	15	16	17	18	19
	90	42	43	44	45	11	12	13	14	15	16	17	18
良好	85	39	40	41	42	10	11	12	13	14	15	16	17
	80	36	37	38	39	9	10	11	12	13	14	15	16
及格	78	34	35	36	37	8	9	10	11	12	13	14	15
	76	32	33	34	35	7	8	9	10	11	12	13	14
	74	30	31	32	33								
	72	28	29	30	31	6	7	8	9	10	11	12	13
	70	26	27	28	29								
	68	24	25	26	27	5	6	7	8	9	10	11	12
	66	22	23	24	25								
	64	20	21	22	23	4	5	6	7	8	9	10	11
	62	18	19	20	21								
	60	16	17	18	19	3	4	5	6	7	8	9	10
不及格	50	14	15	16	17	2	3	4	5	6	7	8	9
	40	12	13	14	15	1	2	3	4	5	6	7	8
	30	10	11	12	13		1	2	3	4	5	6	7
	20	8	9	10	11			1	2	3	4	5	6
	10	6	7	8	9				1	2	3	4	5

注：小学三年级～六年级：一分钟仰卧起坐；初中、高中、大学：引体向上。

附表 1-14 女生一分钟仰卧起坐单项评分表（单位：次）

等级	单项得分	三年级	四年级	五年级	六年级	初一	初二	初三	高一	高二	高三	大一大二	大三大四
优秀	100	46	47	48	49	50	51	52	53	54	55	56	57
	95	44	45	46	47	48	49	50	51	52	53	54	55
	90	42	43	44	45	46	47	48	49	50	51	52	53
良好	85	39	40	41	42	43	44	45	46	47	48	49	50
	80	36	37	38	39	40	41	42	43	44	45	46	47
及格	78	34	35	36	37	38	39	40	41	42	43	44	45
	76	32	33	34	35	36	37	38	39	40	41	42	43
	74	30	31	32	33	34	35	36	37	38	39	40	41
	72	28	29	30	31	32	33	34	35	36	37	38	39
	70	26	27	28	29	30	31	32	33	34	35	36	37
	68	24	25	26	27	28	29	30	31	32	33	34	35
	66	22	23	24	25	26	27	28	29	30	31	32	33
	64	20	21	22	23	24	25	26	27	28	29	30	31
	62	18	19	20	21	22	23	24	25	26	27	28	29
	60	16	17	18	19	20	21	22	23	24	25	26	27
不及格	50	14	15	16	17	18	19	20	21	22	23	24	25
	40	12	13	14	15	16	17	18	19	20	21	22	23
	30	10	11	12	13	14	15	16	17	18	19	20	21
	20	8	9	10	11	12	13	14	15	16	17	18	19
	10	6	7	8	9	10	11	12	13	14	15	16	17

附表 1-15 男生耐力跑单项评分表（单位：分·秒）

等级	单项得分	五年级	六年级	初一	初二	初三	高一	高二	高三	大一 大二	大三 大四
优秀	100	1'36"	1'30"	3'55"	3'50"	3'45"	3'30"	3'25"	3'20"	3'17"	3'15"
	95	1'39"	1'33"	4'05"	4'00"	3'57"	3'40"	3'35"	3'30"	3'22"	3'20"
	90	1'42"	1'36"	4'15"	4'07"	4'00"	3'45"	3'42"	3'37"	3'27"	3'25"
良好	85	1'45"	1'39"	4'22"	4'15"	4'07"	3'50"	3'47"	3'42"	3'34"	3'32"
	80	1'48"	1'42"	4'30"	4'15"	4'15"	3'55"	3'55"	3'50"	3'42"	3'40"
及格	78	1'51"	1'45"	4'35"	4'20"	4'20"	4'00"	4'00"	3'55"	3'47"	3'45"
	76	1'54"	1'48"	4'40"	4'25"	4'25"	4'05"	4'05"	4'00"	3'52"	3'50"
	74	1'57"	1'51"	4'45"	4'30"	4'30"	4'10"	4'10"	4'05"	3'57"	3'55"
	72	2'00"	1'54"	4'50"	4'35"	4'35"	4'15"	4'15"	4'10"	4'02"	4'00"
	70	2'03"	1'57"	4'55"	4'40"	4'40"	4'20"	4'20"	4'15"	4'07"	4'05"
	68	2'06"	2'00"	5'00"	4'45"	4'45"	4'25"	4'25"	4'20"	4'12"	4'10"
	66	2'09"	2'03"	5'05"	4'50"	4'50"	4'30"	4'30"	4'25"	4'17"	4'15"
	64	2'12"	2'06"	5'10"	4'55"	4'55"	4'35"	4'35"	4'30"	4'22"	4'20"
	62	2'15"	2'09"	5'15"	5'00"	5'00"	4'40"	4'40"	4'35"	4'27"	4'25"
	60	2'18"	2'12"	5'20"	5'05"	5'05"	4'45"	4'45"	4'40"	4'32"	4'30"
不及格	50	2'22"	2'16"	5'40"	5'25"	5'15"	5'05"	5'00"	4'55"	4'52"	4'50"
	40	2'26"	2'20"	6'00"	5'45"	5'35"	5'25"	5'20"	5'15"	5'12"	5'10"
	30	2'30"	2'24"	6'20"	6'05"	5'55"	5'45"	5'40"	5'35"	5'32"	5'30"
	20	2'34"	2'28"	6'40"	6'25"	6'15"	6'05"	6'00"	5'55"	5'52"	5'50"
	10	2'38"	2'32"	7'00"	6'45"	6'35"	6'25"	6'20"	6'15"	6'12"	6'10"

注：小学五年级～六年级：50 米 ×8 往返跑；初中、高中、大学：1000 米跑。

262

附表 1-16 女生耐力跑单项评分表（单位：分·秒）

等级	单项得分	五年级	六年级	初一	初二	初三	高一	高二	高三	大一大二	大三大四
优秀	100	1'41"	1'37"	3'35"	3'30"	3'25"	3'24"	3'22"	3'20"	3'18"	3'16"
优秀	95	1'44"	1'40"	3'42"	3'37"	3'32"	3'30"	3'28"	3'26"	3'24"	3'22"
优秀	90	1'47"	1'43"	3'49"	3'44"	3'39"	3'36"	3'34"	3'32"	3'30"	3'28"
良好	85	1'50"	1'46"	3'57"	3'52"	3'47"	3'43"	3'41"	3'39"	3'37"	3'35"
良好	80	1'53"	1'49"	4'05"	4'00"	3'55"	3'50"	3'48"	3'46"	3'44"	3'42"
及格	78	1'56"	1'52"	4'10"	4'05"	4'00"	3'55"	3'53"	3'51"	3'49"	3'47"
及格	76	1'59"	1'55"	4'15"	4'10"	4'05"	4'00"	3'58"	3'56"	3'54"	3'52"
及格	74	2'02"	1'58"	4'20"	4'15"	4'10"	4'05"	4'03"	4'01"	3'59"	3'57"
及格	72	2'05"	2'01"	4'25"	4'20"	4'15"	4'10"	4'08"	4'06"	4'04"	4'02"
及格	70	2'08"	2'04"	4'30"	4'25"	4'20"	4'15"	4'13"	4'11"	4'09"	4'07"
及格	68	2'11"	2'07"	4'35"	4'30"	4'25"	4'20"	4'18"	4'16"	4'14"	4'12"
及格	66	2'14"	2'10"	4'40"	4'35"	4'30"	4'25"	4'23"	4'21"	4'19"	4'17"
及格	64	2'17"	2'13"	4'45"	4'40"	4'35"	4'30"	4'28"	4'26"	4'24"	4'22"
及格	62	2'20"	2'16"	4'50"	4'45"	4'40"	4'35"	4'33"	4'31"	4'29"	4'27"
及格	60	2'23"	2'19"	4'55"	4'50"	4'45"	4'40"	4'38"	4'36"	4'34"	4'32"
不及格	50	2'27"	2'23"	5'05"	5'00"	4'55"	4'50"	4'48"	4'46"	4'44"	4'42"
不及格	40	2'31"	2'27"	5'15"	5'10"	5'05"	5'00"	4'58"	4'56"	4'54"	4'52"
不及格	30	2'35"	2'31"	5'25"	5'20"	5'15"	5'10"	5'08"	5'06"	5'04"	5'02"
不及格	20	2'39"	2'35"	5'35"	5'30"	5'25"	5'20"	5'18"	5'16"	5'14"	5'12"
不及格	10	2'43"	2'39"	5'45"	5'40"	5'35"	5'30"	5'28"	5'26"	5'24"	5'22"

注：小学五年级～六年级：50 米 ×8 往返跑；初中、高中、大学：800 米跑。

263

（二）加分指标评分表

附表 2-1　男生一分钟跳绳评分表（单位：次）

加分	一年级	二年级	三年级	四年级	五年级	六年级
20	40	40	40	40	40	40
19	38	38	38	38	38	38
18	36	36	36	36	36	36
17	34	34	34	34	34	34
16	32	32	32	32	32	32
15	30	30	30	30	30	30
14	28	28	28	28	28	28
13	26	26	26	26	26	26
12	24	24	24	24	24	24
11	22	22	22	22	22	22
10	20	20	20	20	20	20
9	18	18	18	18	18	18
8	16	16	16	16	16	16
7	14	14	14	14	14	14
6	12	12	12	12	12	12
5	10	10	10	10	10	10
4	8	8	8	8	8	8
3	6	6	6	6	6	6
2	4	4	4	4	4	4
1	2	2	2	2	2	2

注：一分钟跳绳为高优指标，学生成绩超过单项评分 100 分后，以超过的次数所对应的分数进行加分。

附表 2-2　女生一分钟跳绳评分表（单位：次）

加分	一年级	二年级	三年级	四年级	五年级	六年级
20	40	40	40	40	40	40
19	38	38	38	38	38	38
18	36	36	36	36	36	36
17	34	34	34	34	34	34
16	32	32	32	32	32	32
15	30	30	30	30	30	30
14	28	28	28	28	28	28
13	26	26	26	26	26	26
12	24	24	24	24	24	24
11	22	22	22	22	22	22
10	20	20	20	20	20	20
9	18	18	18	18	18	18
8	16	16	16	16	16	16
7	14	14	14	14	14	14
6	12	12	12	12	12	12
5	10	10	10	10	10	10
4	8	8	8	8	8	8
3	6	6	6	6	6	6
2	4	4	4	4	4	4
1	2	2	2	2	2	2

注：一分钟跳绳为高优指标，学生成绩超过单项评分 100 分后，以超过的次数所对应的分数进行加分。

265

加分	初一	初二	初三	高一	高二	高三	大一大二	大三大四
10	10	10	10	10	10	10	10	10
9	9	9	9	9	9	9	9	9
8	8	8	8	8	8	8	8	8
7	7	7	7	7	7	7	7	7
6	6	6	6	6	6	6	6	6
5	5	5	5	5	5	5	5	5
4	4	4	4	4	4	4	4	4
3	3	3	3	3	3	3	3	3
2	2	2	2	2	2	2	2	2
1	1	1	1	1	1	1	1	1

附表 2-4　女生一分钟仰卧起坐评分表（单位：次）

加分	初一	初二	初三	高一	高二	高三	大一大二	大三大四
10	13	13	13	13	13	13	13	13
9	12	12	12	12	12	12	12	12
8	11	11	11	11	11	11	11	11
7	10	10	10	10	10	10	10	10
6	9	9	9	9	9	9	9	9
5	8	8	8	8	8	8	8	8
4	7	7	7	7	7	7	7	7
3	6	6	6	6	6	6	6	6
2	4	4	4	4	4	4	4	4
1	2	2	2	2	2	2	2	2

注：引体向上、一分钟仰卧起坐均为高优指标，学生成绩超过单项评分 100 分后，以超过的次数所对应的分数进行加分。

附表 2-5 男生 1000 米跑评分表（单位：分·秒）

加分	初一	初二	初三	高一	高二	高三	大一大二	大三大四
10	-35"	-35"	-35"	-35"	-35"	-35"	-35"	-35"
9	-32"	-32"	-32"	-32"	-32"	-32"	-32"	-32"
8	-29"	-29"	-29"	-29"	-29"	-29"	-29"	-29"
7	-26"	-26"	-26"	-26"	-26"	-26"	-26"	-26"
6	-23"	-23"	-23"	-23"	-23"	-23"	-23"	-23"
5	-20"	-20"	-20"	-20"	-20"	-20"	-20"	-20"
4	-16"	-16"	-16"	-16"	-16"	-16"	-16"	-16"
3	-12"	-12"	-12"	-12"	-12"	-12"	-12"	-12"
2	-8"	-8"	-8"	-8"	-8"	-8"	-8"	-8"
1	-4"	-4"	-4"	-4"	-4"	-4"	-4"	-4"

附表 2-6 女生 800 米跑评分表（单位：分·秒）

加分	初一	初二	初三	高一	高二	高三	大一大二	大三大四
10	-50"	-50"	-50"	-50"	-50"	-50"	-50"	-50"
9	-45"	-45"	-45"	-45"	-45"	-45"	-45"	-45"
8	-40"	-40"	-40"	-40"	-40"	-40"	-40"	-40"
7	-35"	-35"	-35"	-35"	-35"	-35"	-35"	-35"
6	-30"	-30"	-30"	-30"	-30"	-30"	-30"	-30"
5	-25"	-25"	-25"	-25"	-25"	-25"	-25"	-25"
4	-20"	-20"	-20"	-20"	-20"	-20"	-20"	-20"
3	-15"	-15"	-15"	-15"	-15"	-15"	-15"	-15"
2	-10"	-10"	-10"	-10"	-10"	-10"	-10"	-10"
1	-5"	-5"	-5"	-5"	-5"	-5"	-5"	-5"

注：1000 米跑、800 米跑均为低优指标，学生成绩低于单项评分 100 分后，以减少的秒数所对应的分数进行加分。